城市化进程中的社区建设管理研究

李雪梅　著

中国原子能出版社

图书在版编目（CIP）数据

城市化进程中的社区建设管理研究 / 李雪梅著 .— 北京： 中国原子能出版社 , 2021.9（2024.1重印）

ISBN 978-7-5221-1559-7

Ⅰ . ①城… Ⅱ . ①李… Ⅲ . ①社区建设—研究—中国 ②社区管理 - 研究 - 中国 Ⅳ . ① G669.3

中国版本图书馆 CIP 数据核字（2021）第 182044 号

城市化进程中的社区建设管理研究

出　　版　中国原子能出版社（北京海淀区阜成路 43 号 100048）
责任编辑　刘东鹏
责任印制　赵明
印　　刷　河北文盛印刷有限公司
经　　销　全国各地新华书店
开　　本　787 mm × 1092 mm　1/16
印　　张　11.5
字　　数　252 千字
版　　次　2021 年 9 月第 1 版
印　　次　2024 年 1 月第 2 次印刷
书　　号　978-7-5221-1559-7
定　　价　56.00 元

出版社网址：http：//www.aep.com.cn

前 言

当前，我国的政治、经济、文化等各个方面都已发生了前所未有的深刻变化，呈现社会结构整体转型的鲜明特征，特别是在快速推进的城市化进程中，社区作为构成社会的基本单元，成为承载社会变迁的主要载体，成为各种社会群体的聚集区。城市规模不断扩张，城市人口急剧增加，城市管理问题需迫切解决。社区建设作为经济体制转轨的重要承接点，已在解决新形势下所产生的新矛盾、新问题，提高社会整合能力，促进经济发展，满足群众物质文化需要，优化城市发展环境，维护社会稳定等方面发挥着越来越重要的作用。如何做好城市化进程中的社区管理体系建设，成为摆在我们面前的重要问题。

城市化是社会经济变化过程，包括农业人口非农业化、城市人口规模不断扩张，城市用地不断向郊区扩展，城市数量不断增加以及城市社会、经济、技术变革进入乡村的过程。其本质是经济社会结构变革的过程。加快城市化进程的本质并不是到处出现城市，而是要使全体国民享受现代城市的一切城市化成果并实现生活方式、生活观念、文化教育素质等的转变。即：实现城乡空间的融合发展——产业的融合、就业的融合、环境的融合、文化的融合、社会保障的融合、制度的融合等，以期真正实现城市和农村人民群众的共同富裕、共同发展、共同进步。而社区建设指的是一种社区工作，是指在党和政府的领导下，依靠社会力量，利用社会资源，强化社区功能，完善社区服务，解决社区问题，促进社区政治、经济、文化、环境协调和健康发展，不断提高社区成员的生活水平和生活质量的过程。社区建设是一项新的工作，大力推进社会建设，是我国城市经济和社会发展到一定阶段的必然要求，是面向新世纪我国城市现代化建设的重要途径。因此城市化进程中的社区建设管理一定要在社区建设中与城市化相结合，走城市化道路，有条不紊，真正实现和谐社会的有机统一。

李雪梅

目 录

第一章　中国城市化历史沿革

第一节　城市中国及城市中国问题的兴起

据国家统计局公布的数据，“2018 年，全国大陆总人口为 139 538 万人。从城乡结构看，城镇常住人口 83 137 万人，比上年末增加 1790 万人；乡村常住人口 56401 万人，比上年末减少 1260 万人。城镇人口占总人口比重（常住人口城镇化率）为 59.58%，比上年末提高 1.06 个百分点”。城镇人口占总人口比重从 1982 年的 21.1%，到 2011 年首次超过 50%，再到 2017 年的 58.5%（对应城镇常住人口约 8.13 亿人），到 2018 年的 59.58%，呈现出迅速且稳定的增长趋势，这从一定程度上可以说明，“城市中国”已经取代“乡土中国”，成为当今中国宏观整体特征的有效概述。

在 2018 年全国分省统计数据中，上海市、北京市、天津市的人口城镇化率均已超过 83%，贵州省、云南省、甘肃省三地的人口城镇化率虽然都没有超过 50%，但均在 47% 左右，只有西藏自治区刚刚超过 30%，其他各个省级行政区划的人口城镇化率均在 50% 以上。

人口在城市中相对高密度的聚集，对比人口在乡村中相对低密度的聚集，带来了人际互动频度、社会事务种类、利益协调整合、资源环境瓶颈、医疗卫生压力等城市中国发生的一系列重要变迁，呼吁这一领域的研究从认识论、方法论到关注重点的转移。仅以人口在城市中高密度聚集给城市给排水系统带来的挑战为例，为了解决快速城市化带来的城市危机，1852—1870 年，法国巴黎塞纳行政区行政长官乔治・欧仁・奥斯曼男爵聘请了欧仁・贝尔格朗德等一批著名建筑师、规划专家和水利专家，对巴黎市区的地下排水系统进行了大规模的规划和改造，有效缓解了因人口快速膨胀带来的水污染造成的公共卫生危机。“改造之前，巴黎的环境非常恶劣，处处充斥着肮脏与瘟疫，城市中的古老建筑旁到处是破旧的木棚，散发着腐朽的味道。巴黎 70% 的人口的生存条件都非常差，用水短缺而水质差，缺乏照明，空气混浊，绿地很少，等等，这些都构成古老巴黎的阴暗面。……奥斯曼在道路旁设置了公共厕所、喷泉式饮水器……路面自动洒水设施。下水管道总长由过去的 142 公里扩展至 600 公里，而且先前的管道只有 15 公里保留下来，绝大部分是重建，同时管道直径尺寸也增大许多”。

同时期处于快速城市化阶段的英国，“在 1840 年代的曼彻斯特，大约 12% 的人口居住在地下室。地下室住所在旧工业城市极为常见，新兴城市情况要好一些。这些地下室经常成为街道排水道和下水道所渗透出的、散发着恶臭的污物的容器。……人畜粪便的处理，这是处于城市化进程中的维多利亚社会所面临的最大挑战之一。……在 19 世纪上半叶，粪坑是最常见的人类排泄物处置方式。由于城市人口越来越密集，之前的粪坑很快被装满，毗邻的土地被秽物渗透，变成粪肥沼泽地，甚至附近的井水都受到污染。……威廉·法尔估算，1831—1839 年乡村地区死亡率是 18.2‰，城市地区死亡率是 26.2‰。城市内部各区死亡率亦有很大不同。在 1840 年曼彻斯特的布劳顿郊区的人口死亡率为 15.8‰，靠近市中心的阿德维克人口死亡率为 28.6‰，市中心的死亡率高达 35.2‰，是中产阶级聚居区的两倍以上”。

同样的故事也发生在 19 世纪末的美国，“人们普遍认为水体可以净化一切污秽，而水源污染并未引起大众警觉，城市有时甚至责令居民将粪秽等生活垃圾直接倾入河中。面对人口激增产生的巨大用水需求，很多城市遭遇了水资源短缺的困境。工业重镇芝加哥直到 1840 年仍然没有完备的供水系统。全市仅有的一家供水公司只能满足城市东南一隅的日常需求，近 4/5 的地区直接从受到污染的芝加哥河中汲取生活用水。由于用水紧张，各种生活污秽很难通过下水道冲刷至排污口外，作为城市重要卫生设施的下水道难以发挥有效作用，生活用水污染成为诱发多种传染性疾病的重要因素。……1890 年美国城市婴儿死亡率（243.3‰）高出农村地区（121.2‰）一倍多……排污管道开始在许多城市大规模兴建，1870 年至 1920 年城市人均使用下水道比例由 50% 上升至 87%，拥有下水道的社区数量从 100 个增加到 3000 个。……1880 年至 1905 年间，芝加哥和费城的排污设施增加到原先的 5 倍多。……仅清洁用水项目就减少近 50% 的城市死亡人数，其中婴儿死亡率下降幅度高达 75%。相应人均寿命得到显著提高，马萨诸塞州人均寿命由 1850 年的 38.3 岁提高到 46.1 岁”。

19 世纪末欧美主要国家城市的城市化历史经验，说明了人口城镇化水平的迅速跃进，但是人口城镇化的迅速转变所带来的挑战则往往被有意或无意忽略，尽管其代价深重。而一旦将“全国人户分离人口 2.86 亿人，其中流动人口 2.41 亿人”这一关键细节纳入“城市治理”这一重要变迁的分析中，“高度流动”也在超越“安土重迁”，成为对城市中国典型特征的另一鲜明注脚。在以往研究中被描述为“乡土社会是安土重迁的，生于斯、长于斯、死于斯的社会”的这一以“安土重迁”为集中体现的历史特征已经不再成为描述中国人口

的唯一特征。今天无论是社会个体在其生命历程中发生流动可能性的频率，为此持续的流动时间、产生的流动距离，还是社会整体具有流动历史的流动人口占全国总人口的流动比率，以及流动人口流动所产生的永久迁移性可能，都已经成为描述中国人口的另一个重要特征。城市中国中人口高度流动等特质的兴起，与其他变迁特质交织在一起，增加了对城市中国问题理解的难度。

与此同时，即使不考虑“乡土中国”到“城市中国”这一宏观整体变迁及其所带来的理解难度，1998 年 7 月 3 日《国务院关于进一步深化城镇住房制度改革，加快住房建设的通知》(〔1998〕23 号）文件出台，决定自当年起停止住房实物分配，建立住房分配货币化、住房供给商品化、社会化的住房新体制。福利分房时代中“等国家建房、靠组织分房、要单位给房”和“国家定面积、定标准、定租金，无法转卖、限制转租”的典型特征，转变为住房市场化时代中“个人及家庭根据自身消费能力购买”和“个人及家庭享有由商品房购买行为衍生的一系列物权”的典型特征，中国城市社会业已发生翻天覆地的变化。

国家和单位在城市居民住房供给中的角色地位转变，同样给城市基层社会治理带来了系统性变革。城市社会中以往由单位在组织社会生产的同时，兼负对单位成员进行社会管理和社会服务，街道、居委会从旁辅助的格局，转向为单位专注于组织社会生产，单位成员的社会管理和社会服务交由街道、居委会来供给的格局。剧烈且深重，是今天回顾当年启动的这一格局转向的注脚。

从“乡土中国”到“城市中国”，从安土重迁到高度流动，是城市社会治理复杂性的外部来源；从住房福利化时期的“单位为主、街居为辅”到住房货币化时期的“街居为主、单位为辅”，是城市社会治理复杂性的内部来源。将城市社会中的一系列剧烈且深刻的变化，置于前述中国整体社会特征的变迁中，有助于我们深化对当今中国城市社会变革程度的认识。今天城市社区治理所面对的形势，与以往社区治理所面对的形势，无论是从所需要面对挑战中各项事务的艰巨程度来说，还是从社区治理中不同主体的分化程度来说，都已经不可同日而语。城市中国的城市社区治理，成为中国社会整体转型中亟须得到厘清的关键问题，若非如此，中国城市的发展方向、趋势和特征，将成为影响和制约国家整体发展方向、趋势和特征的关键性因素。城市在国家发展中的重要决定性地位，在世界上任何一个国家或者社会的发展历史中都已经得到了广泛的证实。城市中因人口集聚带来的社会分工高度精细化所产生的生产效率提高和由此而来的各种资源的集中，是维持城市迅速且稳定增长的核心内核。而城市在充分享受人口集聚和资源集中带来的城市发展红利及其对整个国家、社会发展的驱动效应时，如何回应人口集聚和资源集中带来的相应问题，就构成了城市社区治理问题挑战的整体背景。

第二节 中国城市社区治理问题

首先，就城市社区治理在国家、社会发展中的角色变化而言，它不再是国家和社会为了实现宏观整体发展中单一以经济增长为目的的临时性、修补性的被动式需要，而是从属于国家治理现代化体系目标的有机构成部分，本身即是国家和社会发展的重要目标之一，也是人民群众实现美好生活愿望的重要构成部分。城市社区治理研究的认识论需要认识和回应这一转变。

传统的马克思主义论述对社会发展“生产、交换、分配、消费”四大环节中的“生产”独有强调，这体现了生产环节在现代工业社会的重要地位。但是随着工业化的进展和现代化的拓展，体现后现代风格的新马克思主义论述则对社会发展四大环节中的“消费”环节情有独钟，对消费环节的分析体现了新马克思主义者对“后工业社会”“消费社会”中种种剥削机制和压迫机制的批判旨趣。城市社区作为一个城市中的重要“容器”,在体现“生产”环节之外，本身就是分配或者消费后果的集中体现。随着商品房社区在城市社会中比重的不断攀升，社区更可以被描述为消费后果的集中体现。今天，当我们从生产环节，更从消费环节来剖析城市社区在城市社会及城市中国的独有价值时，城市社区显然不能再被仅仅看作城市社会在实现社会生产之余，为了维持劳动力再生产的被动式需要。当新马克思主义者的分析视野从对生产环节转移到社会发展四大环节尤其是消费环节之后，从消费环节、生产环节、分配环节、交换环节来反省城市社区中的剥削机制和压迫机制，并进而同时在这四个环节中寻求解放途径，成为城市社区治理研究认识论转型的重要思想渊源。简言之，在城市社区治理研究认识论的转型中，我们需要从更为宏观的视野来看待城市社区治理研究的价值。它立足于在城市社区治理现状经验描述和判断的基础上回应社区问题，但这只是城市社区治理研究价值的最基本体现。在更为宏观的价值维度上，对城市社区治理的理解涉及如何捕捉当代中国社会变迁中最为前沿、最为激烈、最为深重的维度，对这一维度的认知、分析和应对，在宏观的社会结构分析层次上具有深厚的理论价值和重要的现实意义。

其次，就城市社区治理面对的治理对象特征而言，城市社区的居民主体，已经不再是计划经济时代下通过享有单位福利分房权利来获取住房资格的单位成员，而是在市场经济时代中通过自身市场购买能力经由市场交易获取房产的社区业主。从社区居民的身份而言，他们在社区业主的身份之外，不再像以往一样跟其他社区居民还同时具有同一单位的成员关系。在政府机关、科研院所、国有企业、集体企业、私营企业、个体从业者等不同工作部门的城市人口，都可能汇聚在同一个社区空间之中；从住房获得途径而言，他们的住房获得途径，是在房地产市场中，通过自身拥有货币资产的购买能力，根据自身的喜爱偏好，

选择自己支付范围内的房产，包括区位、面积、配套设施等。单位制时期单位成员在自己工作的单位内部，根据自身职位、职级、职称、文化程度、婚姻状态、工龄、年龄等资历状态，甚至与关键领导的私人关系等属性，“论资排辈”地在单位内部获取福利分房资格，由此获得一定住房的一定权利，如在享有住房使用权利的同时并不一定获得住房的财产权利，很难按照个人意愿选择住房区位、面积、配套设施等；从住房权利性质而言，社区成员通过市场交易获取个人房产即意味着在法律规范界定的边界内，业主对个人房产及其附属空间和设施拥有完全的财产权利、使用权利及交换权利，这一权利的行使相对而言，可以不受其他行为主体的干预和影响，是一种相对明确且独立自主的住房权利。但是，单位成员经由福利分房获取的住房权利，不仅在住房区位、面积、配套设施等方面受到单位的约束，而且在住房权利上相去甚远。通过福利分房获取的房产，往往只是强调单位成员对住房的使用权利，而单位成员通常并不具有对住房的财产权利和交换权利，即使在少数情况下单位成员具有对住房的财产权利和交换权利，他们也往往被严格限定前置条件，在符合前置条件的基础上才可以行使。社区居民身份、住房获得途径、住房权利性质等的巨大差别，意味着社区治理面对的对象特征发生着巨大转变。同样作为社区成员，“社区业主”对“单位成员”的称谓替代，意味着社区居民对象特征涵义的巨大转变。这一巨大转变给社区治理研究的方法论也带来了巨大挑战，在原有的方法论下以原有的分析框架来概括和分析业已产生和正在产生的巨大转变，面临着极大的挑战。城市社区治理研究面临着方法论生产的机遇空间。

再次，就城市社区治理面对的问题现状而言，一方面，在从“单位为主、街居为辅”到“街居为主、单位为辅”的城市基层治理格局转变下，城市居民社会服务和社会管理的主要供给方发生了显著性转变。以往由“单位”统合经济生产和社会管理的复合性功能，在住房货币化改革之后转变为单位只是专注于经济生产的单一性功能，单位承载的社会管理功能转移给城市基层社区承担，现时期城市基层社区承载的问题相比于以往急速增加。不同类型的社区问题在不同的社区中呈现井喷式增长，城市社区治理被寄予厚望。另一方面，城市社会的迅速发展带来了社区居民需求层次的普遍提高和高度分化，社区居民需求的变化特征带来了城市社区治理问题特征的相应变化。以往相对单一化、简约化的社区问题类型，为现时期多样化、复杂化的社区问题类型所取代。

城市社区居民需求层次的普遍提高和高度分化体现在诸多领域，他们对民政低保、社会保障、市容卫生、消防安全、计划生育、社会治安综合治理、信访、再就业等诸多方面提出了要求，需要基层社区去逐一回应和实现。仅就社区服务而言，“由社区提供的服务，在社区提供的服务，为社区提供的服务”就构成了当今社会中社区服务相对于以往时期社区服务截然不同的体量、覆盖范围和实现程度。社区福利性服务包括为社区民政对象的服务，比如在社区开展的社区照顾、捐赠活动等；社区公共服务包括为社区居民办理就业、养老金发放、低保等一站式服务，比如社区里的养老院、托儿所、文体活动场所、学校、社区信息化管理等；社区经营性商业服务包括为社区居民生活便利提供的多种商业经营性服务网点等具体内容构成的社区服务就给城市社区带来了全新挑战。更遑论当今社会中社

区管理相对于以往单位制时期的社会管理而言，由于社区居民缺乏“同作为单位一员”的先天基础，远远超出单位大院时期的异质性程度，给城市社区中的社区团结、社区整合带来了极其严峻的挑战。

表 1-2 1979—2018 年中国国民生产数据

年份	国民总收入（亿元）	国内生产总值（亿元）	人均国内生产总值（元）	年份	国民总收入（亿元）	国内生产总值（亿元）	人均国内生产总值（元）
2018	914327.1	919281.1	66006	1998	83817.6	85195.5	6860
2017	831381.2	832035.9	60014	1997	78802.9	79715	6481
2016	743408.3	746395.1	54139	1996	70779.6	71813.6	5898
2015	686255.7	688858.2	50237	1995	60356.6	61339.9	5091
2014	644380.2	643563.1	47173	1994	48548.2	48637.5	4081
2013	588141.2	592963.2	43684	1993	35599.2	35673.2	3027
2012	537329	538580	39874	1992	27208.2	27194.5	2334
2011	483392.8	487940.2	36302	1991	22050.3	22005.6	1912
2010	410354.1	412119.3	30808	1990	18923.3	18872.9	1663
2009	347934.9	348517.7	26180	1989	17188.4	17179.7	1536
2008	321229.5	319244.6	24100	1988	15174.4	15180.4	1378
2007	270704	270092.3	20494	1987	12166.6	12174.6	1123
2006	219028.5	219438.5	16738	1986	10375.4	10376.2	973
2005	185998.9	187318.9	14368	1985	9123.6	9098.9	866
2004	161415.4	161840.2	12487	1984	7314.2	7278.5	702
2003	136576.3	137422	10666	1983	6043.8	6020.9	588
2002	120480.4	121717.4	9506	1982	5380.5	5373.4	533
2001	109276.2	110863.1	8717	1981	4933.7	4935.8	497
2000	99066.1	100280.1	7942	1980	4587.6	4587.6	468
1999	89366.5	90564.4	7229	1979	4100.5	4100.5	423

中国 GDP 总量尤其是人均 GDP 的数值在近十年的变化，对比国家统计局公布的统计年鉴数据，2000 年、2005 年、2010 年、2015 年、2016 年、2017 年、2018 年世界人口人均 GDP 和中国人口人均 GDP（美元），分别是 5488 元、959 元，7287 元、1753 元，9539 元、4550 元，10218 元、8033 元，10248 元、8079 元，10769 元、8759 元，11297 元、9771 元。另据国家统计局最新数据，2019 年我国人均国内生产总值为 70892 元（人民币）。统计数据的对比表明，在 21 世纪的头 20 年里，中国人口人均 GDP 从不到世界人口人均 GDP 的 20% 增长为基本赶上了世界人口人均 GDP 水平。这一从量变到质变的巨大变化，给城市社区治理带来的影响即是，人民需求层次的普遍提高和追求美好生活过程中的不平衡同步发生，绝大部分城市居民的需求层次不再停留在温饱层次，对美好生活的向往经常成为城市社区治理的问题来源。从这一角度而言，城市社区治理模式创新的挑战之一即是面对人民

生活水平的普遍提高。

最后，就城市社区治理面对的治理手段而言，在单位福利分房时期，街道和社区只在城市社会管理中承担辅助性功能，并且街道和社区在社会管理中功能的实现，依然可以借助城市居民在单位管理中形成的思维习惯。这种思维习惯意味着在社区事务的协调过程中的话语结构依然与单位管理时期的话语结构同步，“强调了社区成员‘同作为（社区）集体一员’‘远亲不如近邻’的‘共情’‘共意’，并要求在一定程度上模糊社区居民个体意义上的‘权利’边界，避免不同社区居民在主张权利过程中产生的极端性主张或者冲突，以实现社区不同行动主体在社区事务中的协调”，这些无不体现着单位管理中的话语结构。对社区居民围绕社区事务之间多次博弈的强调，对社区事务综合性的强调，对社区事务动态性格局的强调，成为这种话语结构的典型体现。

在住房市场化时代，城市居民经济生产和社会生活的分割分离安排，使街道和社区再去借用单位制时代的话语结构进行社区管理时，这种话语结构的效力在高度异质性的社区成员中明显面临质疑。与此同时，与住房市场化相匹配的由社区居民购买商品房房产产生的“物权”成为社区居民之间协调社区事务的另一种逻辑起点。围绕商品房房产及其附带权利的实现，社区居民借助市场经济中的法理资源，对各自的权利边界进行主张和确认。遗憾的是，受制于目前城市房地产开发和管理法律制度的不健全、不完备，也包括居民法律知识储备的欠缺和法律意识的淡薄，社区居民借助法理资源进行社区权利的主张仍然面临诸多限制。在此背景下，我们要想在城市社区中仅仅依靠法理资源提供社区管理和社区服务，显然力不从心。

由此，目前城市社区中社区管理和社区服务的协调手段，表现为情理资源与法理资源并行，二者之间缺乏明确的关系界定。既不能表述为以情理资源或法理资源为主，也不能表述为整体的变迁路径体现为法理资源对情理资源的替代，更不能表述为情理资源与法理资源在不同事务领域的明确界定和分工。这种转型中的尴尬状态，对城市社区治理中的治理手段而言，既意味着治理手段的丰富化，也意味着治理手段的混杂化，体现了当前社区治理的复杂面貌。

由是而言，从城市社区治理在国家和社会发展中的角色变化、从城市社区治理面对的治理对象特征、从城市社区治理面对的问题现状、从城市社区治理面对的治理手段等诸多方面都可以判断城市社区治理反映出的变革之深刻，也可以由此管窥城市中国变革之深刻。对“城市社区治理”这一问题的回应，将在很大程度上体现出理论界和实务界对从“乡土中国”到“城市中国”这一转型的研究进展和未来储备。它们迫切呼唤城市社区治理研究领域对此进行回应。笔者认为，在很大程度上，对城市中国转型阶段的研究进展和未来储备决定着作为发展中国家向发达国家迈进的中国能不能顺利渡过转型危机。

第三节 各主要城市的典型社区治理模式创新

面对20世纪末中国社会，尤其是中国城市社会，发生的巨大变迁及其给城市社区治理带来的挑战，从21世纪初，国内各主要城市，如武汉、广州、上海、北京、成都、南京、杭州、长春、沈阳等，都从不尽相同的角度开展了一系列实践探索，值得研究者对此加以密切关注和审慎凝视。2016年起，民政部组织了对全国社区治理的先进理念及其指导下的社区治理创新实践案例的征集，河南省协同创新中心负责具体执行。截至2017年11月，从已经入选的203个社区案例可以观察出两个明显的分化。其一，城乡社区之间的分化。其中城市社区174个，占85.7%；农村社区29个，占14.3%。相较于农村，城市成为社区治理创新实践的主要发生场境。其二，城市区域之间的分化。从174个城市社区案例的分省数据来看，广东（22例）、上海（18例）、北京（17例）、江苏（15例）、浙江（13例）明显占优势，且这5个省份合计（85例）占全国将近50%的比例。从另一角度来看，“2017年国务院出台《国务院关于加强和完善城乡社区治理的意见》，鼓励通过慈善捐赠、设立社区基金会等方式，引导社会资金投向城乡社区治理领域。截至2017年底，全国以社区基金会命名的组织已达130家，其中广东与上海占全国80%以上”。这些都表明，先发达区域中的城市相对于发展中区域、欠发达区域中的城市，成为社区治理创新实践的首要阵地。从上述经验研究的结论而言，社区治理创新中的案例实践，经验性地反映着从“乡土中国”向“城市中国”的转型挑战以及在这一过程中发达区域城市所面临的紧迫问题。

一、武汉市社区治理创新中的“百步亭模式”和“江汉模式”

作为新中国成立前就属于国内特别市的重要核心大城市，新中国成立后湖北省武汉市和西安市、兰州市、成都市等八个城市一起，成为国家重点投资建设的八大重点新工业城市，大量的国有大型企业在此聚集，武汉钢铁公司、武汉重型机床厂等作为中国第一个五年计划时期156项重点工矿业基本建设项目落户武汉的典型代表，奠定了武汉市作为新中国成立之后国内重要工业城市的坚实基础。

大量大型企业在武汉的聚集，带来外地迁移人口及本地乡城迁移人口在武汉市的安家落户、安居乐业。1998年国务院启动的国有企业改革、城镇职工基本医疗保险改革和同年启动的住房分配货币化制度改革交织在一起，根本性地改变了城市基层社会由“单位”——各个企业——组织社会生产、进行社会管理、提供社会服务的格局。企业除保留组织社会生产的功能之外，社会管理和社会服务的功能都交由社会负责，并具体由城市基层承担。很快地，无论是作为统筹社会管理和社会服务的武汉市政府，还是作为直接承担住房分配货币化之后商品房承建的开发商企业，都意识到城市居民的居住问题并不仅仅只是“房屋”

这一物理形态，在房屋的物理形态之外，居住还体现为由房屋的物理形态所必然延伸的社会形态——社会管理和社会服务，否则城市居民的居住问题仍然不算得到妥善解决。由此，在国有企业改革、城镇职工基本医疗保险改革和住房分配货币化制度改革之后，城市居民的社会管理和社会服务等问题成为武汉市必须面对的现实性、紧迫性问题。

在国内城市社区治理领域具有相当影响力的“百步亭模式”即肇始于此。1995 年，武汉安居发展工程有限公司开始开发建设百步亭小区，该公司创始人和高管中有多人拥有在武汉市建委及相关政府部门的工作经历。1999 年百步亭小区第一期建成，居民陆续入住。明显区别于一般房地产开发企业单一关注商品房房地产“买地—开发—售楼”经营链条的是，该公司在小区社会管理和社会服务等方面投入了较多精力，其中包括将企业盈利划拨一部分以补贴社区居民医疗经费，限制小区一楼门面房用途（不得出租用于利润较高的小餐馆而建议出租用于利润较低的书店等），在小区内给下岗失业居民提供就业信息帮扶等，在有效化解城市基层治理风险的同时，也带来了不可多见的社区面貌。

百步亭社区治理成效的取得，与其独特的治理结构特征相关联。社区的“交叉任职”模式——“党委成员实行‘双向进入，交叉任职’，社区党委 5 名成员分别兼任社区各级组织的领导职务，党委书记是百步亭集团的董事长，也是百步亭社区的居民，党委副书记兼任社区管理委员会主任，其他党委委员分别是政府职能部门、社区居委会自治组织成员”。作为不属于江岸区辖下的 16 个街道之外唯一特殊直属于江岸区的社区，其社区治理结构的核心特征，既不是以往单位制时代的，以某一企业的党团部门、保卫部门、工会部门、妇联部门、医院部门等作为社区管理和社区服务的主要承担方；也不像“街居为主、单位为辅”所预期的，由城市基层街道和社区作为社区管理和社区服务的主要承担方。而是由房地产开发企业兼顾承担社区管理和社区服务，在实践过程中这一特征被进一步扩展和强化，并且还得到了政府相关部门的积极呼应。

回顾 21 世纪初这一在全国范围引起广泛关注的社区治理模式，研究者可以得出基本共识性的结论是，该社区在实现承接“后单位制”时期的社区管理和社区服务，尤其是在“就业和社会保障、城市管理、社会治安综合治理、社会服务”等领域事务中集中体现出单位制变革之后不同社区行动主体对城市基层社会运转的思考和回应。而事实上，百步亭社区治理特征的形成和变迁，同时也反映在武汉市“社区建设 883 行动计划”中，成为当时武汉市社区形成和发展的主要线索特征。这一特征强调了单位制变革之后社区管理和社区服务的提供和承担不可遗漏，城市基层社会才能保持稳定、良好的运转。但是在提供和承担的供给结构特征上，很难说“百步亭社区治理模式”为后续的社区治理提供了足够清晰的结构特征行动指南，再加上很难寻求将市场盈利作为第一目标的其他企业吸引到高度复杂、高度风险的社区管理和社区服务中，虽然百步亭社区开发商武汉安居发展工程有限公司后来发展演变为百步亭集团，成为集房地产开发、社区建设、物业管理、文化产业、酒店和医药经营等为一体的跨行业、跨地区的综合性大型企业集团，但是很难复制它的成功经验。因此，部分理论研究者和实务工作者认为，这一治理模式很难复制甚至不可复制。这些都体现了社区治理结构转型问题本身的高度复杂性和艰巨性特征。

同时期，武汉市“江汉模式”也在全国范围内取得了广泛的影响。江汉模式试图在“政府行政调控机制与社区自治机制相结合、政府行政功能与社区自治功能相互补”等方面有所突破，“它既不同于过去那种以行政管理为主、条块分割的城市基层社会管理模式（典型的行政管理模式），也不同于西方国家的社区自治模式（典型的社区自治模式），而是在社会主义市场经济体制替代计划经济体制背景下产生的、具有中国特色的政府自觉依法行政、社区组织自主管理、社区人自愿参与相结合的治理模式（行政管理与社区自治融合型模式）”。“政府管理与社区自我管理相结合、政府服务与社区自我服务相结合、政府教育与社区自我教育相结合、政府监督与社区自我监督相结合”成为这一模式特征的期许所在。

自 2000 年江汉区被民政部确定为“全国社区建设实验区”后，江汉区对社区管理体制和工作运行机制的改革分为三个阶段。2000—2002 年是厘清政府与社区工作的关系阶段。这一阶段的重点工作是“明晰基层政府与社区居委会‘指导与协助、服务与监督’的工作定位，划分基层政府与社区居委会的职能职责”。2003—2007 年是提升社区自治功能阶段。这一阶段的重点工作是与武汉市“社区建设 883 行动计划”中的“就业和社会保障、城市管理、社会治安综合治理、社会服务”（“四进社区”）步调一致，推行城市网络化管理与社区居委会工作减负，健全社区事务分类管理和准入制度。2008—2010 年是规范社区管理体系阶段。这一阶段的重点工作是以政府职能归位、社会中介组织功能归位、社区自治功能归位等途径来实现人员配置到社区、工作重心到社区、服务承诺到社区、考评监督到社区、工作经费到社区。从前述研究者和地方政府自身对“江汉模式”的相关展示和概括可以看出，江汉模式的工作出发点亦在回应从单位制变革之后，城市社区居委会如何在明确社区事务边界的基础上顺利承接社区居民在“就业和社会保障、城市管理、社会治安综合治理、社会服务”等重点事务领域的需求。

二、广州市社区治理创新中的“天河经验”与社区服务的“羊城模式”

广州市作为东南沿海较为发达的城市，在城市社区治理领域除了面临与武汉市社区治理创新同样的挑战之外，流动人口在城市社区中的迅速增长和大量城中村转制为城市社区更增加了广州市城市社区治理创新的难度。天河区作为广州市市内核心区之一，更是在城市社区治理创新中直接面临这些冲击。

天河区社区治理创新的经验包括以下内容。其一，针对新形势下社区党建工作任务重与力量不足的矛盾，加强基层党组织建设。从 2002 年起天河区在市内率先开始推行社区党建工作指导员制度，重点考虑聘用关、停、并、转、破产企业中下岗的老党务工作者，加强了非公有制经济组织和各类新经济组织、社团组织的党组织建设。其二，在社区中构建完整的社区民主建设体系。这一体系由决策层—社区居民代表大会、执行层—社区居民委员会、议事层—社区协商议事会、领导层—社区党组织等组成，社区居民通过民情恳谈会、事务协调会、工作听证会、民主评议会实现自我管理、自我教育、自我服务、自我监督。其三，新增社区政务中心，与社区党委、居委会共同构成“两委一中心”的社区组织架构。社区

政务中心承担上级政府职能部门指派的各项政务和行政执法工作，包括创卫、计生、社保、普查、治安等，有效分解了居委会承担的社区事务，力图使居委会的工作注意力集中到对社区居民的服务中去。其四，通过社区空间环境的系统化优化布置，在社区治安、社区教育、社区文化领域多途径满足社区居民需要。在社区治安中推广社区警务室和综合治理室，在社区教育中推广社区党校、市民学校、法制学校、科普学校、家长学校、老年学校等“六校”，在社区文化中推广党员活动室、文化活动室、图书阅览室、健身室、室外活动场等“四室一场”，有效地回应了社区居民的需求实现。其五，针对社区重点人群，开展社区救助和社区就业帮扶。具体途径包括由社区出面，发动辖内有关单位与困难家庭建立“一帮一”结对帮扶、向困难群众捐赠财物、组织志愿者为困难群众提供各种便利服务活动等，为社区弱势群体解决一些实际困难。并积极开展“农转非”劳动力就业培训和村民素质教育工作，增强社区居民就业能力。

近年来，广州社区治理创新的一大特点在于对“街道综合服务中心”“家庭综合服务中心”“长者服务中心”等专业性服务空间和服务组织形式的探索，初步形成了具有广州特色的“羊城模式”。

在街道综合服务中心等专业性服务空间和服务组织形式中的社区服务，有别于以往大民政形式的社区服务，能够以专业人员的服务过程和服务质量，基于目前有限的社区资源，为社区不同类型重点服务人群提供高质量的服务，更好地体现专业服务的力量。除此之外，2007 年广州市就开始探索街道层面的“流动人口管理与服务中心”，后进一步发展演变为“来穗人员和出租屋服务管理中心”。2014 年 1 月，广州市更是在市级层面成立“来穗人员服务管理局”，整合管理资源和服务力量，在全国省会城市乃至发达地区城市中率先将对“来穗人员”的管理和服务作为城市基层治理中的一大特色强调。

三、上海市社区治理创新中的“罗山会馆”与社区治理新动向

长期以来，上海市都是国内城市社区治理创新值得关注的一个重要城市。早在 1996 年，上海市罗山街道“罗山会馆”开启的政府与非政府组织合作，政府购买公共服务的社区服务、社区教育、社区文化创新形式，就已经取得了广泛的社会影响和研究关注。罗山会馆由上海浦东新区社会发展局、浦东新区社会发展基金会、基督教上海青年会和罗山街道办事处共同创建，由罗山街道办事处协作社会各方力量参与，由民间非营利组织负责具体运行。这种利用专业化服务力量的参与来缓解城市基层政府运转压力的策略，不仅给社区居民带来了实实在在的便利服务，也在一定程度上代表着城市社区治理变革的探索方向。

同时期，上海市在城市管理尤其是城市基层治理中做出了“两级政府，三级管理”的尝试，城市管理的多项权限被下移至原本属于城市区一级派出机构的街道办事处，街道办事处承担了越来越多的基层治理压力。1997 年，上海市还进一步提出了“两级政府，三级管理，四级网络”的城市管理体制，居委会在城市基层治理中的角色发生了较为明显的变化，在社区管理和社区服务中分担了原属于街道办事处的相当一部分工作。在 2006 年之后，

上海市在社区中重点部署社区卫生服务中心、社区文化活动中心、社区事务受理服务中心等，在空间环境和工作重点上强调对社区服务的投入，社区服务成为社区治理创新工作的主要突破口。社区服务的规范化成为这一时期的工作强调。

但是为了缓解城市基层政府在社区管理和社区服务中的运转压力，将基层街道和居委会的部分管理事务和服务职能通过购买社会组织服务、民间自愿参与等形式来实现，在实践中也存在偏离这一设想初衷的风险可能。城市基层政府还出于对社会组织购买服务和民间自愿参与中潜在风险的“维稳”考量，往往采取不同形式对这些形式手段加以“调控”，力图使社会组织和民间自愿的社区参与维持在既能一定程度覆盖社区居民的管理和服务需求，又在整体风险上可控的局面。社会组织参与城市基层治理创新的这一现状及其演变前景，将成为观察社会组织能否顺利实现它在城市社区管理和服务中积极作为的关键风向。

最近，研究者还关注到了上海市城市社区治理领域创新的一种新动向——“结对竞赛”。它所指的是，在2019年中共中央办公厅印发《关于加强和改进城市基层党的建设工作的意见》前后，部分城市基层工作中已经率先“取消街道承担的招商引资、协税护税等工作任务”。在此背景下，在官僚科层体系中作为“条”的街道和作为“块”的部、局、委、办等，与原来能够被清晰指标量化的GDP竞标赛不同，受限于基层财政灵活性的下降、治理创新业绩的不宜量化和“条”“块”受到的治理创新压力，个别“条”和个别“块”之间围绕基层治理创新所形成的较为稳定的“条与块”之间的协作关系。以“社区分析工具”等为代表的结对竞赛产出，在丰富城市社区治理创新手段的同时，也带来了社区治理创新形式层出不穷，但从试点探索到扩展艰难，治理创新形式沦为“盆景”的城市社区治理创新生态格局。

四、北京市社区治理创新中的“居站分设”与老旧社区中的“1+1+N”模式

长期以来，“居站分设”所指向的居委会与社区服务站的职能相对分开的社区治理创新的思路特征，成为外界对北京市社区治理创新的主要印象。而实际上，“居站分设”作为“一分、三定、两目标”社区治理模式的核心内容，包含“一分”——居委会与社区服务站的职能相对分开，社区居委会依据《居委会组织法》行使职能，社区服务站在社区党组织和社区居民委员会统一领导和管理下，做好社区公共服务工作；“三定”——定人员、定经费、定任务，明确社区居委会和社区服务站的人员、经费、任务，确保人员到位、经费到位、工作到位；“两目标”——建设培养一支专业化、高素质的社区工作者队伍，把社区建设成为社会主义新型社区。

通过“一分、三定、两目标”，北京市社区治理基本实现了社区服务站与居委会职责的相对分开。北京市内街道、社区层面普遍建立了“一站式”服务大厅和“一窗式”社区服务站，社会保障、民政事业、计划生育、流动人口管理等公共服务在社区实现了全覆盖。社区服务中心、社区服务站、社区体育俱乐部、社区卫生服务中心、社区卫生服务站、社区文化中心、社区文化站、社区图书室等不同类别的社区服务空间构成了层次丰富的社区

服务体系。“环境整洁、管理规范、服务完善、安全稳定、健康幸福、文明祥和”成为北京市建设“六型社区”的具体指向。但从反思的角度而言，“居站分设”的前景，可能还将极大地受限于社区服务站在“行政化”与“市场化”之间的漂移和它与居委会之间的关系进一步理顺。

与此同时，北京市部分老旧型社区，由于“利益主体和利益诉求日趋多元导致社会矛盾日益复杂，群众的权利意识迅速崛起导致政府公信力和权威降低，风险社会的特征日益凸显导致社会安全感下降，信息化、网络化时代来临导致其双刃剑效应的显现”等社区问题的复杂化挑战，也在探索社区治理创新的“1+1+N”模式。它指向的是一个社区居民议事会、一个社区自治小组和N个社区居民志愿服务队的整合，以挖掘、组织和动员社区自身力量，解决社区居民的公共服务难题。社区居民议事会在社区中起到统领带动的作用，“在社区中，凡是涉及居民切身利益的事，都召开社区居民议事会，研究解决方案，凡是在法律规定允许的范围内、现实条件允许的前提下，均以绝大多数居民议事代表的意见为准”。社区议事会通过社区公约、社区议事规则等社区居民形成一定程度的约束。社区自治小组是社区议事会处理社区事务的执行机构，而社区生活如治安巡逻、停车管理、环境美化、维护维修、矛盾调解、文化宣传不同领域中的社区志愿服务队，则可以弥补前两者的力量薄弱之处。通过发动社区居民在社区治理创新中的参与，并在制度构建上搭建社区居民的议事协商平台，在社区居民获得感得到明显提升的过程中，基层社会治理创新的成果成效得到了明显的巩固。

五、成都市社区治理创新中的“社区总体营造”与社区“微治理”

2017年，成都市委城乡社区发展治理委员会这一具有首创意义的机构设置，表明了成都市作为一个典型的中西部城市，对城乡社区治理创新这一现实问题的投入重视程度。“市委城乡社区发展治理委员会履行统筹指导、资源整合、协调推进、督促落实四个方面的职能，包括指导编制成都市城乡社区的发展规划，牵头建立资源统筹协调机制，推进街道（乡镇）的综合管理体制改革，组织实施城乡社区发展治理考核评价工作等。……发挥牵头揽总的作用，把分散在40多个部门的职能统筹起来，有效激活了人、财、物等资源”。在市委城乡社区发展治理委员会这一相对独特机构的统筹推进下，近些年，成都市社区治理创新中一些具有开拓精神的探索、尝试，引起了学术界和实务界的广泛关注，其中以“社区总体营造”和社区“微治理”为典型。

在“社区总体营造”中，成都市除了在全国率先设立市一级的市委城乡社区发展治理委员会，更在所辖市、区（市）县党委建立城乡社区治理委员会，通过城乡社会治理发展工作领导小组来加强党对城乡发展治理的领导。在各街道设立街道党工委、党建工作指导站和“两新”党工委，初步构建起市、区、街道城市党建领导新体制。在街道建立“大党工委”，在社区建立“大党委”，在院落楼宇建立党小组。截至2018年年底，该市共建立了街道“大党工委”117个，社区“大党委”1727个，并且推行了街道（乡镇）、社区党组

织兼职委员会制度和区域化党建联席会议制度，先后推选产生街道党工委兼职委员 442 人、社区党组织兼职委员 2996 人，健全了街道、社区、小组（网格）、基本单元（院落、楼栋）四级组织架构。

通过城乡社区治理体制的顶层变革，成都市城乡社区发展治理委员会能够有效动员和协调资源，并且在较为一致的共识下展开内在一致逻辑的具体探索。“从 2016 年开始，在持续推进三社互动的治理基础上，成都市启动了城乡社区可持续营造探索实践。2018 年 3 月 30 日，成都市民政局、成都市委组织部、成都市委社治委三个部门联合发布《关于进一步深入开展城乡社区可持续总体营造的实施意见》”，“在基层政府、社区党组织和驻区各单位的共同努力下，按照‘解决民生痛点、探索城市美学、建设高品质社区、培育和谐社区’的基本遵循，各个社区大力实施基础设施建设，包括实施雨污管网改造工程、公共休闲空间和绿色景观工程，打造出独具特色与品质的社区 5 分钟公共服务圈”，以“人、文、地、产、景”为鲜明特色的，在我国台湾地区“社区营造”经验基础上发展演变出来的成都“社区总体营造”成为一张城市名片，在中西部城市社区治理创新中具有重要的位置。

六、其他部分城市的社区治理创新实践

除了武汉、广州、上海、北京、成都等城市之外，杭州、厦门、南京等城市的社区治理创新也在不同方面展开了探索。

杭州市以城市社区治理创新的“分类治理”而闻名。该市根据社区公共事务的属性以及责任主体的双重标准，将社区公共事务分为三大类：社区行政事务、社区公共服务和社区自治事务。社区行政事务主要包括社区行政管理事务、社区行政执法事务、公共信息采集事务等，社区公共服务主要包括社区行政服务、社区便民服务、社区公益服务等，社区自治事务主要包括社区法定组织事务、邻里互助事务等。“在借鉴和吸收公司治理、社站内置、居站并行和居站分离四种模式的基础上，杭州创建了社区党组织、社区居委会和社区公共服务工作站（社区工作站）‘三位一体’的复合模式。2008 年，杭州市先后出台《关于进一步推进和谐社区建设的若干意见》（市委〔2008〕20 号）和《关于社区公共服务工作站建设的若干意见》（市委办发〔2008〕169 号），开始社区公共服务工作站试点建设工作，推进‘三位一体’社区治理复合模式的探索和实践。”为了具体承接分类治理的实施，“交叉任职”和“分工负责”成为基层治理运转的组织机制。

厦门市以城市社区治理创新的“美丽厦门共同缔造”（也称为“社区参与式治理工作坊”）较具社会影响力。共同缔造主要关注的是社区重大问题和社区公共事务的协商和共治，社区中不同行动主体，如政府机构、社区党组织、居民委员会、物业公司等营利组织、业委会等非营利组织以及不同类型的社会组织，在社区中通过社区居民代表大会（会议）、社区协调议事会、社区听评会、评议会、座谈会、调解会，围绕社区事务，注重从过程中培育社区协同治理的精神文化，注重精神文明建设，提升居民文化素质和强化志愿服务精神。

南京市因城市社区治理创新的“五微社区”而在业界引起了广泛的关注。“五微社区”是指由微平台、微实事、微行动、微心愿、微星光五个功能板块组成的数字平台。“微平台”

主要是各级党组织、各部门、街道、社区在网上工作的接入口；“微行动”是社区居民根据自己的时间、地点可以选择性参与的活动范围；“微实事”是居民对民生实事的民主投票，对生活区域内需要解决的问题进行优先序排序，并且还能及时跟踪并监督项目实施进展；“微心愿”则汇集了民意诉求，并为居民公益志愿提供了有效的参与渠道；“微星光”则通过展示先进党员事迹、优秀党建品牌，引导和塑造良好社区氛围。“五微社区”的创建，能够坚持系统化思维，整合碎片的基层资源，突出网络化特色，提供精准的居民服务，推动区域化发展，实现城市的精细治理。“互联网＋党建”“互联网＋民生”理念在南京市得到了较为切实的推进。

第四节　城市社区治理创新与城市社区治理结构转型

一、当前城市社区治理创新的整体评价与反思

整体而言，无论是出于城乡社区自身问题的“倒逼式”变革，抑或是出于城乡基层治理领域在科层体系中的“锦标赛”竞争，在过去的十年中（2010—2020 年），各地尤其是各主要城市的社区治理创新处于蓬勃发展状态。上述不同城市经验介绍中社区治理的创新实践，虽然难免挂一漏万，但在一定程度上代表着当前国内城市社区治理创新的最新成果。不同城市围绕“社区治理”这一焦点问题，在不同具体事务领域的实践，既在一定程度上“同频共振”，也在一定程度上“异曲同工”，共同积极推动着城市社区治理领域的整体进展，代表着城市社区治理创新基本面的积极向好方向。

与此同时，无论是新冠肺炎疫情的暴发对城乡社区治理体系的系统性检验，还是之前不同学科学者对城乡社区治理创新的不同角度反思，都从另一角度体现出社会大众和理论工作者对城乡社区治理尤其是城市社区治理创新基本面中短板不足的反思。对当前城市社区治理创新的整体评价与反思体现在，“2020 年 2 月 16 日，湖北省人民政府发布《关于加强农村村组封闭管理工作的通知》（以下简称《通知》）。《通知》指出，以自然村组（村湾）为单元实施硬隔离。”这些做法是在以亡羊补牢的行动弥补前些年基层治理导致自然村组被虚化的过失，更深刻的检讨应当指向近些年推行的将社区（行政村）行政化的社会治理政策及其理念本身。百步亭社区是近些年中国基层社会治理变形和变味的一个典型，其教训非常惨痛。

正是因为当前城市社区治理创新的这些宏观整体特征，使得以一种审视的眼光重新看待城市社区治理创新的具体实践时，学者们发现了这一领域的深层次问题，如社区治理创新中的多元主体协商机制建设方面，由于重协商过程、轻协商结果运用，监督缺位、协商成果落实弹性较大，保障制度缺失、协商结果难以强制执行，造成协商结果与决策执行脱节。社区治理创新中的协商出现“协商内容范围广泛与具体议题精准不足，协商主体多元

发展与参与结构层次欠缺，协商形式多样创新与参与机制常态缺乏，协商程序规则明确与制度流程技术短缺，协商成果运用广泛与机制规范效力不一”等缺陷，使得社区中多元主体围绕社区事务的协商并没有与社区治理的“行政化”倾向很好脱钩。社区治理创新中的“微治理”同样也存在类似问题，“微治理是传统社区治理模式的延伸探索和改革创新，其根本面向在于培育原子化居民的自主性，增强社区自治的成熟度，微治理运行中的微事物激发、微空间设置虽能极大地调动同质性居民群众开展集体行动，但也容易形成小微治理的封闭性和碎片化，对社区中异质性群体的观念行为产生排斥。如何正确引导微治理，实现其与社区治理有效的粘连与统一，应该成为下一步研究思考的重点”。“从整体来看，我国城市治理创新研究呈现出不系统、碎片化的状态，没有形成系统的中国语境下的城市治理创新研究体系”。换言之，对当前城市社区治理创新的整体评价与反思结果表明，很难说城市社区治理创新已经走向成熟和成功这一目标定位；相反，城市社区治理创新更多处于一种探索的关键变革时期，这一时期城市社区治理创新走向的明确，仍然取决于中央层面和地方层面各种思路的汇集、交流和实践检验。

二、城市社区治理创新中的城市社区治理结构转型

事实上，近十年尤其是近五年来，无论是中央政府还是地方政府，对城市社区治理创新及其在国家治理体系和治理能力现代化中扮演的关键性角色给予了极大的重视。在中央层面，2013 年 11 月 9 日至 12 日党的十八届三中全会提出的“全面深化改革的总目标是完善和发展中国特色社会主义制度，推进国家治理体系和治理能力现代化”，2017 年 6 月 12 日中共中央、国务院《关于加强和完善城乡社区治理的意见》(中发〔2017〕13 号)要求的“城乡社区治理体制更加完善，城乡社区治理能力显著提升”，2017 年 10 月 18 日十九大报告中提出的“打造共建共治共享的社会治理格局。……加强社区治理体系建设，推动社会治理重心向基层下移，发挥社会组织作用，实现政府治理和社会调节、居民自治良性互动”，都对城乡社区治理能力的实质性提升做出了明确的指示要求。

在地方政府层面，2014 年 12 月 31 日中共上海市委、上海市人民政府出台的《关于进一步创新社会治理加强基层建设的意见》(沪委发〔2014〕14 号)(也称为上海社区治理“1+6”文件)，2015 年 11 月 26 日中共武汉市委、武汉市人民政府出台的《关于进一步创新社会治理加强基层建设的意见》(武发〔2015〕12 号)(也称为武汉社区治理“1+10”文件)，2018 年 7 月 3 日中共南京市委、南京市人民政府出台的《关于加强和完善城乡社区治理的实施意见》(宁委发〔2018〕25 号)(也称为南京社区治理“1+4”文件)，2018 年 3 月 29 日成都市民政局、中共成都市委组织部、中共成都市委城乡社区发展治理委员会出台的《关于进一步深入开展城乡社区可持续总体营造行动的实施意见》(成民发〔2018〕8 号)四份文件，更是各主要城市对于破局城市社区治理难题的主观愿望和努力方向的典型代表。

国家治理体系和治理能力现代化中的城市社区治理创新所包含的“共建、共治、共享”三个方面，具体指向的是治理过程中强调共同建设、治理主体中强调多元参与、治理目标中强调全民共享。这一关键特征，表明社区治理结构、社区治理过程、社区治理技术、

社区治理绩效等共同构成了社区治理能力现代化体系的关键指标。“近几年的研究抓住了我国城市社会管理体制逐步向社区制过渡的现实情况，对社区权力实践的新内容进行了探讨，尤其是对多元权力嵌入社区之后所引起的不同权力主体之间结构与关系的变化进行了分析，并对社区权力秩序如何朝多元主体共构发展的趋势进行了专门性的思考。具体而言，当前社区权力秩序的形成有赖于政府机构、党组织、居委会、业委会、物业公司、社会组织、社区组织及居民个人在互动中共构”，但是“协商主体不对称，协商主体性不强”的社区协商现实背后，则反映出社区治理能力现代化体系问题已经开始破题，但是深层次推进效果堪忧的问题。

对当前城市社区治理创新的整体评价与反思，使我们有理由相信，社区治理能力现代化体系中的社区治理结构、社区治理过程、社区治理技术、社区治理绩效尤其是社区治理结构转型的问题没有得到明确。目前城市社区治理创新领域中的社区大党建、“三社联动”，社会组织、社区基金会、“互联网 +”、社区营造、社区议事会、“双向进入，交叉任职”、信托物业等若干策略形式、技术手段在城市社区中的进入，对当前住房市场化时代城市社区治理问题的根本性预防和系统性解决、演变前景和发展效果值得怀疑。换言之，城市社区治理结构的转型而非城市社区治理策略形式、技术手段的转型，对于“高度流动”“移民社会”的“现代城市”的治理将起着决定性的意义，而如何实现城市社区治理结构的转型（及其中的关键症结）问题，值得引起研究者的高度重视与深切反思。正是城市社区治理结构的现状及演变，决定、影响着城市社区治理创新中若干策略形式、技术手段的实践效果及变革前景，也才能从根本上体现城市社区治理能力现代化的实现与否。城市社区治理结构的转型，理应占据这一研究领域的核心话题位置。

第二章 社区自治与参与管理

面对社会转型，产业结构调整、城镇化、信息化对基层社会治理提出的挑战，居民自治进行了相应的改革措施，通过搭建社区自治与共治平台，完善自治机制，解决基层社会治理中遇到的问题与困境，并取得了一定的成效。但是，社区自治实践创新机制的建立并非一个简单的过程，其中涉及多方主体协调互动，基层政府的科层制改革与职能转变，基层社区组织的去行政化，以及居民自身的参与动员与参与能力等多方面的问题，而这些复杂问题的应对给了基层社会治理创新以很大的挑战和压力，这也使得社区居民自治的改革仍然任重而道远，期间不断出现的新问题、新困境，都需要被充分考虑和应对。具体来说，当前的城市居民自治在制度、技术、资源三个方面都面临着一些现实的困境。

第一节 “三驾马车”的制度缺失

所谓“三驾马车”，包括居委会、业委会和物业公司，三者分别承担不同的职能角色，拥有互相独立的职能分工。按照我国的法律规定，居委会在物业管理中承担指导职责，其不直接参与物业管理和监督，但具有负责协调业委会和物业公司关系的责任；而业委会作为代表业主利益的社区自组织，则负责聘用更换物业公司，并监督后者的日常工作开展，从规范上说，业委会和居委会同属于自治组织，互相地位平等不存在隶属关系；物业公司作为被聘用方，需要对业委会负责并接受其监督。这些规定确定了“三驾马车”的角色定位和职能分工，但从现实来看，由于社区的行政化色彩严重，以及社区内部自治力量的薄弱，“三驾马车”之间往往不能形成规范化的、平衡的协调关系，或者存在居委会凌驾于业委会的情况，或者存在物业公司侵害业主权益而不受监督的情况，或者存在业委会过于强大，

跳脱法律规定自行更换物业公司的情况。总之，社区中的“三驾马车”之间的协调性仍然较低。

一、居委会的权威危机

一些学者指出，在中国迅速城市化的过程中，传统城市社区管理能力受到了削弱，但是新的社区管理体系却没有建立，以行政主导的基层治理方法不足以适应如此迅速的社会演变，现有的通过国家代理者或代理身份的权威构建所实现的国家权力对社区的“间接干预”体现了国家社会关系格局的实质性变化。另一方面，社会治理中心在调整过程中，城市基层治理也遭遇一些问题，最主要的就是基层街道的“法团化”特征明显，以及“机会主义”行为泛滥所导致的基层“权威危机”。“法团化”指街道为获得更多的经济资源直接介入企业管理过程，或者同企业结成利益同盟；与此同时，街道所掌握的经济资源越来越多，街道同上级政府进行谈判的能力不断提升，街道的自由行动和规避监督的空间越来越大，并滋生了街道干部致力于谋求个人利益最大化的“机会主义”。这二者引发了街道的权威危机。

（一）居委会托底化

居委会托底化是指因传统社会管理体制与新型社会结构不相适应，导致居委会成为所有新生问题的第一个裁定者与证明者。居委会承担了因社会变革而溢出传统政府管理范围的几乎所有职责。居委会成为维系城市治理、调控社会的最后一道防线，政府、学校、保险等部门都要依赖这道防线才能完成与社会的对接。居委会托底化的集中体现就是其他部门在解决新生问题时，首先需要的就是来自居委会的证明信。随着社会结构复杂化程度的提高，整个城市治理对居委会确认权、证明权的依赖度越来越高。居委会托底化不是法律赋予的，而是新兴社会结构、人口结构、就业结构所产生的问题溢出了传统管理体制所导致的过渡现象。管理层面的权责是指居委会作为政府机关的“一只脚”，承担着来自上级政府部门分配下来的管理任务，居委会管理层面权责呈现出行政化的基层特性。随着社会结构的日益复杂化，居委会管理层面的权责呈现出无限扩张的倾向，逐渐成了化解所有因为社会结构和人口结构变动引发的问题的制度性起点。居委会要为体制难以覆盖之人或非单位人与社会打交道、与政府打交道，提供第一张合法化的“通行证”。

（二）居委会的行政化

居委会权责界定和权责对称在创新社会治理与加强基层建设中的作用极为重要。1990年实施的《居委会组织法》第二条中规定，居委会是基层群众性自治组织，但只做了定性表述，对自治范围、内容及边界等规定的并不清晰。二十多年来，上海居委会行政化倾向日趋严重。1997 年上海提出“二级政府、三级管理、四级网络”，从行政逻辑上把居委会纳入行政的四级网络，进一步强化了居委会的行政属性。2006 年，推进党建 1+3 体制，把街道党工委改为社区（街道）党工委，使社区与街道基本同构，居委会实际上已成为基层政府的"一条腿"，而非社区居民的"领头人"。居委会作为"党和政府联系群众的桥梁和纽带"，一手紧紧抓住了党和政府，而另一只手与居民群众却几乎"失联"，这严重影响居民对居委会的认同和信任，影响其作为群众性自治组织的本质属性，影响到基层基础的稳固。要从根本上扭转这种情况，必须明晰界定居委会自治的法律地位。

在单位制时期，社区往往直接承担来自政府部门的行政指令，其工作也主要集中在完成政府所要求的工作上，这时整个城市的社会管理体制还处于国家—社会一体化的大框架下，基层社会主要以"管理"为主，尚未转向多方主体共同参与的"治理"阶段。然而，随着改革开放的到来，国有企业改革和住房福利社会化等一系列的改革措施促进了城市社会管理体制的深度转变，原先建立起来的管理模式已经不能再适应社会的整体转型，如何利用逐渐发展起来的基层社会力量，整合多方社会资源，共同投入社区建设中，逐渐成为政府的一项重要工作。在这一过程中，由于过去城市社会管理体制的延续，政府在面对社会转型中的新要求上往往具有一定的观念与体制滞后性，难以在短时间内转变传统职能和角色，再加上基层社会还缺乏自治力量的培育，对自身在社区建设上的责任尚未有清晰的认识，往往导致社区的行政化现象仍然严重，没有得到有效的扭转和消除。当前，居委会有的行政性任务直接来源于市级行政机关，或市有关委办局出台的行政法规。据统计，直接提出居委会承担工作任务的行政性法律、法规有 17 部，如《消防法》第六条规定"居委会应当协助人民政府以及公安机关等部门，加强消防宣传教育"；《上海市消防条例》第十三条则规定"居、村民委员会应当确定消防安全管理人，组织居、村民制定防火安全公约，宣传家庭防火和应急逃生知识，进行防火安全检查"；《献血法》第六条规定，居委会应当动员和组织本居住区的适龄公民参加献血。

在各社区走访调研的过程中，我们发现，当前流动人口已经成为部分社区主要的人口组成部分。如何保证这部分群体的日常生活需求及权益诉求，是当下社区治理必须要应对的重点难点之一。此外，特大城市存在一些动迁小区，住户由动迁农民、商住户及房管所、老公房住户混合组成，复杂的居民构成，对社区治理的顺利开展形成了一定程度上的挑战。其次，现阶段社区治理面临着协调政府与社会发展的问题。当下城市社区治理中，政府与社会的关系更多表现为政府吸纳社会，将社会纳入行政可控的体系之内。这里一方面有全能政府管控到底的制度依赖，另一方面也有行政权力理性自我扩张的原因。《中华人民共和国城市居民委员会组织法》一方面规定"居民委员会是居民自我管理、自我教育、自我服务的基层群众性自治组织"，另一方面又规定居民委员会协助不设区的市、市辖区的人民政府或者它的派出机关开展工作。现实中，由于政府是社区资金的主要提供者，同时法律规定社区有协助政府开展工作的义务，所以，社区居委会被行政绑架，脱离了社区自治的本质内涵，大部分精力都投入完成政府的"一条腿"的工作中，而无力更好地代表居民，组织居民自治。

实际调研发现，当前城区社区居委会承担的工作任务一般有 100 多项，涉及计划生育、环境卫生、治安治理、家庭婚姻、就业服务、宣传教育、流动人口管理、社会保障、社会救济、文明达标、收费收款、取证盖章以及各类检查评比等十多个门类，其中绝大部分都

是政府委托或交办的。行政权力惯性扩张，导致社区居委会被行政捆绑，背离社区自治的本位，也模糊了政府与社区之间的职能界限。社区自治不足主要是因为社区自治的空间遭到行政权力的侵蚀、社区组织发育不足、社区资源严重短缺、社区居民参与意识不高，等等。以社区居委会为代表的社区自治组织,其工作经费、人员工资几乎都来自政府财政拨款。有部分社区居委会辖区内企事业单位资源丰富，通过“化缘”的方式争取一些资助，然而，这毕竟是杯水车薪。没有经费的支撑，社区自治将难以运转，而单一的财政拨款仅能维持基本运转，社区资源的总体匮乏一定程度上制约了社区自治的发展。

总之，居委会作为社区自治组织，原本具有民主选举、民主决策、民主管理、民主监督的特征，从规范化的角色定位上来看，居委会的工作主要集中于解决社区问题，服务社区居民，回应社区需求方面。而当前由于行政化色彩，居委会具有“双重角色”，一方面要作为社区自治组织，处理社区日常事务，提供基本的社区服务，并回应社区居民的多元需求；另一方面却作为政府的代理人或政府工作的执行者，承担来自街道及其上级政府的各项工作要求，而由于政府的条块化组织管理方式，居委会往往会同时承担来自不同政府部门的各项事务，形成“上层千条线，下层一根针”的现象。这导致居委会的工作时间往往被各种行政事务占据，无暇顾及社区自治工作。社区从政府各部门承接下来的工作大概有十大类一百多项，包括小区环境卫生、治安、计生工作、社会保障、民事调解等，种类众多，任务繁重。在对社区的访谈中，大部分社区都表示居委会面对各种事务，会首先选择完成政府的硬性工作，然后才有精力去做社区自治工作，但由于行政工作过于繁重复杂，而居委会本身人员有限，就很难有充足的人力和时间履行社区自治组织的自治职责，导致居委会的第一重角色受到了第二重角色的压制。

在社区自治与共治过程中，居委会承担了相当重要的角色，很多社区自治与共治机制、平台的建设都需要居委会的牵头，居委会也在自治与共治过程中起到协调各方利益，调动社区资源，进行社区动员的关键性作用，因此，如何使居委会从大量的行政性工作中抽身出来，真正履行其社区自治功能，向社区居民负责并促进社区自治与共治力量的形成，就成为基层社会治理中的核心议题。在未来的社区治理建设中，需要着重考虑社区的去行政化问题。

二、居民参与率较低

从“自治主体”方面来看，从名义上说，“居民自治”的主体是定居于各个居委会辖区内的全部“居民”。然而，一个居委会内部自治事务的真正主体与其名义上的主体事实上也是不同的。从名义上，每个居民“不分民族、种族、性别、职业、家庭出身、宗教信仰、教育程度、财产状况、居住期限”都拥有直接或通过其选举出来的代表参加居民会议、选举居委会干部、制定居民公约、讨论决定与全体居民利益相关的重要问题的同等权利。但在实际生活中，这些权利的真正落实却受到许多因素的制约。其中最重要的因素之一就是各个居民本人参与各种自治事务、行使自治权力的积极性或主观意愿。法律条文赋予居民的各种“自治权利能否转化成现实生活中真正为居民所用的权利，在很大程度上取决于居民们是否有积极参与自治事务、行使这些权利的主观意愿。只有当居民们具有这种主观意愿，真正能够积极地参与本社区的事务、充分行使法律赋予自己的各种权利时，这些条文上的权利才能转化为现实的权利，该居住区的自治才能真正称之为居民自治，反之则不然”。可以说，无论是社区自组织的相互协调，还是社会组织的介入，其目的都是为了使社区实现自治与共治能力的提升，而这离不开居民的参与，如果缺乏居民的广泛参与，社区治理就仅仅是一小部分精英的游戏，脱离“自我管理”的基本理念。不可否认，社区开展的一系列改革和创新实践的确提高了社区的自治能力，但仍然存在居民参与率低的问题，这使得社区自治与共治还缺乏广泛的群众基础，不利于自治共治的长久发展。这种低参与度主要体现在以下几个方面。

一是参与意识薄弱，参与能力不强。当前社区居民还主要将社区治理看作是居委会甚至是政府的事务，而很少意识到自己作为社区一分子所承担的自治责任，因此，居民往往缺乏参与的意愿，其参与社区活动和社区服务的积极性很低；另外，对于很多社区居民来说，虽然可能会有一定的参与意识，但缺乏对应的参与能力，缺乏相关能力的培养和锻炼，对社区自治过程的参与也难以形成规范化意识，这导致即使有居民参与自治，也具有相当的松散性和非规范性。

二是参与主体过于单一。现阶段，社区虽然积极调动各社区文体团队和社区社会组织参与到社区自治中来，并通过党员带头，居民骨干进行民主动员，扩大参与范围，但是真正参与到社区活动中来的居民往往限定在固定的小范围群体中。这个小范围群体作为积极分子常常积极参与社区各个组织、团体的工作，因此，虽然社区内的社会组织和志愿团体较多，社区活动多样，但参与者仅仅是固定的一群人，还没有实现居民参与的广泛性，实现真正的社区自治。

三是参与的热情难以维持。虽然通过社区的民主动员，一些居民可以在短时间内被调动起来，但由于缺乏自治意识，其参与的时间常常很短，没有形成长期的参与动机，难以投入到组织化、规范化的自治队伍中来，导致社区的自治参与具有相当的不稳定性，不利于社区自治的建设。

由于居民的参与度较低，社区自治虽然取得了一定的成效，无论在制度机制层面，还是在参与主体的多元化层面都在不断完善，但其自治力量的真正形成仍然任重而道远，因为如果没有居民的广泛参与，自治所要求的群众基础就难以形成。自治本身是要求社区的“自我管理”，其本身就是深深扎根于居民当中的，因此，在未来的社区自治共治建设中如何广泛地调动居民参与积极性，并提高居民整体参与能力，就成为一个重要的议题。

调查显示，上海市民社区参与意愿不高，愿意参与社区事务的只有 61.0%，具体为非常愿意占 7.5%，比较愿意占 53.5%，无所谓占 31.0%，不太愿意占 6.9%，很不愿意占 1.1%。调查还显示，市民社区参与行动不足，参与过社区的公益或志愿者活动只占 38.5%，其中经常参与占 6.2%，偶尔参与占 32.3%，从未参与占 61.5%。与 2015 年调查数据相比，上海市民的社区参与意愿、社区参与行动都有所下降，下降比例分别为 5%、2.6%。不同市民的参与意愿有很大差别。调查显示，年龄越大的市民，社区参与意愿越高，具体为 30

岁以下为59.8%，30~39岁为54.8%，40~49岁为61.1%，50~59岁为73.1%，60岁以上为81.1%；不同社会阶层市民社区参与意愿呈现“中间低，两头高”的特征，具体上层为60.5%，中上层为64.1%，中层为60.4%，中下层为46.7%，下层为64.3%；户籍为上海的市民参与意愿高于非上海户籍市民，具体本地户籍为63.3%，非本地户籍为53.5%（见表2-1）。

表2-1 上海市居民参与社区事务的意愿表

年龄	非常愿意	比较愿意	无所谓	不太愿意	很不愿意	总和
30岁以下	3.6%	56.2%	28.8%	9.7%	1.7%	59.8%
30～39岁	6.8%	48.0%	36.6%	7.7%	0.9%	54.8%
40～49岁	6.5%	54.6%	31.1%	6.5%	1.3%	61.1%
50～59岁	14.0%	59.1%	24.3%	2.1%	0.4%	73.1%
60岁以上	21.7%	59.4%	17.9%	0.9%	0	81.1%

资料来源：上海社科院2017年上海民生民意调研数据。

三、居民自治的主体协调性较差

社区自治中的主要自治主体包括居委会、业委会、社区社会组织和其他社区团体等，“自治性”是这些自治主体的主要属性。但是，由于我国社区治理中社区行政化色彩严重，加上相关的法律法规没有充分完善，这些自治主体往往受制于来自上级政府的行政命令，大多数自治组织无论在人员选拔还是在日常运作中都渗入了行政化安排。这使得社区中原本各司其职的自组织无法真正在限定的职能范围内发挥功能，而往往存在职能缺失或职能交叉的现象。同时，由于一些社区本身比较老旧，其本身也缺乏相应的自治能力和自治传统，导致一些原本应该存在的社区自治主体没有被建立起来，居委会不得不承担起相应的角色，进一步加大了居委会的工作负担，同时也不利于主体职能之间的相互协调，以及社区自治力量的培育发展。

具体来说，从现阶段的社区治理看，不同类型的社区都或多或少存在“三驾马车”协调不足的问题。一些老旧小区由于不具备相应能力，尚未成立业委会，这导致相关职能被转嫁给居委会。在此背景下，原先只负责指导协调工作的居委会和社区业主与物业公司之间的关系变得异常复杂，在居委会代管之下，业主难以起到物业监督的功能，一些社区资金的公共收益部分还掌握在物业手中，无人监管，这种情况进一步加剧了业主和物业公司之间的矛盾，也不利于社区物业管理的高质量开展。同时，物业公司与业主之间的矛盾也被转移到物业公司与居委会、居委会与业主之间的矛盾中来，造成居委会的角色尴尬和协调工作量增加。对此，一些社区开始积极组织成立业委会，希望实现社区治理的规范化，结束居委会代管现状，但就现阶段的状况来看，新成立的业委会大部分还比较缺乏自治能力，其无论从职责履行还是从日常监督上来看，都存在一定的问题，这使得业委会往往不能完全发挥其自治和监督功能，导致物业问题丛生。因此，如何培育业委会的自治能力，使其在规范化制度内履行其相应职能，成为社区治理中的重要问题。

除了老旧小区外，一些新建商品房小区也同样存在“三驾马车”的协调问题，只是问题呈现稍有不同。对于商品房社区来说，居民的自治意识和自治能力相对较高，其对社区环境和社区建设也有着较大的期望值，这使得强大的业委会往往会与物业公司之间产生矛盾冲突，存在频繁更换物业公司的问题，不仅不利于社区物业管理的持续稳定，也不利于社区整体的和谐，所以，如何解决这些社区当中的“三驾马车”协调问题，发挥居委会及社区其他自治主体的协调合作功能，在满足居民日常生活需求和期待的基础上，建立长效稳定的协商机制，就成为重中之重。

可见，在社区自治中，社区自组织的角色定位、职能规范，以及“三驾马车”的协调都是需要解决的问题，因为后者直接影响到社区内自治主体的功能履行及其合作共治的关系构建。如果自治主体之间的功能定位不清，职能存在交叉，或者受到行政命令制约过大，以致无法有效承担自治职责，社区的自治及共治的规范化力量就难以形成。另外，社区中的和谐稳定与社区自治共治之间存在相互强化的作用，前者不仅是后者有效运行的结果，也构成了后者得以开展的前提，如果社区中的自治主体之间矛盾丛生，无法建立有效协调机制，那么就难以形成社区各自治主体的合作机制，也就无法真正达成社区自治与共治的创新实践。

第二节　技术配套滞后

“智慧社区”作为“智慧城市”的延伸与发展，是基于大数据时代下形成的高级社区形态。在国内，“智慧社区”的基本概念真正被正式提出来是在2014年住房城乡建设部办公厅印发的《智慧社区建设指南（试行）》，该指南为各地进行智慧社区建设提供了参考，这是国内首次从国家层面提出智慧社区的概念。笔者认为智慧社区就是一个信息化、智慧化的有机结合系统，不断发展出符合国家治理的社区治理方式，这是与信息时代相适应的社区治理新路径。目的则是为了社区居民能够更加便利、美好、舒适的生活。技术能力是智慧社区的重要环节，没有相应的技术配套，智慧社区只能是海市蜃楼。在围绕技术实施、技术维护上，当前的智慧社区建设条件都远未达到。

一、技术实施：各类协议尚未统一

在“互联网+”的基础上搭建统一的智慧社区平台服务系统，同时建立相应的全方位智能物业服务平台。智慧社区最直接的转变在于其盈利模式，企业通过搭建智慧社区平台、开发各类智能应用系统，以满足家庭生活与个人便捷服务。国内首个“智慧”社区建设是由市场借助社区信息“云计算”、智能信息终端、金桥碧云炫卡开发形成。在建设与推行

智慧社区中上海市一直处于前列，这其中关键主要在于市场的有序参与竞争，同时通过鼓励和支持大量互联网企业、家电企业、房地产企业、安防企业以及物业管理企业积极投身于智慧社区公共服务治理中来。其中以家电企业为首涌现出一批智慧社区市场解决方案，如美的 M-Smart 智慧生活平台、海尔 U+ 智慧生活平台等。在政府引导的基础上，通过优化整合市场资源，建设新型服务社区，可以更好为社区居民提供安全稳定、高效便捷、舒适和谐、绿色生活的服务体系与智慧化生活方式。

然而，当前一些先进技术的产品开发面临多种协议标准的抉择，导致归属不同厂商的不同硬件很难做到相互兼容，限制了各智能硬件的协同集成发展。由单一产业链的整合转变为各个生态圈间的融合发展的路途还比较漫长。此外，基于移动通信网络，实现有效的智能感应、数据收集、整合、挖掘、分析，最终产生有建设性的决策依据，是智慧社区发展关注的焦点之一，对形成新的业务体系和商业模式具有直接意义。无奈的是，目前普遍的数据体系都只有拼凑式归集及粗略的聚类分析，还远远达不到智慧社区要求的细度。而细分的精确集成分析，才能对后续运营提供有效支持。

二、技术维护：智能系统的社区运维人才缺乏

应用了丰富现代信息技术的智能系统，终究要在社区落地并由此产出，且负责运维的大部分是物业管理相关人员。长期以来，物业管理体系几乎谈不上人才素质，保障智慧社区软硬件资源最大限度地发挥作用，面临极大的人才储备挑战。比如，重要的智能安防系统，一旦误触误碰造成通信系统瘫痪，以现有物管人员的水平很难去恢复，势必使智慧社区的运行成效大打折扣。改变生活方式的智慧社区建设必然是富有挑战的，打造新的社区管理与服务新模式也需要新的思维方式。而找到合适的组织方式、进行有效的服务整合、开发针对性的特质产品以及推动技术相关配套的发展，都是智慧社区建设必须要走的路。

第三节 资源有待继续培养

一、物质资源的完善

目前，在上海市社区的配套服务中，经过近年来的持续性投入和管理，基础性的商业设施圈、公共服务设施圈已基本建设完毕并运转较好，得到市民的较大认同，但基本公益文化设施圈存在一定的问题。调查显示，只有 61.7% 的市民在 20 分钟内可步行到达绿地、广场、公园等，55.7% 的市民在 20 分钟内可步行到达社区活动中心、图书馆，这与上海经济社会发展程度很不符合，与市民基本文化需求也不符合。因此，上海政府以提升综合服务功能为目标，加快完善居民区的基础公益设施。以现代信息技术手段为支撑，建立起市、区县、街镇三级基础公益文化网络，以及家庭公益文化利用平台，立体化打造好基础公益

文化网络体系。

从居住区域来看，不同居住区域的社区管理难度有很大差别。调查显示，内环内居住区的社区管理难题主要是宠物乱跑（56.2%）、群租（42.5%），内—中环间居住区的社区管理难题主要是停车难（51.3%），宠物乱跑（47.8%）；中—外环居住区的社区管理难题主要是停车难（88.0%）、宠物乱跑（49.0%）；郊环外居住区的社区管理难题主要是停车难（60.5%）。从调查结果看，内环内居住区社区管理特殊性难题主要是群租问题，郊环外居住区社区管理的特殊性难题主要是保绿问题。

表 2-2　社区管理民意调查

问题	内环内		内—中环间		外—郊环间		郊环外	
	频次	比例	频次	比例	频次	比例	频次	比例
保绿	93	31.1%	132	19.2%	7	3.4%	135	36.0%
保洁	83	27.8%	224	32.7%	16	7.7%	90	24.0%
保安	85	28.4%	238	34.7%	18	8.7%	80	21.3%
停车难	73	24.4%	352	51.3%	183	88.0%	227	60.5%
群租	127	42.5%	117	17.1%	39	18.8%	91	24.3%
宠物乱跑	168	56.2%	328	47.8%	102	49.0%	135	36.0%
物业服务	103	34.4%	110	16.0%	106	61.0%	79	21.1%

资料来源：上海社科院 2017 年上海民生民意调研数据。

二、社区资源尚待加强

（一）社会工作的持续探索

从总体上来看，“全科社工”模式还在探索阶段，仍存在一些问题。一方面，由于社区行政事务过于繁琐，全科社工难以承担全部的处理工作，只能负责基本的初始工作的处理，其他后续的工作仍然要交由相应的工作人员进行专业化处理。这样，社区所想要达到的行政工作与自治工作的全面分割，并由此节省人力和时间以更好地承担自治职能的设想，并没有完全达到。实际上，全科社工之外的社区工作者仍然有可能要处理大量的社区行政工作，社区的工作量并没有得到理想的减轻效果。另一方面，一些社区开始进行片区联合式的服务中心建设，即在一个较大片区内设立服务中心点，其中由全科社工组成的社区工作者队伍集中处理片区以内的行政事务和服务事务；这种做法出于减轻居委会工作负担，将行政工作从居委会中直接分割出来集中处理，以促进居委会自治角色转变的目的。但是这种措施也会导致一些延伸问题，其中最主要的是当片区范围较大时，居民获取社区服务的交通成本和时间成本可能会增加，居民想要到服务中心处理日常事务，往往需要跨越所在小区，不是非常便利，导致便民问题的出现。因此，需要其在未来的推行实践中不断摸索调整，完善“全科社工”模式，以更好地起到促进社区去行政化，转变社区自治组织角

色职能的作用。

（二）社区强人的积极引领

在我国城市基层治理过程中，基层政府与商业机构之间通过非正式途径建立了利益联盟，极力谋求对城市社区的操控。在反抗操控的过程中，社区中个人之间、个人与组织之间乃至组织之间的互动网络得以形成。在有些公民性水平较高和社会网络发育较好的社区，邻里空间有所发展，社区政治更为活跃，市民得到了更多的增权，社区权力结构开始趋向民主化。但是这些社会网络在本质上往往是利益驱动的“关系”，而非积极的社会资本，这导致其也有可能阻碍社区民主化进程并影响治理状况，因此称之为“准公民社区”。这种由强人主导的社区治理模式，主要依靠领导者个人的能力和手段，缺乏制度化的长效机制来处理社区公共事务，也无法调动其他业主的自主性参与，且对社区强人的权力制衡和监督机制又不完善，导致小区治理带有很强的个人专断随意性，面临不确定性风险。一旦这些强人由于某些原因丧失了为社区公益贡献力量的热情，退出了对社区公共事务的参与，小区就有可能因为缺乏领导而陷入治理失效和无序状态。由于业主领袖具有多重动机，如果他们受利益驱使被开发商或物业公司收买，为谋求个人私利而牺牲社区公共利益，滋生腐败行为，这时其他业主的利益就会受到侵害。这可能引发一些业主奋起进行针对业委会的“次级抗争”，即业主在发起针对开发商或物业公司的“初级抗争”之后，由于业委会损害业主利益，而开展对抗业委会的维权抗争活动。又或者社区业委会内部精英之间由于理念不一致或在侵占社区公共利益时分配不均，导致以业主精英为首的小区不同业主群体之间的派系斗争。

（三）社会组织的嵌入性问题

在社区自治的过程中，社会组织的引入与培育是一个非常重要的方面。社区治理不仅需要居民的自发参与，也需要在这一参与过程中形成具有规范化、制度化的组织队伍，从而保障参与的长久性和专业性。

在社区中开展自治活动的社会组织主要有两种类型。一是社区之外的，具有专业性和公益性的社会组织。它们是从事非营利性活动的社会团体，这些组织往往由专业社工组成，承接社区项目，为社区建设提供嵌入性服务，其对社区本身来说是外来者，但它所具有的专业性却能够在很大程度上帮助社区实施自身无法完成的自治项目；另一种是社区社会组织，又被称为社区中介组织，它主要从社区内部产生，是社区居民自发形成的自治队伍，介于居民个体和社区主体组织之间的一种组织类型，这些组织的培育发展会使社区自治走向规范化、制度化道路，有利于自治力量的壮大和自治功能的发挥。

很多社区都在积极培育社区社会组织，并帮助它们做备案登记，使其形成正规化的组织队伍。这一工作主要由居委会牵头，居委会往往在自治工作中积极发掘群众骨干力量，将他们带动起来，培育居民自发形成社会组织。但是，由于当前基层社会自治力量整体薄弱，居民的自治意识和自治能力都普遍较低，使得社区社会组织的数量仍然较少，或者很多已经备案登记的社区社会组织并没有发挥出应有的功能，很多组织由于专业能力的缺乏，或者由于自治动机和能力的不足，没有能够积极投入到社区建设中，这使得社区内部自发形成的正规化自治队伍往往难以达到理想化的自治要求和效果，其在社区的影响力和资源调动力都普遍不足。这种问题的存在很大程度上进一步加大了居委会的工作量，居委会一方面要积极培育新的社区社会组织，牵头带动组织的发展壮大，另一方面却无法依靠已形成的社区社会组织组织相应的自治工作。

对此，一些社区开始积极探索引入外来社会组织。外来社会组织，即上文提到的第一类社会组织，往往具有更加专业性和规范化的组织队伍，能够在很大程度上承担单纯依靠社区自身力量无法承担起的自治工作。并且，很多从事社区服务方面的社会组织也都具有帮助社区实现自治功能的发挥、培育社区自发组织力量的工作能力。因此，引入外来社会组织，为社区提供嵌入性服务和培育社区自发力量，越来越成为社区的策略性选择。一些社区由居委会牵头，与社会公益组织合作，进行一到两年的项目运作，在社区内开展社区活动和提供服务的同时，通过社会组织的专业性指导，在社区内培育出具有组织性和独立性的社区社会组织，并帮助它们建立长久化运行机制，真正实现社会组织的进入是为了更好地退出的目标。这样的举措确实在很大程度上促进了社区内自发性力量的生成和壮大，并为社区社会组织的培育提供了相应的资源，但是社区社会组织的培育是一个漫长的过程，而期间也会出现一些问题。

首先是社会组织作为外来力量，进入社区后面临社区融入问题。由于一些社会组织缺乏专业性的社区融入手段和方案，导致其在社区中的嵌入性不强。这使得很多社会组织引入后，其工作往往停留在开展社区活动和提供社区服务等方面，而仍然没有有效地开发培育本地社区社会组织，社会组织的作用仍然停留于表面，没有充分发挥其对社区本身自治力量的促进作用；同时，很多在社会组织的调动下培育出来的社区社会组织，仍然缺乏自主独立的能力，其日常运作和活动开展还是紧密依靠居委会或社会组织，而难以真正形成自主能力，这在一方面加大了居委会的工作量，另一方面也使得专业社会组织一旦退出，社区社会组织便难以维系。在这种情况下，社区自治力量仍然比较薄弱，尚未形成具有持久性、组织化的自治队伍，其仍然依靠社区主体组织，而难以形成真正能与社区主体组织平等协商、共同治理的力量。因此，社区对社会组织的引入虽然在很大程度上促进了社区治理的专业化、规范化，也有利于社区自治力量的形成，但是，仍然需要建立有效的评估机制和监督机制，使得社会组织能够深度融入社区治理的核心，充分挖掘内部资源力量，调动居民的民主参与积极性，形成组织化、正规化团队，独立自主地投入社区自治建设中。

第三章　城市居民自治的优化路径

习近平总书记在十九大报告中指出，要保障和改善民生水平，加强和创新社会治理，打造共建共治共享的社会治理格局，并提出了加强社会治理制度建设、预防和化解社会矛盾机制建设、加强社区治理体系建设等具体要求。随着社会环境复杂化，社会需求多样化、社会矛盾频发，政府“一元化”的管理模式已无力独揽全部社会管理和服务。加强与社会力量的“深度合作”，依靠多元主体共同治理社会是政府进行职能转变、下放行政权力，应对城市基层管理困境的重要途径。强调社区自治与共治，并不意味着政府对基层社会的彻底放权，也不代表着政府以“甩包袱”的形式对社区治理放任不管。城市社区民主自治是政府为了顺应市场经济发展,应对“单位制”解体,实现基层民主而选择的基层管理模式。针对社会治理体制所存在的各种问题，如何通过各种方式，优化现有的城市基层自治机制，解决现有的基层治理困境，就显得极为迫切。社会治理领域的学者也聚焦于各种体制、机制改革和路径设计，试图实现基层治理的有效性，激发基层自治活力。

第一节　制度优化：社会关系的秩序重建

在基层网络状的治理场域中，政党—政府—市场—社会关系秩序的重建，一直都是基层治理的关键问题。从宏观层面而言，社会治理是国家嵌入与社会自治的有机统一,一方面有赖于国家嵌入的组织和制度来形成现代社会的基本治理架构，形成政府与社会的制度化衔接；另一方面，需要在国家嵌入的基础上发展社会自治的能力，从而通过社会自治来弥补国家能力的不足，消解国家理性主义对基层社会的过度干预，并通过社会自治来形成基层社会的基本认同和共识性规范。因此，单纯从制度体系而言，新中国成立以来的基本发展逻辑的确是鼓励社会自治、鼓励社会组织发展的过程。但是，在基层治理的实践中，并没有完全按照政府的嵌入与社会自治平衡的逻辑前进，不同的力量博弈和政策实践将社会治理引向政府嵌入的强大、社区自治组织进一步行政化，社会组织的发展空间狭小，基层中政府与社会难以形成良性互动格局的困境。总结而言，基层社会治理呈现出政府嵌入代理化、社区自治组织行政化和社会组织边缘性的角色。

一、党建引领：构建全民共建共享的社会治理格局

在中国社区建设和居民自治中，政府发挥着主导作用，居民自治属于政府主导型自治。其原因是中国的城市居民自治处于萌生状态，很不成熟，需要政府的自觉培育和引导。因此，在政府培育和引导自治的过程中，政府必须进行“自我革命”，改善自身的管理，重塑政府。否则，社区建设和居民自治都无法健康发展和成长。从政府职能的内容出发，政府承担着政治职能，经济职能与社会管理职能。其中，社会管理职能主要体现为个体、家庭与社会公共事务的组织与管理。社区治理本质上是政府的社会管理职能在社区这一基本治理单位的延伸。近些年，随着社区治理问题的多样化，“以政府为中心”的社区治理模式已经无法解决现有的问题，甚至在社区治理上过度的行政性干预产生潜在的影响社会稳定的风险。加之，社区居民主体权利意识的增强和市场治理主体的迅速发展，均对以政府为中心的社区治理模式发起了挑战，在这一背景之下，政府职能与治理理念在社区治理中都需要进行新的调整。

首先，从“管理”向“治理”执政理念的转变。在打造服务型政府的过程中，十六届四中全会提出“社会管理体制创新”，十八届三中全会提出“创新社会治理”，十八大报告提出：“围绕构建中国特色社会主义社会管理体系，加快形成党委领导、政府负责、社会协同、公众参与、法治保障的社会管理体制。”十九大报告进一步提出：“打造共建共治共享的社会治理格局。加强社会治理制度建设，完善党委领导、政府负责、社会协同、公众参与、法治保障的社会治理体制，提高社会治理社会化、法治化、智能化、专业化水平。”这些不仅表明中国共产党的执政理念发生了重大转变与发展，更为新时期社会治理指明了方向，提出了更加清晰、完整、符合社会发展趋势的思路和要求。从“管理”上升到“治理”，意味着我国社会体制和社会发展在目标、主体、内容、方式、方向和范围等方面都发生了重要转变。发展目标从单纯追求经济增长转向以人为本，更加重视人本身的感受，以人民群众普遍幸福为终极目标的新发展；参与主体从单一性的政府主导转向党领导下的政府主导、全民参与，特别是人民群众通过社会组织和基层自治组织的参与；治理内容从强调实行政府对社会的“管控”转向强调服务型政府建设；治理方式从传统的政府行政性行为转向社会多元主体协商共治；治理方向从自上而下的单向管理，转向既有从政府到百姓的自上而下，又有从百姓到政府自下而上的双向协商互动；治理范围则跳出政府和体制内部的局限，在厘清政府、企业和社会组织职能边界的基础上，向全社会开放。从这些转变可以看到，“治理”比“管理”更加重视参与主体间的协商对话、协调互动，也更加民主、开放和包容，更加重视和强调人民当家作主。

其次，从“政府中心主义”到“以居民为中心”的治理理念的转变。以前的社区治理在理念上更多的是“政府中心主义”，即政府主导社区事务从需求表达到效果评价的全过程,社区居委会只是参与服务公约的签订（街道与居委会签订目标责任书就是很好的例证）。社区建设只是“由外向内、自上而下”重构“纵向到底、横向到边”的管理体制。因而，在这种管理体制之下，社区被强制地纳入政府行政架构，社区事务的决定权和行动权都归于政府。整个服务过程由政府主导，居民只是单纯接受福利。久而久之，居民的参与意识下降，参与意愿减弱，主体性也就被湮没。即使政府在社区治理主体中引入市场因素，以购买服务的方式将社会组织纳入社区治理体系之中，但最终裁决权仍归政府，而且社会组织只是按照政府的购买目录和考核指标有选择性地提供快速服务，而不愿意花费时间和精力去发动居民参与。无论是政府主导型的社区治理还是政府以购买服务的方式进行社区治理，虽然内在行动逻辑不同，但是一个共同的问题就是将社区居民看作是管理对象而非治理主体，缺乏对社区居民主体性的发挥，最终的结果是社区居民在社区治理中的参与意识低，被动地接受政府的各种安排，社区治理更多地沦为一种行政性任务与考核绩效。十八大以来强调在社会治理过程中的“公众参与”,十九大又重提这一表达,均显示了政府在“治理”理念的指导下对社会成员治理主体性的重视程度。聚焦到社区治理，实现“居民为中心”的治理理念是社会治理公众参与的应有之意。所谓“以居民为中心”，是将社区事务的决定权和行动权完全向居民开放，让居民充分参与社区重大问题的决策。需求让居民表达，问题由居民讨论，活动让居民策划，公约让居民制定，服务让居民参与。

最后,从“政府治理”到“政府—社区—社会协同”的治理模式转变。在“治理”理念下，传统的政府单一管理格局通过政府简政放权和职能转移、以政府购买服务培育和发展社会组织、建立和完善社区居民（村民）自治制度、大众创业万众创新等政策体系,逐步被打破,社区自治、社会组织与政府互治的多元共治、良性互动的善治模式正在形成。十九大明确提出形成人民当家作主、共建共治共享的社会治理格局,进一步要求政府、企业、社会组织、公民个人等多元主体实现有效有序地共同参与社会治理，建立良好社会秩序，共享治理成果。社区治理过程中多元互动的善治模式在主体构成上包括城市基层政府管理者、相关商业组织、社区居民，各主体对外部环境变化的认知，及由此过程中权力关系变化产生的行动策略的“耦合”，共同促使了这一社区治理模式的形成。该治理模式核心是在政府的适当引导下，积极发挥各个社区治理主体的作用。

社区是社会最基层的细胞，既是联结国家与社会的基本单位，也是国家向社会提供公共产品的重要枢纽。在传统的科层制背景下，国家资源控制权集于高层，社区发展所需要的资源供给不足，后继乏力。加强社区治理体系建设，需要强有力的党政领导，这不仅要在战略上突出社区在社会服务中的重要地位、在发展布局中的优先地位，围绕社区建设配置公共资源、聚集社会资源、激活群众资源，而且要在具体操作上配备领导干部资源，整合街道与社区的行政资源，在社区层面实现人、财、物、事的优化配置。通过社区治理重心下移，使社区的多元治理主体得到更充足的支持，获得充分的成长，进入健康持续发展的良性通道。

二、政社分开：厘清社区内部治理主体关系

社会管理体制改革与创新的关键在于要围绕“政社分开”的核心原则，切实转变政府的社会职能，积极培育民间社会组织，建立现代公共财政体系，努力构建现代性的、政府与社会的分工合作体制。首先，“政社分开”原则及在其基础上的政府和社会组织的分工与合作，是社区建设体制创新的根本要件。其次，切实转变政府的社会职能，解决政府职能的越位和缺位问题，是实现“政社分开”的重要环节。再次，积极培育和发展非政府、非营利的社会服务组织，尤其是专业性的社会服务机构，是实现“政社分开”、政府社会职能转变和社区发展的重要内容。最后，改革传统的财政制度，建立有利于社区建设创新发展的现代公共财政体系，是“政社分开”的社会管理体制的重要组成部分，也是提高社区社会福利与社会服务水平的物质前提。

目前的“政社不分”社区建设体制只是一种过渡性的体制，随着市场经济的发展，既无法担当国企改革保障者的角色，也无法适应城市社会管理重心下移的新趋势。而以“政社分开”为原则，切实转变政府的社会职能，实现政府与社会组织在分工合作的基础上对社会的共同治理，则是社会体制改革的核心。“两级政府、三级管理、四级网络”这一社区建设体制，是特定历史条件下的产物，在前十年的社区建设实践中发挥了重要作用。但由于其只是行政体制内部的改革创新,并未触及“政社不分”“政社混淆”的社会体制本身，故存在着难以克服的结构性缺陷，越来愈难以担当促进基层社区的社会发展、社会管理与社会服务的制度角色。按照“政社分开”的原则，切实转变政府的社会职能，积极引入现代社会工作制度，建构政府与社会之间分工合作体制，是我国社区建设制度和体制创新的必要条件。由政社之间的分工与合作、公共财政体系的支撑以及专业化、职业化的工作体制等三要素构成的现代社会工作制度，是社会体制创新的有效抓手，具有解决社会成员困难、化解社会矛盾、维持社会秩序的重要功能。就我国社区建设的实践来看，引入现代社会工作制度，既是建设现代社会管理体制和社会发展模式的必然要求，也是提升整个社会文明和社区服务水平的必由之路。我国社会管理体制改革的方向之一，就是以“政社分开”为原则，切实转变政府的社会职能，努力剥离政府包揽的或直接从事的社会服务职能及部分社会管理事务，积极培育和发展各类专业性的社会组织。

三、“三驾马车”：厘清社区内部治理主体关系

目前，在社区内部治理基本主体结构中，不仅社区居民自身对建立社区共同体表示淡漠，业主委员会与物业公司的关系是社区治理冲突的聚焦所在，此外，同属居民自治组织的业主委员会与居委会之间的摩擦和纠纷也时常发生。对此，应该首先发挥居民区党组织的领导核心作用。居民区党组织作为居民区各类组织和各项工作的领导核心，要保证党的路线方针政策在居委会得到贯彻实施。要通过合法的工作程序，把党组织的要求和意图转化为群众组织的自治行为。要支持居委会有效完成法律规定的社区公共事务和公益事业、调解民间纠纷等任务，依法做好分内工作。要通过党的组织系统，协调好居委会、业委会、

物业公司等社区组织的关系；支持和保障居委会、业委会依法履行职责；牵头做好业主大会、业委会的组建工作，把好业委会成员的人选关。要加强思想宣传发动，动员社区组织和居民群众积极参与社区建设。

其次，加强居委会对业委会的指导和监督。在有条件的住宅区，实行居委会成员与业委会交叉任职，探索在居委会下设环境和物业委员会。要协助做好业委会组建和换届选举的组织工作。通过召开居民群众座谈会、楼组长会议等方式，向居民区党组织推荐业委会成员人选；协助召开业主大会，监督选举工作全过程，确保公开、公平、公正。要加强对业委会的日常指导。引导业委会以自治的方式规范运作，逐步形成自我管理、自我约束的工作机制。居住小区物业管理中凡涉及大多数居民群众利益的事项，如选聘物业公司、实施房屋大修等，居委会应督促业委会依法召开业主大会，广泛征求业主意见并形成决议。要加强对业委会的监督。主动关心和参加业主大会等相关会议，及时听取业主对业委会的情况反映，帮助业委会发现问题、改进工作；指导业委会建立信息公开、档案印章管理、业主接待等制度。督促其加强内部管理，定期报告重大事项、公布财务报表和年度计划落实情况等。要积极维护业主合法权利。居委会要广泛运用听证会、协调会、评议会等民主管理制度，协助化解业主与业委会之间、业主与物业公司之间、业主大会内部及业委会内部的矛盾，及时向房屋管理部门通报物业管理方面存在的问题，指导业委会、业主合理合法地表达利益诉求、维护权益。

最后，应加大对社会组织的支持力度。要积极培育社区服务性、公益性、互助性社会组织，对不具备登记条件的社区服务性、公益性、互助性社会组织，居委会要主动帮助办理备案手续，并在组织运作、活动场地等方面提供帮助。通过政府购买服务、设立项目资金等途径，积极引导各种社会组织和各类志愿者参与社区管理和服务，鼓励和支持社区居民群众开展互助服务，使之成为推进居委会工作的重要力量。

四、利益协调：增强居民自治的参与意识

霍尔巴赫认为，利益是人类行动的一切动力。推动城市居民自治离不开利益。城市居民有多样式、多层次、多类型的“差序利益”。这些利益通过适当引导，恰当激活，可以变成居民自治的基本动力。城市居民参与热情不高，自治不落地，与社区内部缺少相关利益，居民之间的利益没有相关性有较大的关系。当前，社区居民主要涉及以下四种利益：产权性利益是城市居民因为购买房产而获得的住房产权和附属土地产权，以及因产权而形成小区设施和服务而获得的利益。产权性利益是居民的一种核心利益。如果不整体性交易、拆迁，没有重大的维修或者面临着重大损失，产权性权益将会处于一种潜伏状态，无法转换成现实的利益联结，需要在变迁、变动、变化中被激活。配置性利益是因资源配置而使居民获得的利益。具体包括，一是基于公民权而获得的利益，即居民因为是国家公民而从政府获得的利益，如国家提供安全、秩序和制度而获得的利益。二是基于城市居民权而获得的利益，即居民因居住在某一城市而获得的社会保障、社会福利、公共服务等利益。三是居于社区居住权而获得利益，即居民落户于某个社区而享受的该社区资源配置的利益。奉献性利益

是因个人为社区、城市做义工、志愿者而获得的尊重和满足，这种利益是一种直接的荣誉性利益。公共性利益是同一小区内部公共设施或公共服务而共享的利益。因此，寻找居民之间的相关利益，建构居民之间的利益相关性，是居民有效自治的关键环节。

第二节 技术加强：创新治理的基层适应

一、统筹推进相关制度体系建设

近些年来，党和政府出台了很多关于社区自治、社会组织、社会人才队伍建设、物权及物业管理的法规和文件，对促进基层社会治理起了很大作用。但是由于缺乏横向整合和对社区治理的整体性设计，造成社区治理法出多门，各执一词，也有很多仅是原则性规定，可操作性不强。因此，需建立一套适合社区治理体系建设的法规体系和政策系统，一方面及时把各地行之有效的实践经验升华为制度法规，另一方面也能进一步自上而下破除社区治理的天花板，在顶层上整体推进、协同联动社区治理，构建更科学更合理更具有持续性的社区治理体系。

二、加强专业性技术人才

当前，社区志愿者绝大部分为60岁以上老人，政治面貌大多数是中共党员。社区居民志愿组织活动沟通方式以微信群、电话为主，并且社区志愿组织有明确的分工任务，定时巡逻。主要工作任务是围绕社区进行巡逻，其中会进行一定的垃圾处理以及帮助居民一些力所能及的事。在调研中，笔者发现，积极参与社区自治的居民的年龄层次都比较高，主要是已经退休在家的60岁以上老人参与到社区治理中来，即社区红袖章志愿者。由党员干部带头作为自愿组织队长，每周安排志愿者定时巡逻社区，以及参与社区环境维护。然而，这些老人对技术更新掌握较为缓慢，对智慧社区的内涵特征理解较为薄弱。因此，在社区管理工作上，亟待加强专业性智慧人才，从而实现社区工作在居民自我管理途径上的创新，激发社区居民自治的热情。

三、引导“智慧”治理理念

虽然当前上海市智慧社区政策的落实与推行一直在有序地进行，但社区居民仍需很长的时间来接受智慧社区。笔者调研发现，虽然社区居民的大多数事务都已通过“社区通”这个平台来解决，但是对于年龄较高的老人来说，由于他们不懂得如何使用智能手机、不会使用应用系统平台。因此，有些问题解决仍旧存在低效率、沟通协商障碍等问题。2018年上海宝山区继续完善“智慧社区”架构，积极打造“智慧微脑”，但是笔者在走访小区中发现，居民对“智慧微脑”的了解程度并不算熟悉，大多数居民平时并没有特别关注推

行的“智慧社区”政策。可能平时有一些智慧应用用于生活中，但对其非常熟悉与真正深入了解的并不多。同时，这也说明了在推行“智慧社区”建设时，“智慧”治理的应用还有待加强。智慧社区建设中，除了让居民知晓和使用一些简单的路径之外，还应加强引导与宣传，切实让居民通过“智慧”通道参与社区自治中去，提升“智慧”治理水平。

第三节　资源完善：多元主体的长效合作

在社区中，应建立“取长补短、各取所需”的长效合作机制。社区治理体系中的多元主体各有其功能特点，如社区居委会的行政性、社会组织的社会性、居民自治组织的本土性、志愿者的公益性，它们各有短长，需要充分合作才能最大限度节约社会资源、最大限度发挥社会服务潜能。通过合作，社区居委会得以接地气并获得行动力，社会组织获得资源和平台，居民自治也能够更加规范并获得更有力的组织。社区多元主体的合作具有互补性，但也需建立科学的资源交换机制，如以公益券为流通手段，通过资金、信息、人力资源及物质资源的交换，使得它们的各种贡献能够得到相应的回报，从而打破利益屏障，促进体系联动。

一、增强居民自治效能感

居民自治效能感，是指居民体会自身参与社区自治所能产生的效用大小，是个体对自身能力的一种直觉评判。居民直接参与自治活动所获取的经验，尤其是有关行为成败的经验，直接反映了居民从事自治活动的能力水平，它是居民形成自治效能感最基本、最重要的途径。成功的社区自治活动体验有助于增加居民自治效能感，而失败的经验则会挫伤居民参与社区自治的积极性。因此，在培育居民自治效能感的过程中，应当注重宣传居民成功的自治经验，让其产生积极的替代性自治经验并引导居民正确参与社区自治以获取成功体验。在调研中，我们发现了很多有助于提高自治水平的成功的例子：如上海馨泰社区的老年协会和文体委员会、新升社区的“糯米香邻”、万枫社区的“万家乐”老年人服务队、金色社区的“金色阳光一家亲”等。这些自组织的建设，充分展示了“草根”组织生长发展以及参与公共事务的路径，体现了从自然生态的发展到人际生态的建立再到人与社会生态的融合，为居民区自治提供了有益的经验借鉴。

二、优化社区人力资源

首先，选配热心社区事业的优秀党员担任居民区党组织书记，注重发挥刚退休的党员干部、基层活动团队负责人的作用，鼓励他们参与居委会工作并成为骨干力量。鼓励属地的高校毕业生通过法定程序进入居委会队伍，给予他们一定的津贴，记录他们志愿服务时间，并将他们作为补充街道乡镇干部的重要来源。对工作满一年并得到居民群众认可的高

校毕业生，在其报考公务员时，同等条件下优先录用。将目前保留的居委会事业编制用于社区委员会的工作骨干，并给予相应的待遇，以巩固队伍、吸引人才，努力建设一支结构合理、素质高、能力强、有志愿服务精神的居委会队伍。

其次，应加强自治能力培训。以提升居委会实务和自治能力为重点，加强对居委会成员的分级、分类培训。市民政局要切实开展好每年一次的居委会主任培训，区县民政局要做好居委会及其他成员的培训，提高培训的针对性和专业性，促进培训工作的制度化、规范化、经常化。要通过培训，切实提高居委会用协调、沟通、合作的方法处理和协调社区事务的能力。要加强居委会成员的优良传统教育，大力弘扬爱岗敬业、乐于奉献的精神，增强他们的荣誉感和责任感，提高他们为民服务的意识和水平，进一步密切党和政府同人民群众的关系。

最后，健全组织网络。调整充实居委会下属委员会设置，建立有效承接社区管理和服务的人民调解、治安保卫、公共卫生、计划生育等各类委员会，切实增强居委会开展自治活动、协助社会管理和公共服务的能力。选齐配强居民小组长、楼组长，积极开展楼组自治。大力推行社区志愿者注册制度，建立健全社区志愿者队伍。推动形成居委会及其下属委员会、居民小组、楼组、志愿者队伍等上下贯通、左右联动的居委会组织体系新格局。

三、树立和培育现代社区治理意识

社区治理体系建设离不开“扶上马送一程”的党政推动，行政化色彩不可避免，但是其发展方向必须明确社会本位，把社会治理理念贯穿体系建设的全过程，充分调动社区多元主体参与的积极性、主动性，不断增强其独立运行的可持续性，努力构建“公共服务、社会服务、自我服务”相结合的新型社区服务体系。社区治理体系建设不仅要以解决具体问题为宗旨，而且要培育良好的社会资本，建立互敬互爱、信任和谐的邻里关系，提高社区主体与社区建设的关联度、参与度，增强社区治理主体的认同感、归属感和幸福感。民主法治是现代社会的基石，也是社区治理的根本保障，通过建立规范化、程序化、公开化的运行规则，规范社会行为、协调社会关系、调解社会利益，推动社区多元主体理性、平等、公开地就社区公共事务进行对话、探讨、商议，为社区治理奠定坚实的民主法治基础，促进社区治理长治久安。

城市社区自治是公民政治生活的重要组成部分，其深受政治氛围的影响。对于社区居民而言，在面临社区自治等活动时，其情绪反应深受大环境影响，一个倡导民主、言论自由的环境将有助于激发居民的政治热情，而一个保守的、封闭的政治氛围会使居民产生过多的焦躁、恐惧的情绪，进而阻碍其参与管理热情。因此，为保持居民参与自治的积极情绪，政府应当通过媒体、学校、各工作单位等多种途径传播参与政治活动的价值和意义，打消居民参与社区自治的负面情绪，给予居民一个积极的环境。

第四章　城市社区物业管理

物业管理是一项涉及千家万户城镇居民切身利益的民生工程，也是一项需要齐抓共管的系统工程。加强和改善物业管理的规范化水平，事关百姓安居乐业，事关社会安全稳定，因此社区物业管理越来越受各级党委、政府的重视。

第一节 社区物业管理概述

一、社区物业管理的概念

1. 物业管理

2003 年 9 月 1 日，我国第一部《物业管理条例》正式施行，对规范物业管理、维护业主和物业公司的合法权益、改善人民群众的生活和工作环境提供了重要的法律依据。该条例所称的物业管理是指业主通过选聘物业服务企业，由业主和物业服务企业按照物业服务合同约定，对房屋及配套的设施设备和相关场地进行维修、养护、管理，维护物业管理区域内的环境卫生和相关秩序的活动。

2. 社区物业管理

社区物业管理是指政府、业主、开发商，以及处于社区中的各种经营和非经营实体，如物业公司、居委会、业委会在各自的权益边界内承担一定的角色和责任，紧紧把握住物业管理中权、责、利统一的核心规律，促进社区和谐发展，打造宜居社区，共建和谐家园。

二、加强社区物业管理的意义

物业管理和社区建设，两者是相互依赖、相互促进的。两者目标、服务对象和宗旨相同，都是以人为本，全面提高居民的居住质量，营造社区稳定、安全、舒适、健康的人居环境，促进社会的和谐发展。

1. 物业管理是社区建设的重要组成部分

物业管理所从事的是对社区内配套设施的维护和保养，同时加强保安和消防管理，向居民提供生活和办公的安全保障；做好物业及周围环境的清洁，包括垃圾、各种废物、污水、雨水的排泄清除等，以求打造一个清洁卫生的居住环境；做好物业管理范围内的绿化建设和保养，可以为社区提供一个良好的生态环境。

2. 物业管理企业在社区文化建设中的作用不可或缺

物业管理企业在社区中组织和参与开展形式多样、健康有益的社区文化活动，不仅有利于丰富居民的精神文化生活，而且有助于促进邻里和睦，增强业主的认同感和归属感。

3. 物业管理为和谐社区建设做出贡献

物业管理在建设和谐社区过程中发挥着服务、协调和引导作用。在社区管理体系中，社区物业管理不仅担负着所管理物业项目的正常运转、为社区居民提供优质服务、创建优美的生活和工作环境的职责，而且还承担着协助政府相关部门做好治安管理、社区文化建设等任务，积极发挥以人为本、服务、协调、引导的作用。

物业管理在社区建设过程中积极参与，根据社区居民多层次、多样化的需求，围绕居民最关心、最急需解决的问题，积极主动地协助政府做好社区管理工作，为居民排忧解难，以实现社区内人与人、人与环境、人与社会的协调发展，造福居民，为建设和谐社区做贡献。

物业管理是社区建设的重要组成部分，社区建设中有许多内容必须要依托物业管理服务来进行。在构建和谐社区中，两者缺一不可。

2017 年印发的《中共中央国务院关于加强和完善城乡社区治理的意见》，以中央文件的形式将物业管理纳入社区治理体系。随后，各地各部门在政策文件中，多次提出通过改进物业管理或提升物业服务水平加强社区治理。

2020 年 3 月 1 日起施行的《深圳经济特区物业管理条例》提出“市、区人民政府应当将物业管理纳入现代服务业发展规划和社区治理体系，推动物业管理规范化、市场化”。

2020 年 5 月 1 日起施行的《北京市物业管理条例》提出“构建党建引领社区治理框架下的物业管理体系”“物业管理纳入社区治理体系，坚持党委领导、政府主导、居民自治、多方参与、协商共建、科技支撑的工作格局。建立健全社区党组织领导下居民委员会、村民委员会、业主委员会或者物业管理委员会、业主、物业服务人等共同参与的治理架构”。

2020 年 5 月 1 日施行的《重庆市物业管理条例》提出“市、区县（自治县）人民政府应当将物业管理纳入现代服务业发展规划和社会治理体系，建立与物业管理工作相适应的保障机制，完善政策扶持措施，促进物业管理发展与和谐社区建设”。

第二节 打造“党建 + 物业”体系

近年来，全国各地已有很多街道党工委着力构建党组织领导下的居委会、业委会、物业企业等多方联动的“党建 + 物业”的体系，切实解决群众身边的“关键小事”，有效破解物业管理难题，打造居民品质生活。

一、“党建 + 物业”的意义

党建引领就是要全面加强城市基层党组织建设和党员队伍建设，这也是社会基层治理现代化的一项创新举措。党建引领的主要工作是加强物业企业党组织建设，发挥党员先锋模范作用，将物业管理项目打造成党组织联系群众、服务群众的重要平台。党建引领使我国物业管理成了城市基层党组织联系群众的重要纽带，彰显了中国特色和时代特色。

社区是党和政府联系、服务群众的“最后一公里”，物业服务管理水平直接影响社区的生活环境、关系居民的幸福指数。建立健全社区党组织领导下的居委会、业委会、物业服务企业等共同参与的协同治理机制，有利于最大程度把党的政治优势、组织优势转化为社区治理优势，更好地贯彻落实以人民为中心的发展思想。

党建引领物业健康发展，也是推动社区治理创新发展的生动实践。党的十九届四中全会提出，推动社会治理和服务重心向基层下移，把更多资源下沉到基层，更好地提供精准化、精细化服务。将党建工作融入物业管理，推进物业服务企业和业主委员会等多元主体共同参与基层社会治理，有助于兼顾各方利益，调动各方积极性，推动物业管理工作从行业管理向社会治理转变，形成社区治理合力。对物业服务企业来说，做好党建工作，有助于激发党员的先锋模范作用，提升物业服务质量和水平，塑造企业文化软实力。

例如，北京市多个辖区对以党建引领物管行业健康发展进行了探索。西城区明确基层党组织应在物业服务管理工作中发挥领导核心作用，东城区将党建引领物业管理纳入社区治理试点工作，怀柔区创新“红色物业”管理体系……

二、加强党建引领物业管理工作的措施

强化基层党组织对社区物业服务管理工作的领导，能够更好地破解物业管理难题，不断提升居民生活幸福感，形成人民安居乐业、社会安定有序的和谐局面。具体措施如图 4–1 所示。

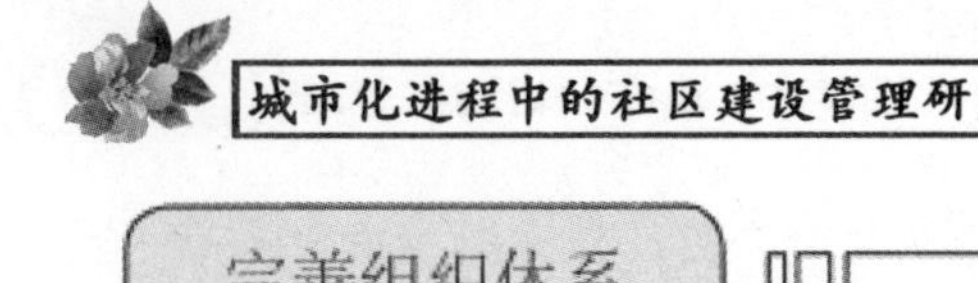

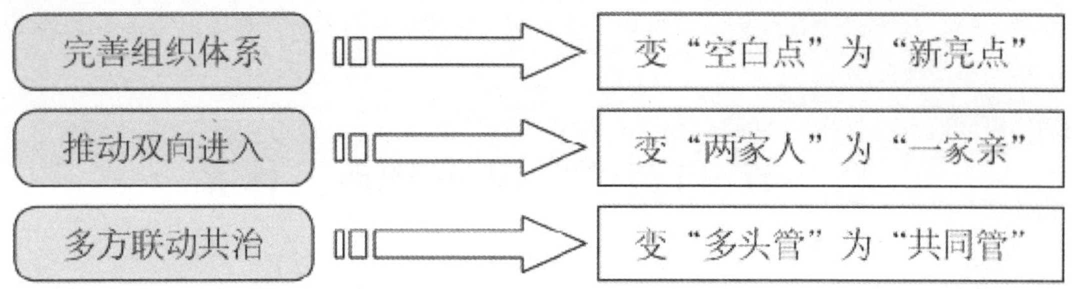

图 4-1 加强党建引领物业的措施

1. 完善组织体系，变“空白点”为“新亮点”

当前各地都在发挥街道社区党组织统筹协调各方、领导基层治理的作用，不断创新党组织设置方式，推进业委会、物业企业党的组织和工作全覆盖。

例如：

（1）江苏省印发了《关于党建引领推进物业行业建设的通知》，明确提出建立健全党组织属地为主、行业为辅的双重管理机制，推动符合条件的物业企业和物业项目建立党组织。

（2）山东省临沂市组建了市物业管理行业党委，指导县区同步组建物业管理行业党组织，负责监督指导党建工作和物业行业服务管理。

另外，一些地方以党建引领物业企业和业委会建设。

例如：

（1）浙江省嘉兴市制定了《关于以党建引领推进物业服务企业和业主委员会建设的指导意见》，实施“红色物业”双覆盖攻坚行动，扩大小区物业服务企业和业委会党的组织和工作覆盖面，全市建立物业服务企业党组织 63 个、业委会党组织 26 个。

（2）福建省石狮市对没有党员的物业企业，通过先行组建群团组织、选派党建工作指导员等方式开展党的工作，全市物业企业党组织覆盖率为 83.3%、工作覆盖率为 100%。

（3）安徽省宿州市埇桥区对党员不足 3 人的物业企业，通过与相邻物业企业或所在社区联合组建方式，成立联合党组织；对无党员物业服务企业，由街道或社区派遣党建指导员，实现党的工作全覆盖。

还有一些地方结合实际，明确具体标准，推进红色物业规范化管理。

例如：

（1）石家庄市按照组织建设、队伍建设、日常管理、服务质量、社会形象五项标准，坚持党建工作与物业服务并重，在全市开展“金牌红色物业”评选活动，着力培养和树立一批党组织引领力强、行业带动力强、社会影响力强的“金牌红色物业”。

（2）大连市甘井子区按照有场所、有设施、有标志、有党旗、有书报、有制度的“六有”标准，在全区精心打造了 10 个“红色物业”示范阵地。

2. 推动双向进入，变“两家人”为“一家亲”

各地积极推行“双向进入、交叉任职”，推荐符合条件的社区“两委”成员和网格党

支部书记、党小组长通过法定程序进入业委会，推荐业委会委员、物业企业负责人担任社区“两委”兼职委员。

例如：

（1）北京市大兴区在回迁小区推行物业项目部党支部书记、法人、总经理“一人兼任”，物业项目经理担任社区居委会主任助理。

（2）江苏省连云港市建立社区党组织与物业企业负责人双向兼职制度，87名社区“两委”委员进入物业企业管理团队，加强对物业企业工作指导。

（3）福州市晋安区吸纳42名优秀物业企业负责人担任社区“两委”兼职委员，从街镇、社区党组织中选派33名优秀党员，担任物业企业支部党建指导员和物业服务质量监督员。

（4）浙江省平湖市推选业委会主任、物业企业负责人中的党员担任社区党组织特聘委员，优秀业委会委员、物业企业经理担任社区居委会特聘委员。

（5）山东省潍坊市寒亭区全面推行社区“两委”、业委会、物业公司三方“双向进入、交叉任职”，134名熟悉物业工作的社区“两委”成员、在职党员兼任物业公司义务监督员，21名优秀物业公司负责人担任社区“两委”兼职委员，17名物业公司负责人担任业委会联络员，促进社区、业委会、物业企业党建工作深度融合、资源共享。

3. 多方联动共治，变“多头管”为“共同管”

目前我国各地还积极探索建立党建引领下的社区居民委员会、业主委员会、物业服务企业协调运行机制，破解市场失灵、自治失效、群众失望等难题，形成社区治理合力。

例如：

（1）武汉市通过深化居委会、业委会、物业服务企业的“三方联动”服务机制，构建起以基层党组织为核心，街道和社区、物业服务企业、社会组织等共同治理、有序运行的格局。

（2）南京市由社区党组织牵头，把业委会、物业企业党组织纳入社区网格党建管理，定期召开议事会，携手解决停车难、收费难等物管难题。

（3）合肥市搭建“周末议事厅”“板凳会议”等议事协商平台，引导小区居民、业委会成员、物业企业代表协商解决居民身边的物业问题，2019年共解决各类矛盾问题1.1万余个。

（4）西宁市建立社区居委会、小区党支部、小区业委会、物业公司共同参与的“四方联动”机制，推广业主提诉求、部门解答、物业整改、业委会督查、社区汇报、街道“回头看”的工作模式。

（5）北京市西城区组建由社区党委书记任组长，物业、民警、居民共同参与的治理小组，通过实施专人收集、专人分析、专人“吹哨”、专人落实、专人回复的“五专”做法，提升物业服务质量。

（6）沈阳市苏家屯区建立“3+N”联席会议制度，社区党组织、业委会、物业公司与社区民警、房管部门、区域化党建共建单位等不定期召开会议，研究解决小区治理难题，推动建设和谐稳定、安居乐业幸福家园。

第三节　推进融合共治

创建文明社区是街道、社区和物业服务企业的共同目标与任务，目的是创造“安居乐业”的社区生活和工作环境。街道、社区是行政管理主体，物业服务企业是经济性管理实体，它们既要各自履行职责，又要融合共治。

一、重新定位社区与物业公司的角色

社区服务给社区居民提供了便利与福利，但是各方主体也会因为争取服务领域而滋生更多的矛盾，面对这些问题和矛盾，必须加强政府在社区管理与服务中的监督与协调作用，所以社区必须承担起协助政府进行监督与协调职责。物业公司作为社区物业管理的主要市场主体，其管理与服务的优劣直接关系到业主与其在社区经营与服务中的角色定位；社区要与业主委员会相互携手，为业主谋求最大利益。

社区与物业公司、业主委员会之间形成良性的指导与被指导、监督与被监督的互动关系，相互尊重、相互理解、相互支持，只有这样才能形成最大合力，从而有利于和谐社区的形成。

二、社区加强对物业公司的监管

社区要加强对物业公司物业服务的监督，弥补政府对物业公司管理的缺位，具体措施如图 4–2 所示。

图 4-2　加强物业监督

加强宣传教育，转变业主思想观念，增强业主自律意识和物业消费意识。

（1）大力宣传物业管理法律法规，明确业主的责、权、利关系，增强业主的主人翁意识。特别是要加大对《物业管理条例》的宣传力度，积极引导小区业主自觉遵守小区物业管理服务的相关规定，不断强化小区业主的物业消费意识，培养业主自我管理的观念，不断提高业主的自律意识。

（2）相关执法部门要加大对住宅用途改变、违规装饰装修、违章搭建等违法违规行为

的宣传力度，引导小区业主合理维权。

三、加强社区人才队伍建设

重构社区的人员构成，加强社区的专业化建设。物业服务是一项专业化程度较高的工作，因此社区要想更有效地参与到物业服务工作中来，必须具有相应的专业人才，其可通过公开招聘或者内部选拔等方式，重构社区的人员构成，在现有人员基础上增加具备法律、管理、经营等多种知识的复合型人才，使社区的人才队伍建设朝着规范化、专业化的方向迈进。

四、形成“三位一体”管理机制

建立“三位一体”的管理机制，成立由社区、物业公司、业主委员会组成的联合管理体制。建立工作例会制度，及时沟通情况，研究解决小区管理中的难点问题，形成小区统一协调的管理机制。把社区职能与物业管理的企业行为有机结合起来，使之相得益彰，形成合力，积极推进和谐社区建设工作。与此同时，物业管理区域内，可以召开物业管理联席会议。物业管理联席会议由街道办事处、乡镇人民政府负责召集，由区、县房地产行政主管部门、公安派出所、社区、业主委员会和物业服务企业等方面的代表参加，共同协调解决物业管理中遇到的问题。

具体说来，“三位一体”管理机制包括图 4–3 所示的几个方面的内容。

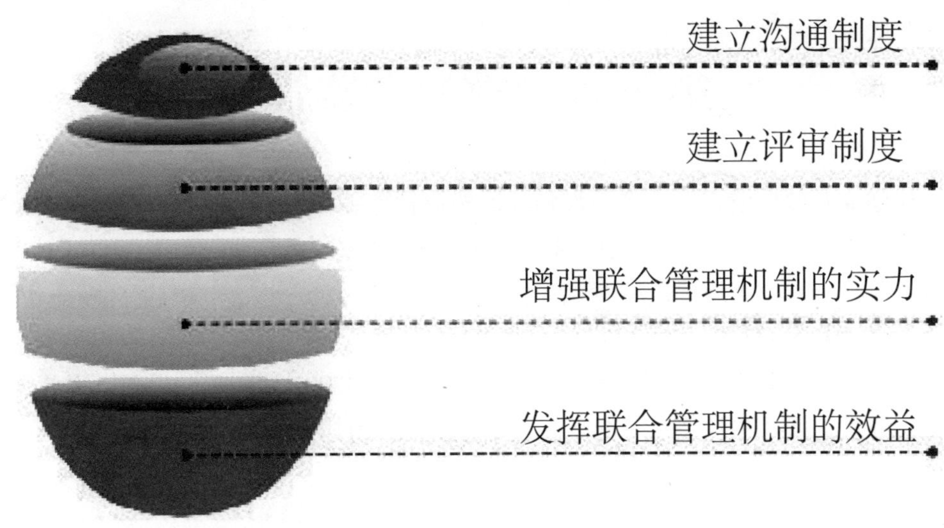

图 4-3 “三位一体”管理机制

1. 建立沟通制度

沟通是实现多方面合作的基础条件，所以要建立定期的沟通制度。对必须要整改的管理、服务问题，逐一罗列出来，由责任人确定整改日期，三方共同监督落实。其目的就是使一般性管理、服务工作问题在短期内得到修复，逐步消除管理、服务缺陷，增强业主的认同感。

2. 建立评审制度

三方应定期进行工作评审。业委会、社区要对物业公司的主要工作进行评审，以使物业公司及时改进日常管理、服务工作缺陷，并对管理、服务工作亮点进行广泛宣传。物业公司需要业委会、社区提供支持、协助的具体问题，通过评审制度明确下来，实现三方民主议事、责权明确、齐抓共管。

3. 增强联合管理机制的实力

要不断增强联合管理机制的“实力”。这个“实力”的具体表现为已经做出的管理、服务承诺，三方要共同努力做到位。三方中任何一方不回避困难和责任，相互间积极配合，物业公司要积极、主动承担其中的人力与财力投入。三方决定的事要在最短时间内保质、保量做好；重大事项、三方统一的事项，要尽快征得相关业主的认可并积极组织实施。

4. 发挥联合管理机制的效益

物业公司在兼顾三方利益的同时，也应注重社会效益。社会效益的实现程度直接关系到创建和谐社会的程度，所以物业公司应把发挥联合管理机制效益的工作重点放在提升社区文化活动及为业主排忧解难方面，这也正是业主最关心的热点问题。社区居民人才济济，物业公司与业主委员会、社区为居民搭建好多种展示才华的平台，既丰富了社区文化生活，又调动了广大居民参与社区建设的积极性。

第四节 加强物业监管

社区应建立长效监管机制，全面加强社区物业管理工作，不断扩大物业管理服务覆盖面，提高管理服务水平，合力推动社区物业管理工作健康发展。

一、提高业主自治水平

关于业主的自治意识和能力，只有在自治的实践中才能得到锻炼和提高，因此引导业主的自治实践是提高业主自治水平的必由之路，具体措施如图 4–4 所示。

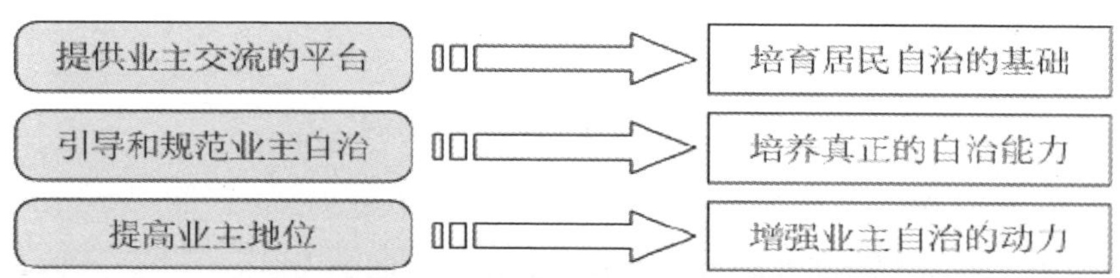

图 4-4 提高业主自治水平的措施

1. 提供业主交流的平台，培育居民自治的基础

业主的集体行动建立在相互信任和对社区的认同之上。小区中的居民在成为该小区业主之前，分别归属于各自不同的群体。在集体主义文化下，当个体与本群体内的个体进行交易时，信任比较容易产生，而当与群体外的个体进行交易时，因为很难产生维持交易发生的信任基础，个体之间通常会采取不合作的态度。社区应为业主提供沟通交流和交往的平台，让业主相互了解，以形成社区认同和共同利益意识。

2. 引导和规范业主自治，培养真正的自治能力

大多业主不会自觉走向自治，这时社区的引导就必不可少。只有引导和规范同时进行，才能促进业主自治的健康发育。业主自治一旦扭曲变形，就会影响业主的自治认知，挫伤业主自治的积极性，使业主丧失对自治的信心。因此，在自治的培育阶段，更要严格执行规范，端正自治意识，使自治不偏离正确的方向。只有这样，假以时日，才能形成真正的自治能力。

3. 提高业主地位，增强业主自治的动力

业主大会在自治中既不能制止业主的不当行为，又不能制约物业服务企业违反合同的活动,这使得不少业主认为自治无用。提高业主大会的地位,使业主大会能够真正发挥作用,表达业主的诉求，将会大大提高业主参与的积极性。

将物业管理费、专项维修资金、物业共用部分的经营收益和业主大会的其他合法收入作为业主共有资金，实现业主大会对物业服务费用等业主共有资金的所有权、管理权；由业主大会定期向物业公司支付费用。这一方案恰如其分地弥补了业主大会的缺陷，既保障业主对物业共用部分的收益权，给予业主大会足够的监管权力和能力，又理顺住宅区物业服务交易活动中各方主体的法律关系。业主大会主体地位的真正确立，将大大增强业主参与自治的动力。

二、加强对物业公司的监管

物业管理最为重要的主体是物业公司，社区对物业行业的管理主要是对物业公司的管理和监督，具体措施如图 4-5 所示。

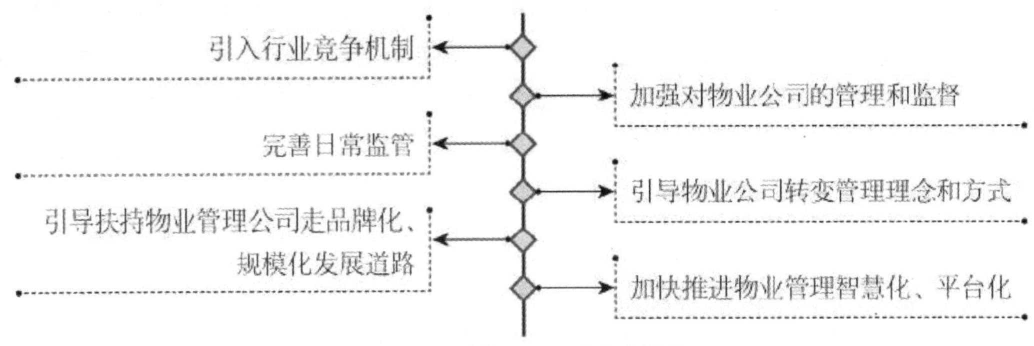

图 4-5 加强对物业公司的监管措施

1. 引入行业竞争机制

积极培育物业管理项目招投标代理机构、物业管理服务第三方审计及咨询和监测机构参与物业管理事务。大力推行物业管理招投标制度；街道和社区要充分发挥业主选择物业公司的民主权利，根据考核结果淘汰管理水平差、服务不合格、业主不满意的物业公司，让信誉好、服务优、软硬件设施好的物业公司来兼并差的企业，支持服务好的物业公司做大做强，为居民提供更优质的管理服务。

2. 加强对物业公司的管理和监督

进一步完善规章制度，出台小区物业管理办法及服务标准体系，建立物业管理服务质量监测评估机制。在区物业办、街道办事处领导下，以社区为单元，由居委会负责组织有关专家、居民代表，形成第三方评估小组，实行季度抽查、年度评估制度，对辖区物业公司的管理绩效进行评估和小区物业星级管理。区、街根据各社区推荐情况，评选出年度五星级物业公司、优秀小区，在各平台网站媒体予以公布并给予奖励。业委会应定时抽检物业公司服务质量，督促物业公司改进，并将结果及时公示。

3. 完善日常监管

社区应采取明察和暗访相结合的办法，每月不定期对辖区内各住宅小区的物业管理情况进行例行检查或突击检查。在检查过程中发现服务质量较差、存在违规行为的，责令有关企业进行整改；整改后进行复查，对整改不力的，应根据有关规定做出严肃处理；出现重大管理责任事故的，经查实，直接取消该企业所有项目的年终考评资格和之后一段时期的前期物业管理招投标资格，以此督促物业公司自律。

4. 引导物业公司转变管理理念和方式

物业公司要改变自己的“管理”理念，向“服务”理念转变。物业公司的服务业绩和绩效要接受业主的监督、得到业主的认可。物业费收支情况、服务工作计划、工作成绩要在物业管理区内公告，接收业主委员会的监督。社区居委会可以督促物业公司定期对企业的财务进行公示，明晰财务状况、经营成果、现金流向，实现“三公开”。

5. 引导扶持物业管理公司走品牌化、规模化发展道路

从物业管理本身的特点来看，物业管理公司走品牌化、规模化、连锁化发展道路，发挥整体优势和规模经济优势，既是市场竞争的必然结果，也是物业公司节省管理成本、实现可持续发展的需要。要扶持发展类似锦江酒店管理集团、如家连锁酒店等的物业管理集团，其职能定位是吸收中小型物业公司加盟，为中小物业企业提供服务、技术、标准等，管理加盟的物业服务企业，使其走平台化、连锁化、规模化、规范化发展道路。探索支持物业公司围绕小区居民需求，拓展服务范围，如老人及残疾人夜间陪护、日用品商店、便民早餐、家政服务等。

6. 加快推进物业管理智慧化、平台化

智能物业管理有利于提高物业服务企业信息化水平，提升社区物业管理服务品质，降低管理成本。同时，可以为业主大会的表决及业委会选举提供公开、公平、高效的电子投

票系统，规范业主大会和业委会的运作，促进和谐社区的建设。政府主管部门也可随时了解、掌握各物业服务企业的服务品质和业主满意度，提升对企业的监管水平。主管部门要扶持一级物业管理公司在重点小区建设社区智能物业管理信息平台，依托平台建设智慧社区。在试点示范基础上，逐步推行智能物业管理并与政府电子政务平台对接，实现政府公共服务、社会管理服务等智慧政务的部分功能。借助社区智能物业管理信息平台，构建行政主管部门、物业公司和业主委员会三方共同参与的利益协调与纠纷解决机制，及时反映业主呼声和物业公司的难处，预防和减少物业管理矛盾纠纷。

三、加强物业收费的监管

社区应根据市场情况和物业管理类型，进一步完善“分等分级、质价相符”收费标准。

1. 确定物业管理服务内容和收费标准

社区应先确定物业管理服务的各项成本，并制定浮动的指导价格或参考价格，以及自由组合的菜单式服务内容，然后由业主和物业公司在此基础上，自行进行协商，协商完毕后，以合同约定的方式确定物业管理服务内容和收费标准。作为提供物业管理服务的一方，物业公司应当明确约定合同上的每一项收费内容、项目、标准或分摊方式等，切实做好各项工作。

2. 成立专门的质量评价机构

为保证此项工作能取得实际效果，政府还应该成立专门的质量评价机构，依据物业管理服务合同的约定，对物业公司是否能真正做到质价相符地提供服务进行测评，并对其进行监管，以此作为发生物业管理费用纠纷后进行仲裁或起诉的重要依据，对不能达成协议的小区也应当由该机构确定基本的服务内容和收费标准。

3. 破解物业收费难题

社区应借鉴先进地市经验，重点破解老旧小区的物业收费难题，逐步建立以市场化运作为主，以产权责任单位和业主自主管理、国有企业和社会企业共同参与为辅的物业管理长效管理机制。政府根据物价部门出台的老旧住宅区物业管理服务指导价格，地税部门出台的税收减免政策，财政部门对老旧小区物业管理服务给予的财政专项补助，民政部门将低保户物业管理费补贴纳入最低生活补助等优惠政策，适当减少管理老旧小区物业管理公司的成本，使老旧小区也能享受专业化的物业管理，使居民真正享受物业管理服务带来的改变，从而心甘情愿地缴费。

四、加强对业主的监管

1. 正确处理保护业主权利与支持物业公司行使管理权力的关系

支持物业公司对小区内部违规行为的管理。物业管理公司虽然隶属于国土与房产管理部门，但具体的工作还需要物业办、街道办事处、社区居委会及各个执法部门监督指导完成。物业管理公司没有执法权，对拒交物业管理费、违章搭建、退绿种菜、改变房屋用途、车辆乱停乱放等违法现象不能直接处罚。街道办事处、社区居委会应该联合市（区）房产管理局、物业办、城管局等相关部门加强对社区居民违规行为的制止和管理，对影响小区居民生活的问题应有相应的解决与处理措施，对小区内的各种违法和不协调的行为进行有效监督、处罚和制止。

2. 加强对业主组织的监管服务

（1）在街道探索设立公益性物业管理咨询中心，以政府购买服务的方式组织与物业管理专业相关的团体或专业志愿人士为业主和业主组织提供指导和协助。

（2）加强社区居委会对业主委员会以身作则及尽职尽责情况的监管，使其切实起到物业公司与业主之间的衔接作用，以维护物业管理正常运作、保障广大业主利益为目的，做到公正严明；对于存在徇私舞弊、与物业公司合谋损害业主利益的业主委员会成员及时进行处理。

3. 加强对小区业主的教育管理

（1）鼓励物业公司通过微信公众号、微信群、物业App等途径，加强有关法律法规的宣传，及时公布有关信息，征求业主意见，实现及时、有效沟通。

（2）广泛宣传《物业管理条例》中有关业主权利和责任的规定，针对小区内的业主进行详细了解与登记，对于无正当原因故意拖欠物业管理费、影响小区物业管理的业主，经政府物业办核实后可以在小区内张榜公布，将长期欠费者纳入诚信黑名单，必要时可以在房屋转让及其他利益相关行为中加以制裁。

（3）加强对物业从业人员及小区业主的教育培训，不断提升其整体素质。

五、建立监督评估体系

社区作为物业管理模式下的主体履行着政府职能。在监督与评估物业管理工作的过程中，社区要注重定性与定量相结合。

1. 政府对社区物业管理工作的监督和评估范围

不同的政府职能部门对物业管理工作的监管和评估范围不同，要细分这些范围，做到职能不交叉、不遗漏、不模糊。为了切实加强住宅小区综合管理，根据《物业管理条例》及当地物业管理的相关规定，区政府、相关管理部门和专业管理者在住宅小区综合管理中承担相应的职责。

2. 政府对社区物业管理事务的分类与定级

政府对社区物业管理事务的分类与定级应纳入社区网格化管理，纳入社会管理创新的体系中，纳入依法治国的基本国策中。城市网格化管理是城市走向精细化管理的重要举措。物业管理在精细化管理的过程中要纳入到城市网格化管理，以实现信息资源共享。对物业管理中的隐患早发现、早预防。对物业管理中的事务按照网格化概念定位定级，按轻重缓急在时间节点内解决物业管理的矛盾纠纷。

3. 政府对社区物业管理主体的监管与奖惩

（1）对业主的监管

社区对业主的监管内容主要包括业主为了个人利益而不顾公共利益所做出的违法违规行为的情况，如业主违章搭建、破坏公共绿地等行为。物业管理公司、居委会一经发现应及时向政府部门报告情况，由相关执法部门及时整治。

（2）业主大会及业委会的监管与评估

社区对业主大会及业委会的监管主要是检查规范运作的情况。业委会及业主大会的日常运作程序要合法、合规。对于运作不规范的业委会应加强指导和监督。

（3）对物业管理企业的监管与评估

作为和业委会有民事合同关系的物业管理公司必须要严格履行合同，一旦出现不依合同办事的行为，业委会可以通过法律手段维护业主的权益。社区应对物业管理公司进行评估，并要求物业管理公司的从业人员持证上岗。对物业管理水平较高的物业管理公司进行定级，对违规企业严肃处理，以营造优胜劣汰的良好竞争环境。

第五节　推进垃圾分类

对垃圾进行分类、回收、再利用，对于保护生态环境、创建绿色家园具有重要意义。垃圾分类和每个人都息息相关，垃圾分类不仅需要政府支持、社会关注，还需要广大群众的积极参与和大力支持。

一、准备期

1. 成立工作小组

社区党组织牵头，组织居民委员会、业主委员会、物业服务企业等根据住宅小区实际情况，组建本小区垃圾分类（定时定点）推进工作小组。

2. 开展基础调研

工作小组通过实地勘察、问卷调查、专业咨询等多种方式开展社区基础情况调研，掌握小区垃圾投放点设置、日均各类垃圾产生量、垃圾收运方式、居民垃圾分类开展意愿、居民定时定点投放接受度、保洁员及志愿者配置等现状。

3. 确定实施方案

工作小组按照社区调研情况，制定小区定时定点分类投放实施方案，并做好居民意见征询工作，其间做好定时定点方案的公布性宣传、公示。实施方案应包括分类设施设备配置（定时定点点位设置、垃圾房改造、分类驳运机具配置等）、工作小组责任分工及长效管理制度（党组织、居委、业委、物业责任分工等）、指导人员配置（分类志愿者、监督员、保洁员等）、收运服务对接、培训与宣传告知、各项任务时间节点等内容。

4. 落实宣传培训

工作小组应开展物业管理人员、志愿者、监督员、保洁员等具体推进人员的培训工作。培训内容应包括本市生活垃圾分类基本知识、分类收集与驳运操作规范、与居民的沟通技巧等。

二、实施期

1. 配置分类设备

在社区党组织的领导下，工作小组督促相关责任部门、人员实施定时定点投放点和垃圾房改造；管理责任人按照实施方案配置符合本市分类标准及标识标志规范的分类收集容器及分类驳运机具。

2. 广泛宣传告知

工作小组组织志愿者广泛开展垃圾分类宣传和定时定点告知工作，落实上门宣传方式，宣传内容至少包括生活垃圾分类知识、分类方法及定时定点投放要求，并保证宣传的有效性；设置公共宣传栏、电子显示屏宣传垃圾分类相关内容；有条件的，定期开展垃圾分类专题宣传活动，将垃圾分类宣传融入小区开展的各类活动中。

例如，从 2020 年 5 月 1 日开始，《北京市生活垃圾管理条例》正式开始实施。为确保条例能够按照时间节点有效落实，推动垃圾分类的专项执法工作顺利开展，通州新华街道城管执法队到如意社区开展垃圾分类志愿宣传活动。活动中，城管队员与志愿者一起来到小区广场，向居民介绍垃圾分类的重要意义和具体实施操作的方法，倡导减少购买过度包装产品及一次性日用品等产品的使用，树立绿色低碳环保健康的生活理念。同时，向市民们发放了垃圾分类宣传海报和相关指导手册，便于居民操作执行。在活动的最后，城管队员跟随物业工作人员实地察看了小区内垃圾收集容器的配备情况，以及运用信息化手段落实生活垃圾分类的情况。

3. 落实值守指导

定时定点实施初期（至少三个月），工作小组落实每个点位 1 ～ 2 名志愿者在定时定点投放开放时间进行值守，要求志愿者做好开袋检查、劝导指导等事项，指导居民正确分类投放垃圾；工作小组组织监督员在小区内进行巡查，督促志愿者规范指导，防止居民随意倾倒垃圾，做好规劝引导；保洁员应做好分类收集及驳运，及时反馈每日分类情况。在撤桶并点的定时定点方案实施初期，工作小组协调物业增加巡查、保洁频率，防止发生环境卫生质量下降，做好对约定时间段以外定点定位、误时投放点位及其他区域内垃圾非规范投放现象的记录、反馈和公示。

4. 定期分析评价

工作小组应建立每 1 ～ 2 周的垃圾分类工作分析评价制度，对照当地的生活垃圾管理规定，评估推进成效，做好经验归纳、问题汇总，提出应对措施、整改建议。

5. 平稳引导过渡

定时定点制度实施初期，社区可根据定时定点方案意见征询期间居民对方案的意见统一程度，对于意见分歧较大的，按照不同情况，做好过渡性引导工作。

（1）原地面楼栋前或几幢楼之前设置投放点的住宅小区，在做好居民宣传承诺基础上，可以设置误时投放点，误时投放点数量比例应等于或少于定时定点点位数量。

（2）原楼层内设置投放点的住宅小区，可保留全部或部分楼层投放点，通过约定承诺等方式，引导居民分类后投放，对约定期间内未分类的楼层，逐步撤桶，实施集中定时定点投放。

对于大件垃圾管理中存在的问题，小区要建立大件垃圾暂存处，使大件垃圾有处存放。北京在正式推行垃圾分类之初，就着手解决大件垃圾暂存、清运等问题，足见这是垃圾分类工作的重要一环，需要认真研究并做出科学的制度安排。

居民小区建立大件垃圾暂存处后，需要解决一些居民“随时扔”的问题，避免由此产生的社区大件垃圾清运难、成本高等矛盾。相对厨余等生活垃圾而言，居民投放大件垃圾既不急迫，也不频繁。上海市 2019 年发布《关于规范本市大件垃圾管理的若干意见》（以下简称《意见》）提出，各区绿化市容管理部门或者乡镇、街道可选择在卫生月、世界地球日、世界环境日等适宜时间，探索开展大件垃圾集中投放活动，集中投放日当天对大件垃圾实行集中、免费清运。该《意见》实施以来，这方面工作取得积极成效。

管好大件垃圾重在制度创新。北京市不妨借鉴上海的做法，研究制定大件垃圾管理办法，规定设立大件垃圾抛弃集中投放日，要求居民严格按时投放大件垃圾；引进再生资源企业，有偿上门收集大件垃圾等。

旧家具、旧家电不等于废家具、废家电，不少大件垃圾其实是因居民“更新换代”而被淘汰，他人“拿来”可直接使用，有的稍经清洗维修后就能重新焕发生机。从生态、经济、社会效益最大化的角度来看，有必要建立实施社区大件垃圾再利用机制，为有利用价值的大件垃圾找到新主人，对于那些能够继续使用的大件垃圾，主人送入“暂存点”时可一并附上说明书。又如，大件垃圾集中清运前，通过政府购买的方式，组织社区公益组织、社区志愿者到大件垃圾暂存点，对大件垃圾进行甄别判断，找出其中仍有使用价值的大件物品。对有瑕疵的旧家具、旧家电等大件物品进行维修后，赠送给贫困人士或者处理给其他有需要的居民。

为提高居民分类积极性，从源头上减少大件垃圾量，各社区还可利用节假日时间，举办社区跳蚤市场，组织开展“大件物品处理日”活动，发动广大居民将拟抛弃但有利用价值的旧家具、旧家电等物品转让给有需要的人。日常管理中，社区还可利用公告栏、业主微信群等载体发布转让信息，便于有需要的人“闻讯而至”，实现大件物品再利用。

做好社区大件垃圾管理工作，可为垃圾分类工作赋能增色，又能促进节能环保，形成守望相助的邻里关系，倡导勤俭节约的良好社会风气。为此需要加强制度创新，研究出台相关政策措施，构建奖惩并举机制，引导广大居民严格按照规定要求，规范投放大件垃圾，助力垃圾分类工作顺利推行，共建和谐美丽家园。

三、维持期

1. 转变值守巡查机制

工作小组可根据定时定点制度推进成效，逐步减少志愿者值守、监督员巡查等监督手段的时长或频次，最终实现居民的自觉定时定点分类投放。

2. 建立长效机制

工作小组应建立长效管理机制。通过先进表彰、社区红黑榜等公示方式，增强居民垃圾分类积极性，巩固居民定时定点分类投放习惯；通过绩效考核等考评手段，确保工作小组各成员及相关推进人员职责落实。

垃圾分类节点多、链条长，政府各职能部门应按照相应职责负起监管责任。在推进过程中通过广泛教育、引导，落实属地、部门、单位、个人四方的责任，下“笨工夫”扎扎实实地将居民的源头分类投放责任落到实处，只有这样才能形成全民参与垃圾分类的长效机制。

3. 定期实施后评估

工作小组应定期开展自评估，根据评估结果，适当改进硬件配置和管理方式，切实提升小区垃圾分类实效。

第五章　城市社区服务管理

社区是社会的基本单元。强化社区服务功能建设，健全社区服务体系，把社区建设成管理有序、服务完善、文明祥和的社会生活共同体，不断提高社区服务水平，不仅是全面开展城市社区建设的需要，也是社会管理创新工作的必然要求。

第一节　社区党建事务管理

“基础不牢，地动山摇。”治国安邦的根基在基层。加强基层党建工作，是新形势下加强党的建设的必然要求。社区党建是基层党建的重要内容，近年越来越受到重视。

一、社区党建的基本内涵

社区党建是随着社区的产生而出现的，社区党建是党的建设的组成部分，是以社区党组织为领导核心，以全体社区党员为主体，以服务群众为重点，辖区内各种组织共同参与、形成合力的区域性党建工作。社区党建的内涵如图 5–1 所示。

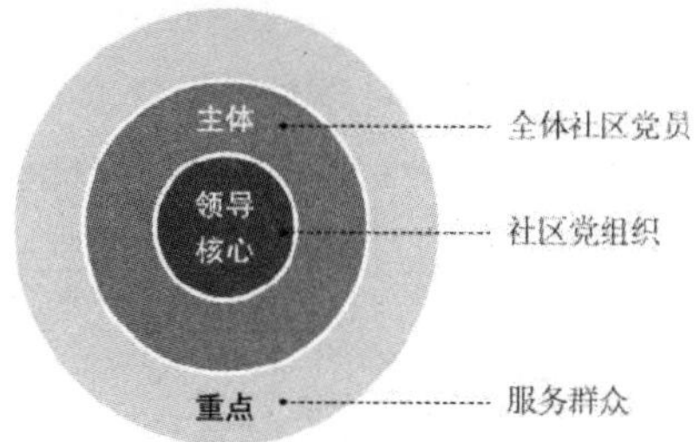

图 5-1 社区党建的内涵

二、社区党建工作的意义

良好的社区管理秩序和成效，离不开社区党建工作的有力引领。具体来说，社区党建工作具有图 5–2 所示的意义。

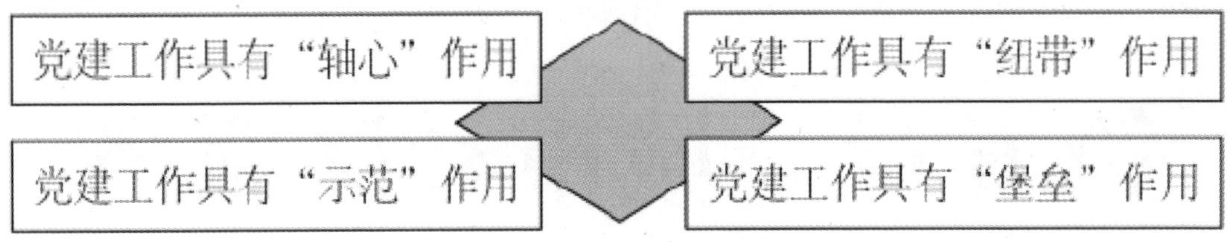

图 5-2 社区党建工作的意义

1. 党建工作具有“轴心”作用

社区治理主体的多元化，为社区治理增添了很多活力，但如果多个主体之间缺少凝聚力和协作性，那么多元化势必发展为分散化，反而给社区治理工作带来不利影响。因此，应通过党建工作的互联互通，引导各领域党组织打破壁垒、消除障碍，凝聚共驻、共建、共治、共享的合力，充分发挥社区党建工作的“轴心”作用，促进社区治理诸多主体形成合力，理顺社区治理工作机制，更好地满足城市建设和居民的迫切需要。

2. 党建工作具有“示范”作用

基层党组织是整个党组织的“神经末梢”，也是党组织战斗堡垒的基石。做好基层党组织工作，发挥好基层党组织引领带动作用，是每个基层党组织探索和实践的目标。

党建引领，就是要统一思想认识，让基层党组织成为凝聚党员群众的“主心骨”；党建引领，就是要示范带动，让党员干部成为助推社会发展的“领头羊”；党建引领，就是要动员群众，让各界力量成为参与公共治理的“生力军”。

3. 党建工作具有“纽带”作用

社区党组织作为党在城市的基层组织，是党联系居民的桥梁和纽带，是党在城市的工作和战斗力的基础。

社区党建工作应不断健全和完善互动机制，打破行政隶属壁垒，引导有关方面强化共建共享意识，通过图 5–3 所示的方式，增进党组织之间、党员之间、党群之间的联系互动，形成区、街、居与驻区单位以党组织为核心的联合治理机制。只有这样，才能不断拓宽社区的服务共享空间，促进不同单位之间的交流合作，凝聚共建美好家园的强大力量。

图 5-3 社区党建工作健全完善互动机制的方式

4. 党建工作具有“堡垒”作用

基层党组织是宣传党的主张、贯彻党的决定、领导基层治理、团结动员群众、推动改革发展的战斗堡垒，是党的工作和战斗力的基础。基层党组织建设能不能全面进步，基层党组织运转能不能灵敏高效、充满活力，关乎党的事业能不能根基稳固、持续发展。任何时候、任何情况下，基层党组织建设都不是小事，都不可小视。

三、社区党建工作全覆盖

严格来说，每一个社区都应该建立党组织，对于条件不成熟的，党员不足三人的，可以并入其他支部或者由上级党组织下派党建工作指导员，以保证社区党建不留空白点，具体措施如图 5–4 所示。

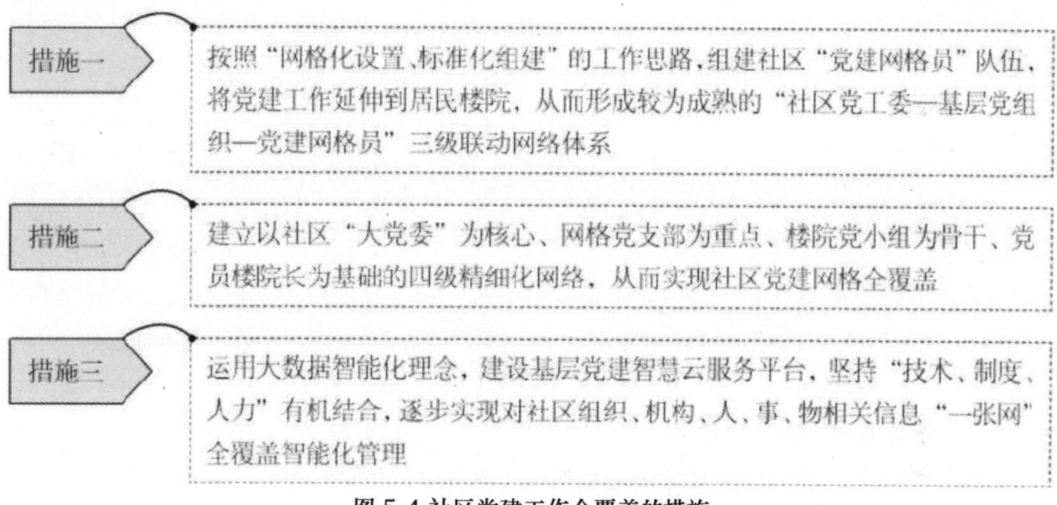

图 5-4 社区党建工作全覆盖的措施

四、强化社区党组织队伍建设

社区党建工作应注重多措施并举、持续发力，强化社区党组织领导班子的责任意识和身份意识，努力打造一支能战斗、敢担当的基层党组织队伍。强化社区党组织队伍建设的具体措施如图 5–5 所示。

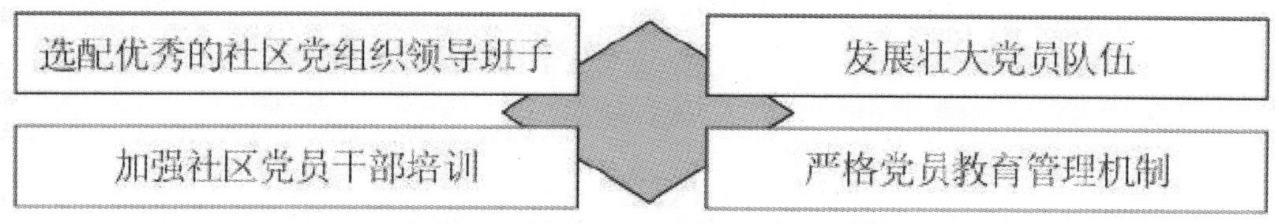

图 5-5 强化社区党组织队伍建设的措施

1. 选配优秀的社区党组织领导班子

做好基层党建工作，关键在人。选配优秀社区党支部书记的具体措施如图 5–6 所示。

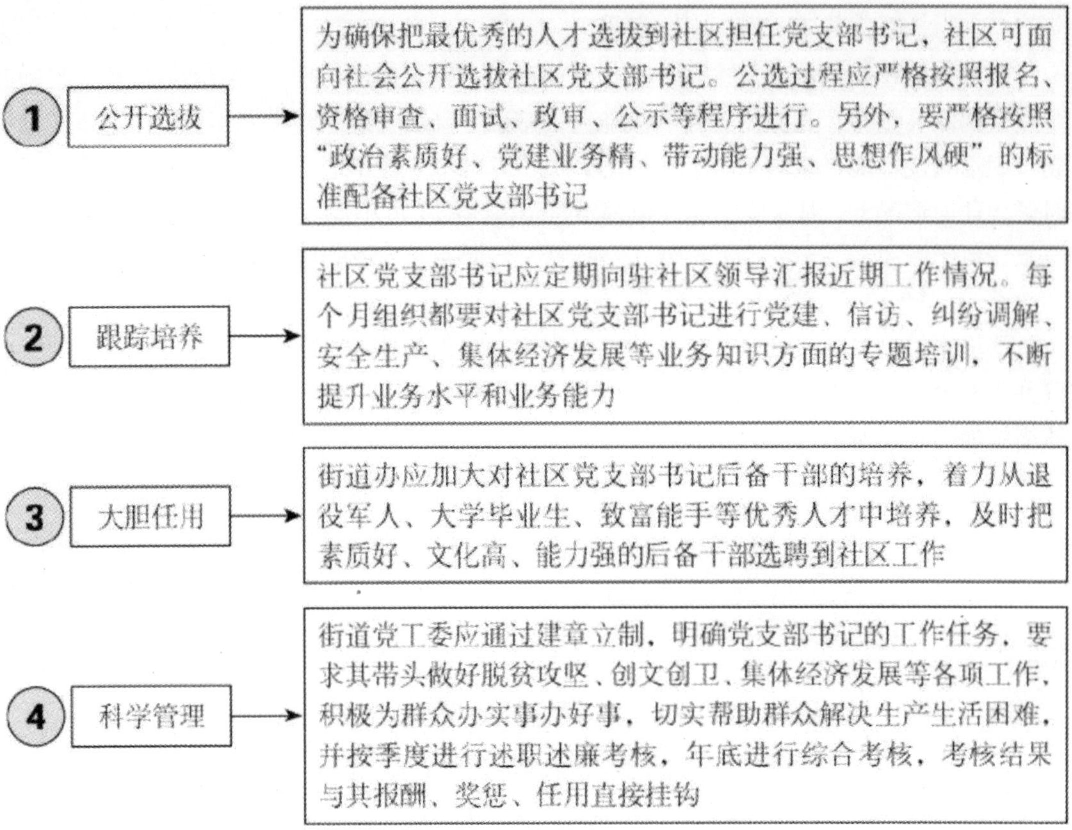

1
公开选拔
为确保把最优秀的人才选拔到社区担任党支部书记，社区可面向社会公开选拔社区党支部书记。公选过程应严格按照报名、资格审查、面试、政审、公示等程序进行。另外，要严格按照“政治素质好、党建业务精、带动能力强、思想作风硬”的标准配备社区党支部书记
2
跟踪培养
社区党支部书记应定期向驻社区领导汇报近期工作情况。每个月组织都要对社区党支部书记进行党建、信访、纠纷调解、安全生产、集体经济发展等业务知识方面的专题培训，不断提升业务水平和业务能力
3
大胆任用
街道办应加大对社区党支部书记后备干部的培养，着力从退役军人、大学毕业生、致富能手等优秀人才中培养，及时把素质好、文化高、能力强的后备干部选聘到社区工作
4
科学管理
街道党工委应通过建章立制，明确党支部书记的工作任务，要求其带头做好脱贫攻坚、创文创卫、集体经济发展等各项工作，积极为群众办实事办好事，切实帮助群众解决生产生活困难，并按季度进行述职述廉考核，年底进行综合考核，考核结果与其报酬、奖惩、任用直接挂钩

图 5-6 选配优秀社区党支部书记的措施

2. 加强社区党员干部培训

加强社区党员干部培训的具体措施如图 5-7 所示。

走出去“学”
为开阔眼界，组织社区党员干部“走出去”参观学习，如到周边县市考察，学习先进经验
请进来“教”
积极安排人员参加上级部门组织的各类集中培训，邀请党校老师、组织部相关业务负责人、党群科长、资深社区党支部书记、党员志愿者等授课
找专人“带”
形成社区“老书记结对新书记”的教学模式，线上面对面、线下手把手，在工作中加强思想碰撞、增强团队凝聚力

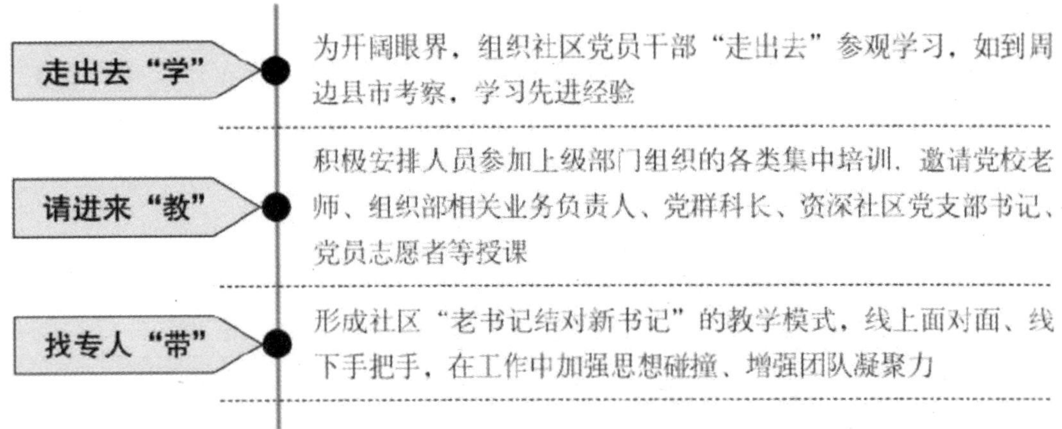

图 5-7 加强社区党员干部培训的措施

3. 发展壮大党员队伍

社区党建应把发展壮大党员队伍作为一项基础性工作来抓。根据就业岗位和就业形式的多样化，社区党组织拓宽了党员发展的视野，依托社区发展党员，壮大社区党组织的队伍，

积极开展优秀人才的培养教育工作。

4. 严格党员教育管理机制

严格党员教育管理机制的具体措施如图 5-8 所示。

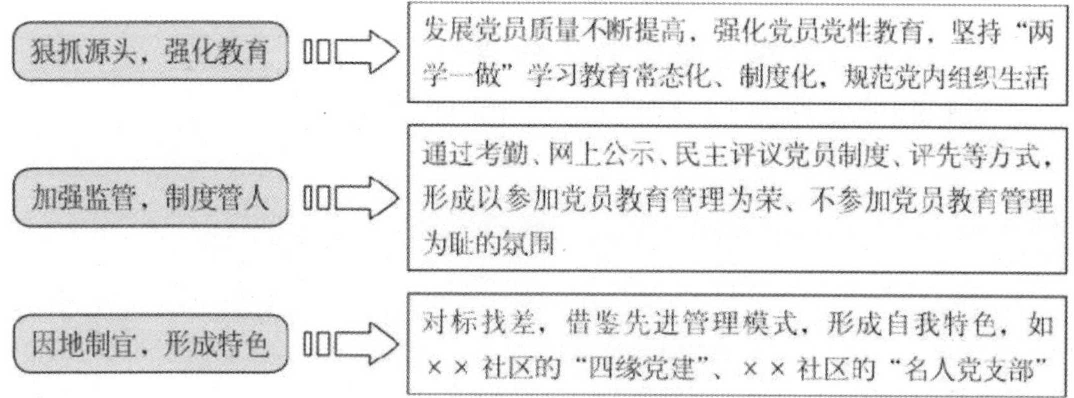

图 5-8 严格党员教育管理机制的措施

第二节　社区居家养老服务

当前，我国已进入人口老龄化快速发展期，老龄人口的高龄化、空巢化、失能化问题日益凸显，养老服务需求明显增加。为适应人口老龄化趋势，社区居家养老模式应运而生，并获得广泛认同。

一、社区居家养老服务的概念

社区居家养老服务是指政府和社会力量依托社区，为居家的老年人提供生活照料、家政服务、康复护理和精神慰藉等方面服务的一种形式。

社区居家养老作为将家庭养老与社会养老相结合的一种新型养老模式，体现了国家、社会和家庭对于养老责任的共同承担，弥补了传统家庭养老与机构养老的不足。社区居家养老的优势在于老年人“不离家、不离亲人熟人、不离熟悉环境”就可以享受相当于机构养老所提供的服务。

社区居家养老服务是对传统家庭养老模式的补充与更新，是我国发展社区服务、建立养老服务体系的一项重要内容。

二、社区居家养老服务的指导思想

社区居家养老应以科学发展观为指导，以满足广大老年人日益增长的物质和精神文化需求为目标，以保障老人群体中的失能老人和特殊群体老人为重点，坚持社会福利事业社会化的改革发展方向，积极构建政府主导、社区参与，以居家养老为基础、社区照料为依托、机构养老为补充，多层次、多类型的社会化养老服务体系；引入社会资源，鼓励养老服务市场竞争，从而为老年人提供周到、便捷、高效、体贴的专业化服务，不断提高社会福利服务的整体水平，促进养老服务业的健康发展。

三、社区居家养老服务的工作原则

一般来说，推进社区居家养老服务应遵循图 5–9 所示的原则。

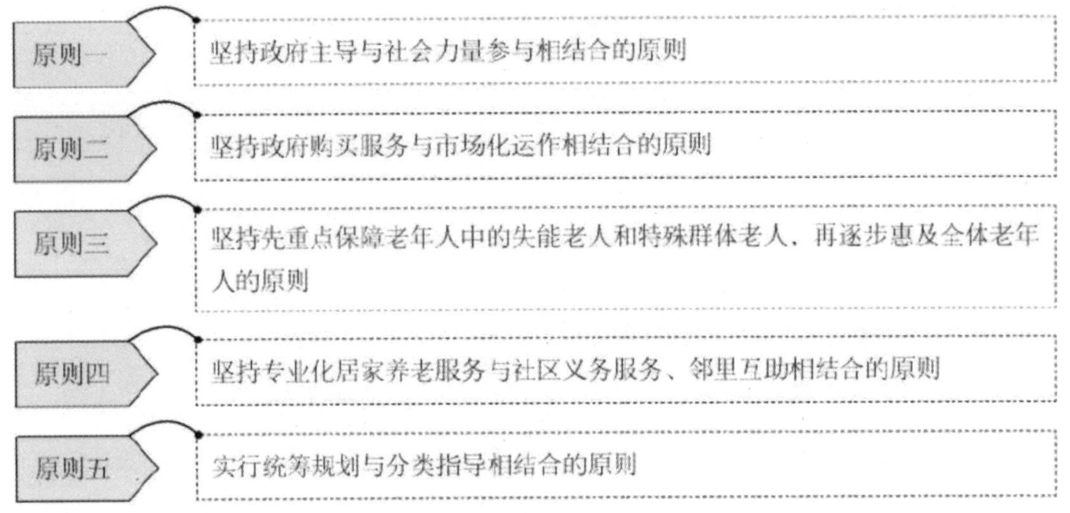

图 5-9 社区居家养老服务的工作原则

四、社区居家养老服务的内容

社区居家养老服务以“立足社区、面向老人、专业服务”为基准，提供图 5–10 所示的服务内容。

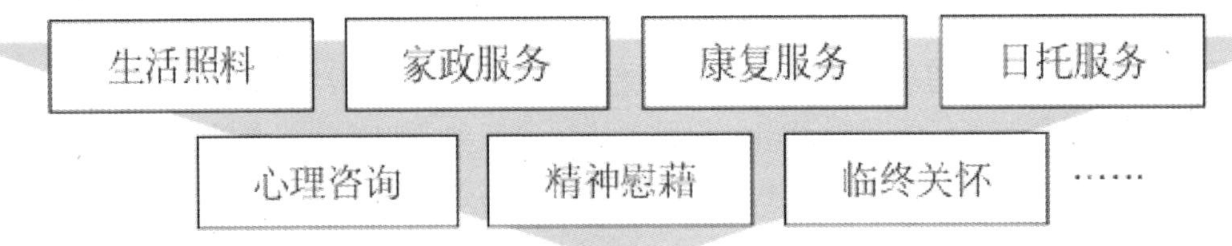

图 5-10 社区居家养老服务的内容

社区居家养老服务载体实行多元化，政府不直接提供服务，鼓励、推动民间市场的发展，由市场根据老年人需求提供服务。

相关链接《上海市社区嵌入式养老服务工作指引》节选

4 服务功能

4.1 功能分类

服务功能包括通用服务功能和个性服务功能:

——通用服务功能设置8大类24个服务项目，社区一般应当达到或力争达到要求;

——个性服务功能设置可根据本社区内老年人需求和资源情况，自主确定服务项目。

4.2 通用服务功能设置

4.2.1 专业照护类

——机构照护服务：由养老院、敬老院、福利院、养护院、颐养院等机构为老年人提供的集中居住和照料护理服务。

——短期托养服务：由长者照护之家等机构为老年人提供全托型、阶段性的照护服务。

——日间照护服务：由日间服务中心等机构为老年人提供日间的托养服务，鼓励开展早晚托、接送等附加服务。

——居家照护服务：由社区养老服务机构为老年人提供的居家上门照料服务。

4.2.2 助餐服务类

——堂吃服务：由社区长者食堂、老年助餐点等老年助餐服务场所以及开展老年助餐服务的单位食堂、公共餐饮企业，为老年人提供现场就餐的服务。

——送餐服务：通过政府购买服务、个人付费等方式，由社区长者食堂以及开展老年助餐服务的单位食堂、公共餐饮企业、移动餐车等，依托相关工作人员、志愿者或专业送餐人员，为老年人提供送餐到家服务。

4.2.3 医养结合类

——社区卫生服务：由社区卫生服务中心按相关规范为老年人提供基本诊疗服务、家庭医生服务、家庭病床服务等基本医疗卫生服务。

——医养签约服务：由社区内医疗卫生机构与养老服务机构签约，按相关规范为养老服务机构内的老年人提供医疗卫生服务。

——护理站服务：由社区护理站为居家老年人提供基础护理和临床护理等服务。

4.2.4 健康促进类

——健康管理服务：由社区卫生服务中心等医疗卫生机构，以及专业健康管理机构，为老年人提供生活方式和健康状况评估、中医体质辨识、体格检查、辅助检查和健康指导等服务。

——体养结合服务：依托社区养老服务机构、社区老年人健康促进中心等场所，为老年人提供健身辅导、身体机能训练、慢病运动干预等服务。

4.2.5 智能服务类

——急救援助服务：依托智慧养老平台及呼叫中心、终端设备，为居家老年人提供24小时紧急呼叫救援服务。

——安全防护服务：依托智慧养老平台及物联网等技术设备，为养老服务机构和居家老年人提供电子围栏、烟雾报警、跌倒报警等安全技防服务。

——远程照护服务：依托智慧养老平台和相关智能设备，为居家照护、医疗诊断、健康管理等提供远距离看护及技术辅助服务。

4.2.6 家庭支持类

——志愿关爱服务：通过“老伙伴计划”等项目，组织低龄健康老年志愿者为高龄、独居等老年人提供家庭援助服务。

——家庭成员增能服务：通过“老吾老计划”等项目，对失能失智老年人的家庭照料者开展照料技能培训服务。

——“喘息服务”：通过政府购买服务、个人付费等方式，组织专业人员，到老年人家中或将老年人接到养老服务机构进行短期照护，减轻老年人家庭成员的长期照护负担和精神压力。

——适老化改造服务：可通过市场化运作、政府资助等方式，为老年人家庭实施居室适老化改造。有条件的社区可开展楼道、小区适老环境改造服务。

——辅具推广服务：支持各类老年用品和辅助器具进机构、进社区、进家庭，可在养老服务场所中开辟专区，提供展示、体验、科普、租赁等服务。

——“时间银行”：鼓励和支持社会成员为有需求的老年人提供非专业性的养老服务，按照一定的规则将服务时间存入其“时间银行”个人账户以兑换服务。

4.2.7 养老顾问类

——基础服务：依托街镇顾问点、居村顾问点、专业机构顾问点，为老年人提供养老服务资源介绍、老年人福利政策指导等现场政策咨询和资源供需对接服务。

——拓展服务：街镇养老顾问可制定养老服务清单，开发和推介适合不同老年人特点的“养老服务包”或养老服务项目手册，组建顾问团队定期或不定期到社区做巡回宣介。

4.2.8 精神文化类

——精神慰藉服务：依托社区老年活动场所以及社区服务组织，为无子女、认知和情感障碍等需要关心的老年人提供文娱活动、心理疏导、社工支持等服务。

——养教结合服务：充分挖掘老年教育资源，为养老机构、长者照护之家、日间服务中心等机构中的老年人提供有益于身心健康的教育服务；扩大《银龄宝典》节目资源的普及度，让更多老年人获取居家养老护理知识和技能。

4.3 个性服务功能设置

个性服务包括但不限于老年认知障碍社区干预服务、家庭生活服务、老年优待服务、法律咨询与维权服务、老年社会参与服务等。

五、社区居家养老的实现途径

家庭是我国老年人传统养老的主要场所。随着家庭小型化和家庭结构的变化，家庭养老功能逐步削弱，社会对集中养老场所需求迫切。社区服务中心应大力发展社区居家养老服务，实现老有所养，具体可采取图 5-11 所示的措施。

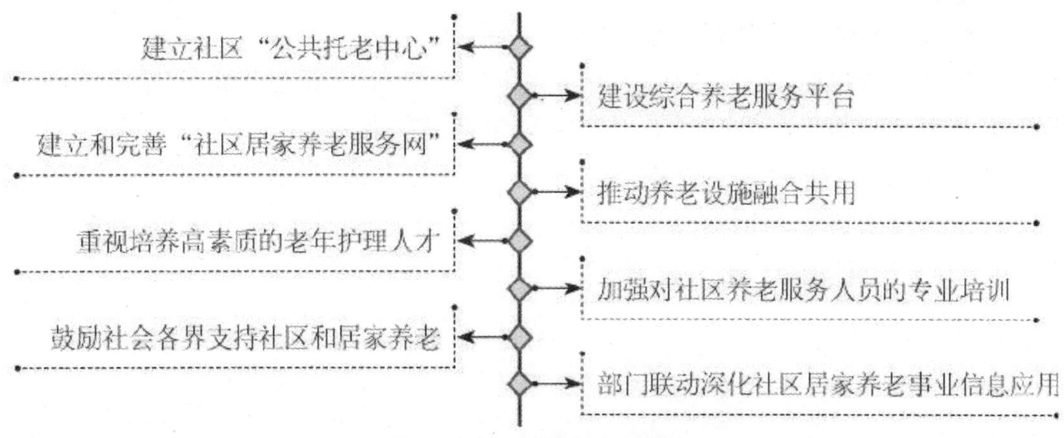

图 5-11 社区居家养老的措施

1. 建立社区“公共托老中心”

建立社区“公共托老中心”，白天该中心通过交通车将失能、失智的长辈接至“公共托老中心”接受专业的照顾服务，晚上再将长辈们送回家享受天伦之乐。这样既解决了家庭养老的困难，又能满足老年人对“家”的需要。

2. 建设综合养老服务平台

建设综合养老服务平台，推动社区智慧养老建设工作。综合养老服务平台应整合和链接各类养老服务信息，方便社区居民浏览查询行业内容及服务信息，涵盖养老服务的需求、项目、设施和政策的综合数据，有效服务社区居民、各类养老服务机构及相关政府与行业管理部门，实现包括家政服务和助餐配餐等社区居家养老服务的接入受理、服务管理、评估监督等功能，以信息化手段链接服务需求和供给。

3. 建立和完善“社区居家养老服务网”

利用“互联网 +”为居家老人提供多元化、全方位的养老服务项目，让长辈们通过电话或网络，就能足不出户地定制多元化的便捷服务。制作完整的社区居家养老服务手册，引导社会认知，解决服务供给与群众需求脱节的问题。

4. 推动养老设施融合共用

统筹社区公共服务设施布局空间，推动养老设施融合共用、功能复合利用、效应放大叠加。

例如，广东省深圳市福田区依托社区公有物业，将党建、文化、医疗、养老等场所就近或联合设置，由社会组织运营，打造成集托养、日间照料、长者饭堂、医养结合四位一体的养老服务综合体。

5. 重视培养高素质的老年护理人才

多途径、多渠道培养老年护理人员，建设德才兼备的高素质老年护理人才队伍。鼓励优秀执业医师和执业护士到养老机构轮岗服务。养老机构可聘任和引进医生、护士、康复治疗师等专业技术人员，以提升服务品质。

6. 加强对社区养老服务人员的专业培训

开展职业技能培训，培养专业的社区养老服务人才。社区养老服务人员应定期接受在职训练、继续教育和职业道德教育，以提升自己的专业能力。

7. 鼓励社会各界支持社区和居家养老

社区居家养老服务必须整合企业、团体、家庭、个人等社会各界力量，包括老年人群体的自身参与，具体措施如图 5–12 所示。

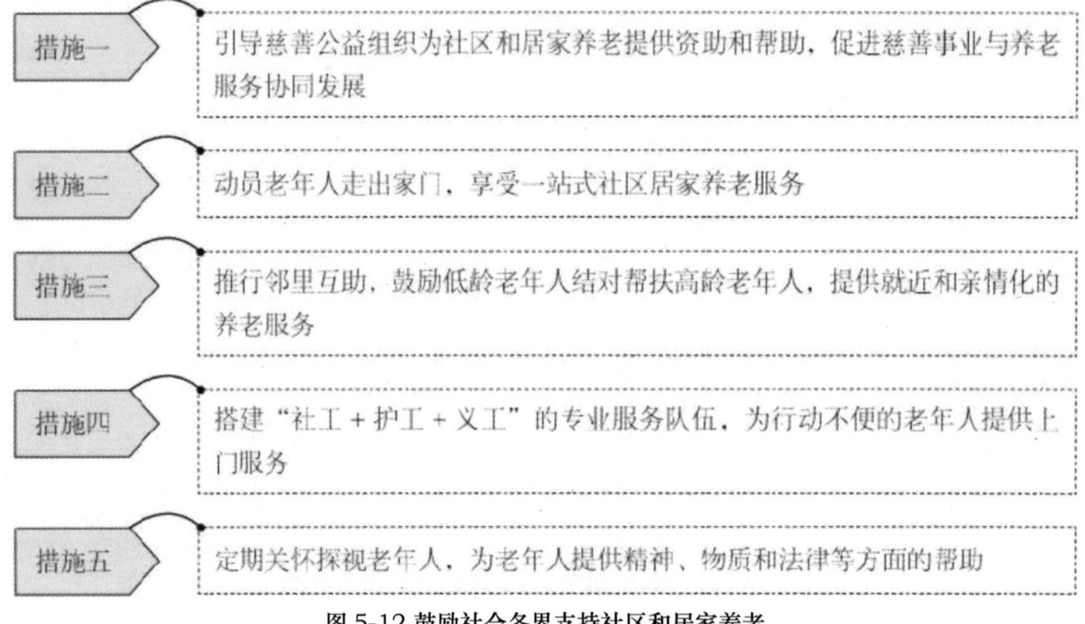

图 5-12 鼓励社会各界支持社区和居家养老

8. 部门联动深化社区居家养老事业信息应用

建立健全老年人状况统计调查制度，建立社区失能、半失能老年人生活状况跟踪监测信息数据库，探索开展涉老大数据建设，促进社区居家养老工作信息互联互通。

六、社区居家养老的发展趋势

2019 年 8 月，民政部、财政部确定 54 个市（区）为第四批中央财政支持开展居家和社区养老服务改革试点地区，这标志着社区居家养老的探索改革进入扩大试点阶段。从目前的试点情况看，社区居家养老在养老服务资源挖掘、整体运作和有效供给等方面均有很大的提升空间。未来，社区居家养老服务将呈现图 5–13 所示的发展趋势。

图 5-13 社区居家养老服务的发展趋势

1. 保障基本养老服务和提供多样化服务相结合

（1）保障基本养老服务

社区居家养老应做到为老年人提供 24 小时全托、临托、日间照料及“助餐、助浴、助洁、助行、助医、助急”等居家上门的养老服务，让老年人能够在熟悉的环境中就近就便养老。离家近、不孤单、平民化、低成本，这是建设社区养老中心的总体思路，选择在社区建立养老中心就是依托老年人熟悉的生活环境和朋友圈，给老年人一种“没有离开家”的感觉，让老年人在接受专业养老服务的同时，还不离邻里亲情。

（2）保障特殊困难老年人的养老服务需求

老年人出现不同程度的生活困难主要是不良身体状况、经济状况、家庭状况等因素导致的，具体而言，特殊困难老年人可以分为图 5-14 所示的几类。

1 经济困难的低保、五保等老年人

2 身体状况不好的失能失智、患病、残疾等老年人

3 存在不良家庭状况的空巢、失独、留守、孤寡等老年人

图 5-14 特殊困难老年人的类型

上述老年人是社区居家养老服务重点关怀和长期照护的群体，需要建立养老服务清单，由政府购买服务，引进专业化社会组织，提供专业的养老服务。

（3）提供满足老年人多样化需求的社会化养老服务

发挥社会力量在提供养老服务方面的主体作用，为老年人提供方便可及、价格合理的

各类养老服务和产品，提升老年人的幸福感。在教育学习上，以社区为依托，为老年人提供教育学习场所、资源和条件，支持鼓励企事业单位、社会组织、志愿者等社会力量举办或参与老年人教育活动。在精神陪护上，统筹家庭关爱和专业力量，调动专业心理工作者和社会工作者开展老年人心理健康服务试点，为老年人提供心理关怀和精神关爱服务。

2. 政府购买服务精准化

根据养老服务对象、特点和实际情况，政府购买养老服务将着眼于满足老年人基本养老服务需求，合理配置养老服务资源。政府面向企业和社会组织公开招标，按照公开、公平、公正原则，吸引有一定经营资质和经营条件的组织参与，通过竞争择优的方式选择承接政府购买养老服务的优秀社会力量，提供包括生活照料、医疗护理、康复保健、精神慰藉、紧急救援、法律维权等在内的基本养老服务，并对其开展的服务效果进行测评和定期考核。

3. 服务提供商品牌化、连锁化

与机构养老服务相比，社区居家养老服务具有覆盖面广，契合传统的养老文化，成本低、效率高等优势的同时，也存在着资金投入不足、政策引导力度不够、专业化水平不高、专业人才短缺、社区养老设施设备不完善、老年用品品类不齐全、服务市场不成熟、老年人消费意识不强等困难与问题。

只有走品牌连锁化运营之路，社区居家养老服务企业才能实现健康、可持续发展。品牌连锁化运营既符合国家相关政策、顺应行业发展趋势，也有利于企业做大做强。

4. 服务智能化

社区居家智慧养老是家庭亲情和最新科技的结合，其为老年人提供日常生活资讯、健康管理、实施安全监控技术和精神慰藉等服务，是社区居家养老的核心，也是目前社区居家养老的发展方向。尽管现阶段的技术还比较初级，但社区居家养老智能化这个趋势已经势不可当。

例如，运用物联网、可穿戴设备和远程医疗等技术能够为老年人养老提供“人力做不好，人力做不到和人力不愿做”的服务，能够以较低成本实现更高品质的养老服务。

相关链接 第四批中央财政支持开展居家和社区养老服务改革试点地区名单

1. 北京市：朝阳区。
2. 天津市：静海区。
3. 河北省：邯郸市。
4. 山西省：长治市。
5. 内蒙古自治区：呼和浩特市。
6. 辽宁省：锦州市、鞍山市。
7. 吉林省：吉林市。
8. 黑龙江省：鹤岗市、齐齐哈尔市。
9. 上海市：闵行区。
10. 江苏省：连云港市、镇江市。

11. 浙江省：湖州市、丽水市。
12. 安徽省：马鞍山市、蚌埠市、池州市。
13. 福建省：泉州市、厦门市、南平市。
14. 江西省：宜春市、九江市、萍乡市。
15. 山东省：青岛市、日照市。
16. 河南省：鹤壁市、商丘市。
17. 湖北省：咸宁市、荆门市、孝感市。
18. 湖南省：永州市、衡阳市、郴州市。
19. 广东省：深圳市。
20. 广西壮族自治区：北海市、柳州市。
21. 海南省：三亚市。
22. 重庆市：南岸区、大足区。
23. 四川省：泸州市、眉山市。
24. 贵州省：遵义市、毕节市。
25. 云南省：丽江市。
26. 陕西省：咸阳市、渭南市、延安市。
27. 甘肃省：金昌市。
28. 青海省：海北藏族自治州。
29. 宁夏回族自治区：固原市。
30. 新疆维吾尔自治区：乌鲁木齐市、伊宁市。
31. 新疆生产建设兵团：八师石河子市。

第三节　残疾人社区康复服务

社区康复是近年来在残疾人康复领域提出的新的康复理念，是以城市街道或农村乡镇为基地，对残疾人提供的康复服务机构。其任务是依靠社区本身的人力资源优势，建设一个社区领导、社区团体、卫生人员、志愿人员、残疾人及其家庭参加的基层康复系统。

一、残疾人社区康复服务的概念

1. 残疾

残疾是指因外伤、疾病、发育缺陷或精神因素造成的明显身心功能障碍，以致不同程度地丧失正常生活、工作、学习能力的一种状态。

2. 残疾人

《中华人民共和国残疾人保障法》对残疾人的定义：残疾人是指在心理、生理、人体

结构上，某种组织、功能丧失或者不正常，全部或者部分丧失以正常方式从事某种活动能力的人。残疾人包括视力残疾、听力残疾、言语残疾、肢体残疾、智力残疾、精神残疾、多重残疾和其他残疾的人。

3．康复

康复是指采取各种协调身体功能的措施，综合自身特性，最大限度恢复病、伤残者的身体、心理、社会、职业、娱乐、教育、文化和适应正常生活、融入社会的能力。

4．残疾人社区康复

残疾人社区康复也称“基层康复”，是指依靠社区资源和社区人力资源，形成一个由政府主导，由社会团体、医疗机构、志愿者、残疾人及其家属共同组成的基层康复方式。它是一种康复服务方式，与常规的“医院康复”概念区别较大。

二、残疾人社区康复服务的目的

残疾人社区康复是一项系统工程，除了涉及残疾人本身的身体康复、功能发挥外，还涉及残疾人的社区。社区对残疾人的看法和态度转变，是一个包容了残疾人身心、生活、社交和环境等多方面内容的概念。其目的是动员社会各界、各种力量，为残疾人的生活、学习、工作和社会活动创造良好的环境，使他们能够平等参与社会生活并充分发挥自己的潜能，自强自立，享有与健全人同样的权利和尊严，并为社会履行职责，做出贡献。

三、残疾人社区康复服务的内容

2019年11月，中国残联、民政部、国家卫生健康委共同印发《残疾人社区康复工作标准》。该标准规定，残疾人社区康复服务的内容主要包括康复需求和服务状况调查、基本医疗卫生服务、康复训练、辅助器具适配、支持性服务和转介服务六个方面，如图 5–15 所示。

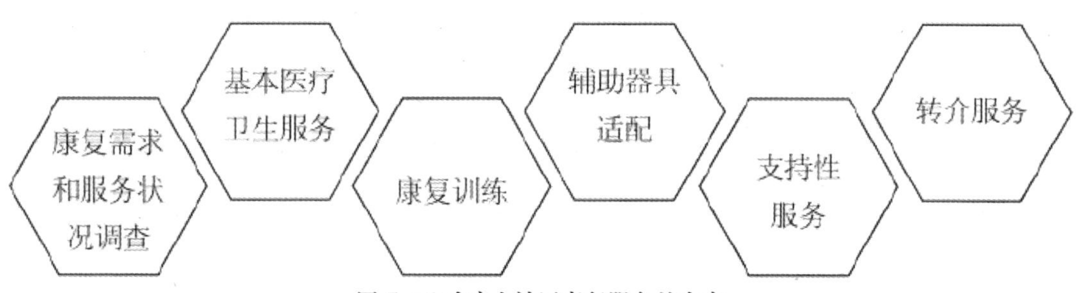

图 5-15 残疾人社区康复服务的内容

1．康复需求和服务状况调查

开展残疾人康复需求和服务状况调查，做好登记，为有康复需求的残疾人建立康复服务档案。

2. 基本医疗卫生服务

面向残疾人开展常见病、多发病的诊治、基本公共卫生服务和健康管理等服务。

3. 康复训练

（1）为有康复需求的视力残疾人提供视功能、定向行走、感知觉补偿、生活自理及职业、社会适应等能力训练。

（2）为有康复需求的听力残疾人提供听觉、语言等能力训练。

（3）为有康复需求的肢体残疾人提供运动、认知、语言、生活自理及职业、社会适应等能力训练。

（4）为有康复需求的智力残疾人提供认知、生活自理及职业、社会适应等能力训练。

（5）为有康复需求的精神残疾人提供沟通和社交、情绪和行为调控、生活自理及职业、社会适应等能力训练。

4. 辅助器具适配

（1）为有康复需求的视力残疾人提供助视器、盲杖等适配及使用指导。

（2）为有康复需求的听力残疾人提供助听器适配及使用指导。

（3）为有康复需求的肢体残疾人提供假肢、矫形器、轮椅、助行器、坐姿椅、站立架、生活自助具、护理器具等适配及使用指导。

5. 支持性服务

（1）为有康复需求的视力残疾人提供导盲随行、心理疏导、康复咨询、知识普及等服务。

（2）为有康复需求的听力残疾人提供手语翻译、心理疏导、康复咨询、知识普及等服务。

（3）为有康复需求的肢体、智力、精神残疾人提供托养、护理、居家照料、心理疏导、康复咨询、知识普及等服务。

6. 转介服务

帮助有需求的残疾人到专业康复机构接受服务。

四、残疾人社区康复评价指标

《残疾人社区康复工作标准》规定社区残疾人康复评价指标包括如下几个。

（1）有需要的社区综合服务设施康复活动场所设置率不低于 90%。

（2）社区康复协调员配备率不低于 90%。

（3）残疾人康复需求调查和服务建档率不低于 95%。

（4）残疾人接受家庭医生签约服务满意度不低于 80%。

（5）有需求的残疾儿童和持证残疾人接受基本康复服务的比例不低于 80%，接受基本辅助器具适配的比例不低于 80%。

五、完善残疾人社区康复服务

随着经济社会的发展、物质文化生活的丰富，残疾人在康复服务需求方面的愿望也逐

步提高，社区康复作为对基层残疾人最直接的服务形式，其优势非常明显，因而越来越多地受到残疾人及其家庭的关注。因此，社区可采取图 5-16 所示的几种措施做好服务工作。

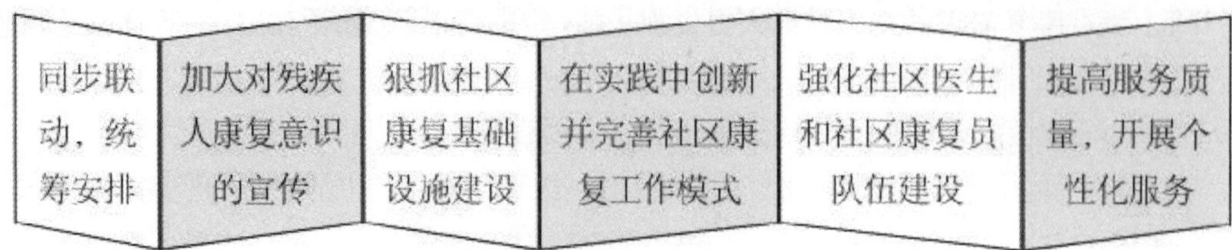

图 5-16 残疾人社区康复服务措施

1. 同步联动，统筹安排

区委、区政府将残疾人社区康复工作作为一项系统工程统筹安排，做到规划同步、投入增长同步、组织运行同步，建立起上下联动、部门联动、社会联动的工作机制。

（1）上下联动

区委、区政府统一各部门、街道和社区的思想认识，层层分解目标任务，确保社区康复工作思想认识、职责分工和工作措施的到位，形成区、街、社区三级联动，合力推进残疾人社区康复工作的开展。

（2）部门联动

在社区康复工作实践中，以区政府残疾人工作委员会各相关部门为主体，区级机关各部门密切配合，齐抓共管。区卫生局充分整合医疗卫生资源，建立各类残疾人康复指导中心、街道社区卫生服务中心康复室和街道残疾人康复指导站，充分发挥自身优势，加强残疾人社区康复工作的技术指导，并落实专（兼）职残疾人康复责任医生进家庭；区民政局将残疾人社区康复工作纳入和谐社区、星级社区考评标准，积极支持残疾人社区康复站建设，深入开展困难残疾人医疗救助工作；区财政局为确保创建工作任务的完成，对残疾人社区康复工作经费提供有力保障；区残联更应倾心竭力，在康复需求调查、康复员培训、康复站建设、深化康复服务等基础工作方面做好工作。

（3）社会联动

残疾人社区康复工作涉及社会各个方面，关系到千家万户。为此，区委、区政府应着力营造社会各界联动的工作氛围，广泛动员社会各界、助残志愿者开展“一对一”结对帮扶助康复活动，尤其是在当前社区康复医生力量比较薄弱的时期，助残志愿者要在帮助残疾人开展康复训练、提供康复服务过程中发挥重要作用。

2. 加大对残疾人康复意识的宣传

社区康复的最大功能是弥补机构康复的不足，更好地就近、就地满足残疾人的康复需求，有效利用康复资源。开展为残疾人“送康复服务上门”不仅具有投入少、成本低、服务广、收效大的特点，更是党和政府关爱残疾人的一种体现。因此，在实施过程中，要加强宣传和引导，合理定位“送康复服务上门”的功能，把好事做实，实事做好，避免出现政府出

了钱、医生送了服务、残疾人还不满意的情况。

3. 狠抓社区康复基础设施建设

通过调整布局、整合资源、新辟场地等措施，在抓社区基础设施建设上下功夫，做到“服务有场地”。区残联应逐步为每个街道残疾人康复指导站配备康复训练器材，为社区康复站配备康复训练器材，体现对残疾人的人文关怀。

4. 在实践中创新并完善社区康复工作模式

社区康复要从残疾人的基本康复需求出发，按照目前的经济社会发展水平，通过不断探索创新社区康复的工作模式，使康复工作由被动转为主动，并带来一系列工作的变化和水平的提升。

（1）大力推进无障碍设施进社区、进家庭，通过政府和社会的支持，让康复辅助器具进家入户。

（2）把最能够普及的康复技术传授给残疾人及其家属或亲友，使残疾人康复真正能够紧紧贴近残疾人本人。

必须坚持以残疾人为本的社区康复工作方向，让“就近”更近，让“就便”更便，在管理和技术上不断创新，积极探索，拓展康复服务内容，提高康复服务水平，向康复工作的深度和广度延伸。

5. 强化社区医生和社区康复员队伍建设

（1）加大培训力度，通过多渠道、多形式、多内容的培训方式，提高社区康复医生的服务水平和能力，确保服务质量。

（2）进一步加强社区康复员队伍建设，通过公开招聘的方式，为街道和社区配备相应的街道残疾人工作联络员和社区残疾人专职委员，并对这些人员进行培训，使其掌握一定的康复训练知识，兼任基层残疾人康复员或社区康复指导员，充实社区康复工作力量。

（3）通过业务培训和统一考试，确保康复员持证上岗，促进社区康复工作人员专业化；通过考核工作实绩和残疾人评议，建立奖优罚劣的竞争机制。

6. 提高服务质量，开展个性化服务

进一步加强康复需求调查，形成按需服务的动态管理机制。

（1）在康复需求方面提高调查的准确性，在康复的形式、内容、质量上下功夫，体现个性化服务。

（2）开展有针对性的康复服务、转介服务等，提高服务的专业性、技术性，以满足残疾人不断增长的康复需求，保持工作的生命力。

第四节 社区青少年服务

青少年是国家的未来、城市未来的建设者。少年强则国强，少年兴则民族兴。加强社区青少年服务，特别是有效服务，促进青少年健康成长，是一项基础性、长期性、系统性的工程。

一、社区青少年服务的概念

社区青少年服务是以调动包括青少年在内的社区居民参与为重点，以营造社区内青少年健康成长发展环境和引导青少年在力所能及的范围内与社会形成互动为工作目标，动员一切社会资源，服务于青少年，促进社区健全发展。社区青少年服务的内在含义体现在图5–17所示的三个方面。

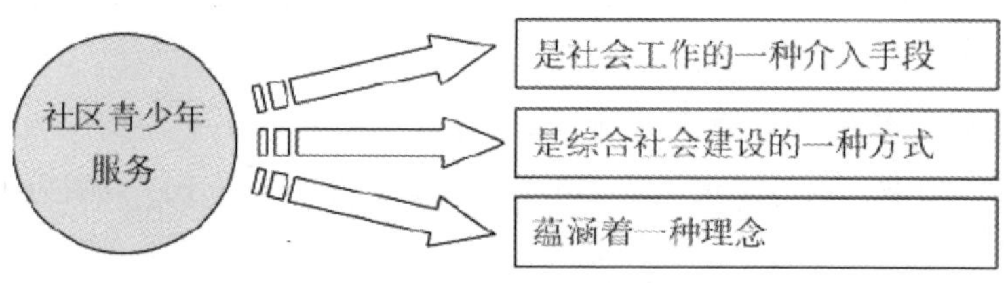

图 5-17 社区青少年服务的内在含义

二、社区青少年服务的目标和原则

（1）社区青少年服务以青少年发展为中心目标。

（2）社区青少年服务的根本原则如图 5–18 所示。

（3）社区青少年服务的关键点是积极促进青少年的全面参与。

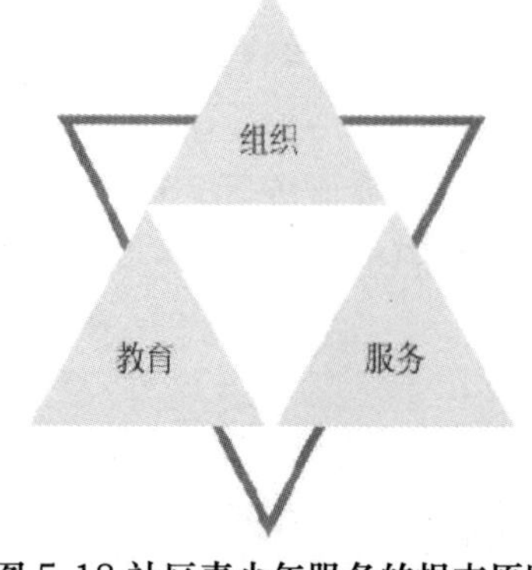

图 5-18 社区青少年服务的根本原则

三、社区青少年服务的内容

社区青少年服务主要有表 5–1 所示的几方面内容。

表 5-1 社区青少年服务的内容

序号	工作内容	具体说明
1	成长辅导服务	青少年处于角色转换的重要阶段，个人能力发展、情绪管理、抗逆力等成长因素尤为重要。社工通过专业服务协助其健康成长，促进青少年更好地与社会接轨
2	丰富课余活动，获得社会体验	青少年在学习之余，也需要有适当的课余活动，劳逸结合，开阔自己的眼界，锻炼个人的动手、动脑能力，增加社会体验和实践，逐步开始适应社会，走向社会化。社区可组织相应的活动让青少年参加
3	心理咨询服务	社区青少年在学业、生活、家庭等方面都可能面临不同的压力与问题，通过社工介入可缓解其负面情绪
4	亲子教育服务	较多家长在孩子成长过程中缺少时间和精力陪伴孩子，与孩子之间的沟通存在障碍，在亲子教育问题上存在一定的困难，社区可提供相应的亲子教育服务
5	志愿服务	在义工服务中，青少年可以得到锻炼，同时能培养青少年帮助他人的意识
6	特殊群体针对性服务	针对社区存在的困境家庭产生的弱势青少年，存在矫正、维权和保障需求，社区应提供有针对性的服务
7	社区安全教育服务	在寒暑假期间，社区大部分家长平日忙于工作，没有时间关注青少年的生活和学习，针对青少年在社区、家庭、户外存在的各种安全隐患进行安全教育
8	关注健康成长	根据社会工作的宗旨"助人自助"，关注青少年的心理健康，激发青少年的创造能力，培养青少年的健全人格

四、开展社区青少年服务的方法

社区是青少年聚集的重要场所，社区青少年服务涉及许多不同的内容。社区工作者在开展社区青少年服务时，可遵循以下程序和方法来进行。

1. 对社区内的青少年进行需求评估

对社区内的青少年进行需求评估和相关问题研究，考查青少年的基本需求、特殊需求和现存问题，对这些需求进行排序，这样可以在社区资源有限的情况下满足青少年最紧迫的需求。

2. 争取资源，为青少年建立活动场所和学习环境

例如，在社区内建立青少年服务中心、学校、图书馆、少年宫、博物馆、四点半课堂等，逐步改善环境，扩大机构规模，让他们有更多机会去学习和丰富课余生活。

3. 加强宣传教育，争取广泛支持

让社区居民都重视青少年的需求和成长，也鼓励家长积极参与青少年活动，以了解青少年的心声，加强与他们的沟通和交流。有条件的父母应该为社区服务站争取更多的资源。服务站也应和学校深度接触，共同支持青少年的健康成长。

4. 逐渐实现社区青少年服务站的网络化

青少年社区服务站首先应与教育机构、有关社区组织形成联系，有助于争取更多机会和资源；其次，和周围社区形成网络联系也是很必要的，这样可以资源共享，也方便交流经验，从而有助于青少年的人际沟通和交往。

5. 逐步实现社区青少年服务的多样化

由开始的治疗型服务（如针对失足青少年、失业青少年等展开的服务）逐渐扩大到补救型（课余托管服务、接送孩子上下学）和预防型的服务（青春期生理及心理教育咨询服务）。这不仅可以进一步满足青少年的多种需求，也能够适应社区的飞速发展。

6. 逐步实现社区青少年服务的专业化

由开始的尝试性的服务到逐渐专业化，在社区内逐渐建立青少年成长档案，关注每个青少年的需求和情况，让青少年面临的问题能得到最佳的解决和补救。

7. 逐步实现社区青少年服务的规模化

逐渐拓展服务模式，进一步完善和改进所提供的项目，最终将社区青少年服务规模壮大，让社会各界关注青少年的成长。由一开始时各种服务和设备欠缺到逐渐完善，让社区青少年服务成为社区服务必不可少的项目。

8. 逐步实现社区青少年服务的制度化

社区青少年服务要逐渐搭建规范化和制度化的工作体系，如对服务人员的培训、监督机制，对机构运行的考察和评估机制。

9. 进行及时的服务评估和反馈

服务展开后，要对现已进行的活动和服务进行绩效评估，不仅要考察现有工作是否有效，是否满足青少年的需求，还要看工作需要改进的地方，以备及时修正和补足。

表 5-2 已进行的活动和服务绩效评估

名称	形式及性质	对象	目的	节数
团队凝聚力拓展	户外拓展	社区青少年	通过对抗游戏让青少年感到快乐，同时激发他们的团队意识，让他们意识到只有团结才可以战胜困难	1
奔跑吧，少年拓展营	户外拓展	社区青少年	通过借助户外大自然的优势景观，结合个人的特点与团体的力量进行组员 PK 大赛	1
极速生存大挑战	户外拓展	社区青少年	通过一场智力 + 体力 + 胆识 + 财富的挑战游戏，锻炼青少年的生存技能	1
青少年成长特训营	户外拓展	社区青少年	通过青少年心理素质拓展训练营，使青少年获得更多知识	1

第五节　社区优抚安置服务

优抚安置工作是我国社会保障体系的重要组成部分，也是我国民政事业的重要工作内容之一。优抚安置工作的落实和完善影响社会安定和国家的安全，在军队的建设和我国民政事业的发展中起着举足轻重的作用。

一、优抚安置工作的含义

优抚安置工作是国家依据法定的形式对现役军人、退役军人及其家属提供优待、抚恤和安置，以确保其生活水平不低于所在地的平均生活水平的一项褒扬性和优待性的社会保障制度。

1. 优待

优待是指按照国家规定对优抚对象从政治上、经济上给予的优厚待遇，其有广义和狭义之分。广义的优待是指国家和社会向服现役的义务兵家属和抚恤补助对象发放优待金，以及在治病、交通、住房、就业、入学、入托、生活困难补助、救济、贷款、邮政、供应、参观游览等方面提供的优惠待遇。狭义的优待仅指国家发给义务兵家属和抚恤补助对象的优待金。

2. 抚恤

抚恤一般指国家对因公伤残人员、因公死亡以及病故人员家属所采取的一种物质抚慰形式。我国优抚工作中的抚恤是指对残疾军人、烈士遗属、因公牺牲军人遗属，按照国家规定的标准给予的抚恤金优待，分死亡抚恤和残疾抚恤两类。

3. 安置

安置一般是指对特定对象（退役军人、军队离退休干部及其随军家属、军队无军籍退休退职职工）或生产、生活有困难者（遭受毁灭性自然灾害的灾民、流入城市的流浪乞讨人员等）的扶持、帮助或就业安排。狭义上的安置仅指对退役军人、军队离退休干部及其随军家属和军队无军籍退休退职职工的安置。

相关链接《军人抚恤优待条例》节选

第二条　中国人民解放军现役军人（以下简称现役军人）、服现役或者退出现役的残疾军人以及复员军人、退伍军人、烈士遗属、因公牺牲军人遗属、病故军人遗属、现役军人家属，是本条例规定的抚恤优待对象，依照本条例的规定享受抚恤优待。

……

第七条　现役军人死亡被批准为烈士、被确认为因公牺牲或者病故的，其遗属依照本条例的规定享受抚恤。

第八条 现役军人死亡，符合下列情形之一的，批准为烈士：

（一）对敌作战死亡，或者对敌作战负伤在医疗终结前因伤死亡的；

（二）因执行任务遭敌人或者犯罪分子杀害，或者被俘、被捕后不屈遭敌人杀害或者被折磨致死的；

（三）为抢救和保护国家财产、人民生命财产或者执行反恐怖任务和处置突发事件死亡的；

（四）因执行军事演习、战备航行飞行、空降和导弹发射训练、试航试飞任务以及参加武器装备科研试验死亡的；

（五）在执行外交任务或者国家派遣的对外援助、维持国际和平任务中牺牲的；

（六）其他死难情节特别突出，堪为楷模的。

现役军人在执行对敌作战、边海防执勤或者抢险救灾任务中失踪，经法定程序宣告死亡的，按照烈士对待。

批准烈士，属于因战死亡的，由军队团级以上单位政治机关批准；属于非因战死亡的，由军队军级以上单位政治机关批准；属于本条第一款第六项规定情形的，由中国人民解放军总政治部批准。

第九条 现役军人死亡，符合下列情形之一的，确认为因公牺牲：

（一）在执行任务中或者在上下班途中，由于意外事件死亡的；

（二）被认定为因战、因公致残后因旧伤复发死亡的；

（三）因患职业病死亡的；

（四）在执行任务中或者在工作岗位上因病猝然死亡，或者因医疗事故死亡的；

（五）其他因公死亡的。

现役军人在执行对敌作战、边海防执勤或者抢险救灾以外的其他任务中失踪，经法定程序宣告死亡的，按照因公牺牲对待。

现役军人因公牺牲，由军队团级以上单位政治机关确认；属于本条第一款第五项规定情形的，由军队军级以上单位政治机关确认。

第十条 现役军人除第九条第一款第三项、第四项规定情形以外，因其他疾病死亡的，确认为病故。

现役军人非执行任务死亡或者失踪，经法定程序宣告死亡的，按照病故对待。

现役军人病故，由军队团级以上单位政治机关确认。

……

第二十一条 现役军人残疾被认定为因战致残、因公致残或者因病致残的，依照本条例的规定享受抚恤。

因第八条第一款规定的情形之一导致残疾的，认定为因战致残；因第九条第一款规定的情形之一导致残疾的，认定为因公致残；义务兵和初级士官因第九条第一款第三项、第四项规定情形以外的疾病导致残疾的，认定为因病致残。

二、优抚安置对象的需求分析

优抚安置对象除了在军队的特殊经历之外，其他需求与普通人一样。因此，在进行优抚安置对象需求分析时，社区应综合考虑优抚安置对象的类别和年龄阶段两种因素。一般来说，社区优抚安置对象的需求主要是精神慰藉层面和社会再适应方面的需求，具体如图5–19所示。

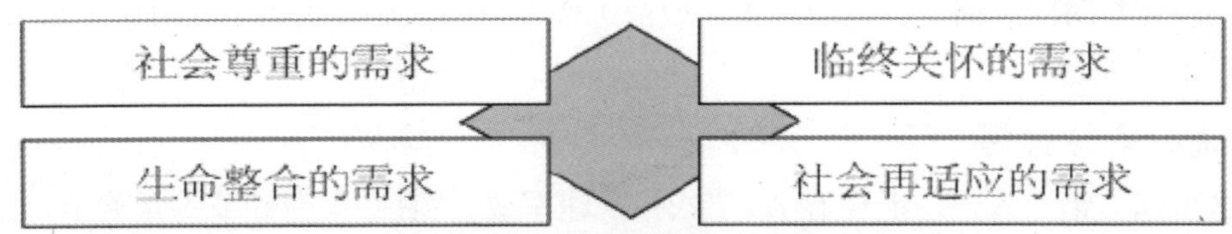

图 5-19 优抚安置对象的主要需求

1. 社会尊重的需求

据调查，在社区前期开展的优抚安置对象服务中，80% 的受访者表示其根本诉求是希望获得社会公众对他们的尊重，认可他们为国家所做的贡献。

2. 生命整合的需求

优抚安置对象步入老年阶段之后，开始对过去的人生经历进行总结，并做出自己是否有价值的判断。

3. 临终关怀的需求

复员军人和“五老”人员中的高龄人数越来越多，逐渐走到人生的终点，他们希望安心无憾地面对死亡。

4. 社会再适应的需求

优抚安置对象曾被安置到体面的岗位工作，一旦再失业，并且就业困难，就会产生社会再适应的需求。

三、社区优抚安置工作的开展

社区要认真贯彻执行优抚安置政策法规，不断完善优抚保障机制，积极为优抚对象办实事、解难题，具体措施如图5–20所示。

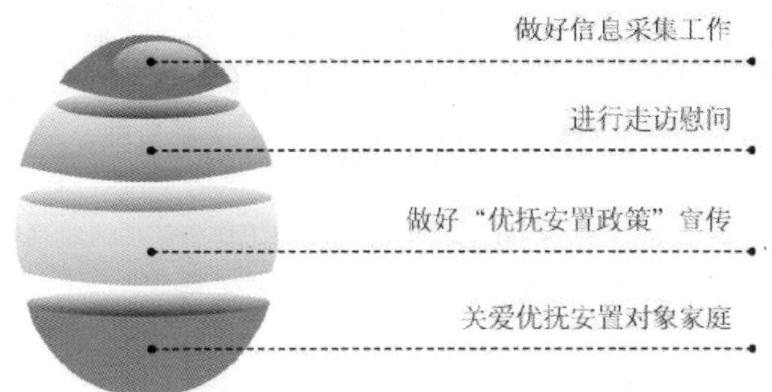

图 5-20 社区优抚安置工作的开展措施

1. 做好信息采集工作

社区服务中心应针对辖区内优抚对象，做好信息采集工作。利用集中采集、分散采集等方式，认真做好军队转业干部、退役士兵、残疾军人等个人信息、生活状况、享受待遇和主要诉求信息采集工作。为了确保信息采集不漏一人、档案资料采集准确无误，对于年龄大且不方便到社区填报信息的人员，或因拆迁临时搬出辖区的退役人员，社区工作人员应利用早晚休息时间或周末，上门采集，或由工作人员核实后代为书写，再由当事人确认，保证信息填写准确无误。

2. 进行走访慰问

社区可送“情”入户。抓住春节、“八一”建军节、“五一”劳动节等重要节点，通过发慰问信、入户走访、赠慰问品、召开座谈会等形式开展优抚对象走访慰问，建立资料库详细收录优抚对象困难及诉求，使得社区优抚工作呈现出良好的局面。

3. 做好“优抚安置政策”宣传

为扎实开展优抚对象服务体系建设工作，搭建优抚服务平台促进优抚政策的全面落实，社区工作人员可通过在辖区醒目位置悬挂双拥宣传横幅、设置双拥宣传栏、发放宣传资料等形式，广泛宣传双拥优抚安置各项政策，特别是《军人抚恤优待条例》《烈士褒扬条例》《退役士兵安置条例》《关于进一步做好复员退伍军人困难帮扶工作的十条意见》等相关政策。引导广大军民继承和发扬优良传统，强化国防观念和双拥意识，使双拥文化走进社区，双拥理念深入人心，努力开创社区双拥工作新局面。

例如，××社区于××月××日开展退役士兵“优抚安置政策”宣传活动。在活动现场，工作人员通过发放资料、解读政策、解答疑难等多种形式重点宣传《退役士兵安置政策》《优抚政策问答手册》等一系列与优抚安置工作相关的政策法规，在充分保障退役士兵的合法权益时，激发了他们就业、创业的信心，使优抚工作真正实现公开、公平、公正。优抚对象纷纷表示，这样的宣传很有必要，也很有意义。它不仅使民政优抚安置政策及时传入心中，更营造了双拥优抚工作的良好氛围。

4. 关爱优抚安置对象家庭

优抚安置对象和普通服务对象一样，生活在家庭之中，与家庭成员相互影响、相互支持。因此，优抚安置服务不能仅以个人为对象，还应该以家庭为对象，通过改善家庭的状况来改善个人的生活状况。

优抚安置家庭服务方法包括家庭咨询辅导、家庭个案工作、小组工作和社区工作等，具体内容包括家庭关系咨询、婚姻辅导、设计教育方案、就业协助、为家庭建立社区支持网络等。

从优抚安置对象的需求出发，将社会工作的理念与工作方法引入社区优抚安置服务中，提升优抚安置管理水平，这也是优抚安置工作的未来发展趋势。

第六节　社区滥用药物对象服务

随着我国经济社会的发展，逐渐产生了一些社会问题。近年来，滥用药物的问题愈加严重，滥用药物的年龄也越来越低龄化，严重伤害了青少年的健康成长，必须予以重视并加以介入。

一、药物滥用概念

药物滥用是指反复、大量地使用具有依赖性特性或潜在依赖性的药品，这种用药与公认的医疗需要无关，属于非医疗目的用药。滥用的药品包括禁止医疗使用的违禁物质和列入管制的药品（如易制毒化学品、兴奋剂和部分有特殊要求的生物制品）。

药物滥用可导致药物成瘾以及其他行为障碍，引发严重的公共卫生和社会问题。

二、药物滥用的范围

（1）麻醉药品，如阿片类、可卡因类、大麻类等。

（2）精神药品，包括中枢抑制剂，如镇静催眠药；中枢兴奋剂，如咖啡因；致幻剂，如麦司卡林、LSD（麦角酸二乙酰胺）等。

（3）挥发性有机溶剂，如汽油、打火机燃料和涂料溶剂等，有抑制和致幻作用，具有耐受性甚至精神依赖性。

（4）烟草，其主要成分尼古丁长期使用可致瘾。

（5）酒精，长期酗酒会产生生理和心理依赖。

一些治病的药品若被滥用，极有可能变成“致命”的毒品。

三、滥用药物的危害

1. 个人危害

（1）身心健康遭受摧残。

（2）过量服用致中毒死亡。

（3）降低机体免疫力。

2. 对社会的危害

（1）破坏家庭正常生活。

（2）促发犯罪行为。

（3）耗竭社会经济资源、阻碍社会发展。

四、药物滥用的预防

1. 一级预防

对有药物滥用潜在危险的社区与人群，特别是青少年和其他易感人群，进行禁毒预防的普及宣传教育，目的是让人们不要错用、误用和滥用毒品。

2. 二级预防

对处于药物滥用高度影响下的社区和存在的药物滥用人群，进行禁毒预防的集中宣传教育，目的是对这部分人早期发现、早期干预和早期控制。

3. 三级预防

积极防止和消除由于药物滥用所带来的对身体和社会的危害。

五、社区戒毒的概念

社区戒毒是指由吸毒成瘾人员所在的社区牵头，整合家庭、社区、公安、卫生及民政等力量和资源，使吸毒人员在社区里实现戒毒。

相关链接《中华人民共和国禁毒法》节选

第三十三条 对吸毒成瘾人员，公安机关可以责令其接受社区戒毒，同时通知吸毒人员户籍所在地或者现居住地的城市街道办事处、乡镇人民政府。社区戒毒的期限为三年。

戒毒人员应当在户籍所在地接受社区戒毒；在户籍所在地以外的现居住地有固定住所的，可以在现居住地接受社区戒毒。

第三十四条 城市街道办事处、乡镇人民政府负责社区戒毒工作。城市街道办事处、乡镇人民政府可以指定有关基层组织，根据戒毒人员本人和家庭情况，与戒毒人员签订社区戒毒协议，落实有针对性的社区戒毒措施。公安机关和司法行政、卫生行政、民政等部门应当对社区戒毒工作提供指导和协助。

城市街道办事处、乡镇人民政府，以及县级人民政府劳动行政部门对无职业且缺乏就业能力的戒毒人员，应当提供必要的职业技能培训、就业指导和就业援助。

第三十五条 接受社区戒毒的戒毒人员应当遵守法律、法规，自觉履行社区戒毒协议，并根据公安机关的要求，定期接受检测。

对违反社区戒毒协议的戒毒人员，参与社区戒毒的工作人员应当进行批评、教育；对严重违反社区戒毒协议或者在社区戒毒期间又吸食、注射毒品的，应当及时向公安机关报告。

第七节　社区矫正人员服务

社区矫正是适应我国社会发展和民主法制建设需要的一项刑罚执行制度的改革与探索，符合我国“宽严相济”和“给出路”的刑事政策。社区矫正促进矫正对象与社会的重新融合，避免他们重新犯罪，真正达到化解矛盾纠纷、推进和谐社区建设的目标。

一、社区矫正的概念

社区矫正是与监禁矫正相对的行刑方式，是将符合社区矫正条件的罪犯置于社区内，由专门的国家机关在相关社会团体和民间组织以及社会志愿者的协助下，在判决、裁定或决定确定的期限内，矫正犯罪心理和行为恶习，并促进其顺利回归社会的非监禁刑罚执行活动。

二、社区矫正的对象

《中华人民共和国社区矫正法》第二条规定“对被判处管制、宣告缓刑、假释和暂予监外执行的罪犯，依法实行社区矫正”。

社区矫正对象应当依法接受社区矫正，服从监督管理。社区矫正工作应当依法进行，尊重和保障人权。社区矫正对象依法享有的人身权利、财产权利和其他权利不受侵犯，在就业、就学和享受社会保障等方面不受歧视。

三、社区矫正的功能

社区矫正作为一种与监禁矫正相对应的非监禁刑罚执行活动，有图 5-21 所示的六个功能。

图 5-21 社区矫正的功能

1. 惩罚功能

惩罚功能就是将确定的刑罚义务落实到犯罪人身上，使其不能享有被法律剥夺或限制的一定权利，且必须服从矫正组织的管理和教育，必须遵守各项矫正制度并参加公益劳动，切实感受到刑罚痛苦和国家法律的威严，从而矫正其不良的思想和行为习惯。

2. 教育功能

社区矫正的教育就是对矫正对象实施的有目的、有计划、积极的系统影响活动。矫正组织通过法制教育、劳动教育、文化教育、技能教育和心理健康知识教育，提高矫正对象道德水平和法治观念，帮助其改造成为新人。

3. 塑造功能

通过矫正活动的连续实施，促进矫正对象公民人格的最终塑造。社区矫正将罪犯置于社会化的环境之中，使他们不脱离自己的家庭，保持基本正常的社会交际生活，促使其最大化地承担家庭和社会责任，并在此基础上进行心理引导和行为规范，促进其再社会化，形成健康人格，最终能够以普通社会成员的身份，顺利回归社会，避免监禁矫正可能出现的以消极服从、自信心与进取心丧失为特征的“监狱人格”“囚犯人格”的出现。

4. 感化功能

感化功能是指在实施社区矫正的过程中，矫正对象基于矫正组织所给予的人道待遇和人性关怀而产生的积极的心理效应。社区矫正组织对矫正对象进行思想教育与行为引导，通过多种形式传授文化知识与生产技能，并积极推荐就业，使其有条件享受政府的最低生活保障待遇。通过人道待遇和关怀矫正对象的措施，使矫正对象产生感化的心理效应，从而调动其改造的积极性和自觉性。

5. 治疗功能

治疗功能主要体现为对矫正对象进行普遍的心理教育，对有心理危机的矫正对象进行心理危机干预，通过实施有效的心理矫治，帮助罪犯逐步削减或消除犯罪心理和各种消极心理。

6. 控制功能

矫正对象处于社区矫正组织和人民群众的视野之内，其行为置于监督管理之下，其行踪由矫正组织及时掌握，有利于防止其重新犯罪或从事其他违法活动。

四、社区矫正的内容

社区矫正主要包括图 5–22 所示的内容。

1. 管理

管理即通过监督、走访、报到等措施，对社区服刑人员进行监督管理、执行刑罚、矫正不良行为和恶习。

社区服刑人员的监督人由社区服刑人员亲属或所在单位、居村委会有关人员担任，主要职责是配合司法所对社区服刑人员进行监督帮教。

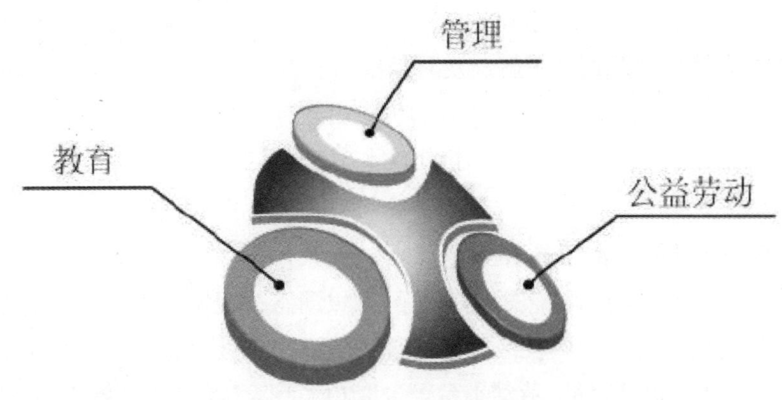

图 5-22 社区矫正的主要内容

2. 教育

教育即通过对社区服刑人员进行认罪悔罪、法制、公民道德和形势政策等内容的思想教育和文化、职业技术教育，以及心理咨询、心理健康教育、心理治疗，纠正社区服刑人员的不良心理和行为习惯，增强社区服刑人员的法律意识、道德修养，帮助社区服刑人员成为守法公民。

3. 公益劳动

劳动既是公民的权利，又是公民的义务。参加公益劳动，可以增强社区服刑人员的公德意识和社会责任感，有利于社区服刑人员改过自新和社会化改造，使其早日融入社会。

被暂予监外执行和被剥夺政治权利的社区服刑人员在社区矫正期间，可以不参加公益劳动。

五、加强社区矫正人员服务

参加社区服务，是社区矫正人员重新认识自身社会价值，培养社会责任感，矫正原有不良犯罪心理，从而顺利回归社会的重要途径。社区矫正机构可按图 5–23 所示的策略来加强社区矫正人员服务。

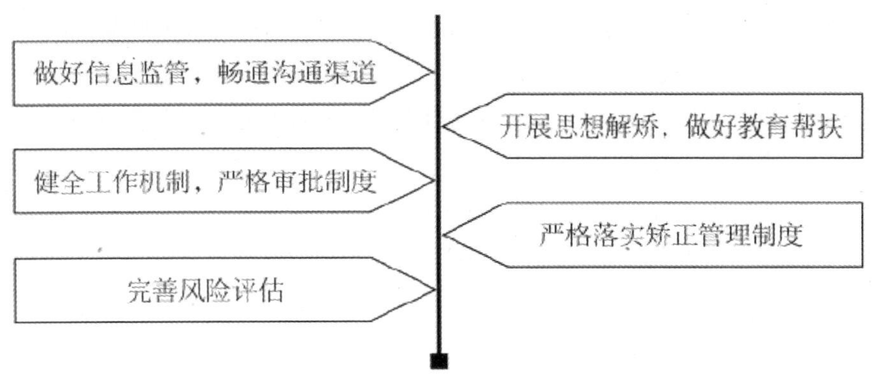

图 5-23 加强社区矫正人员服务的措施

1. 做好信息监管，畅通沟通渠道

社区矫正机构应充分利用社区矫正管理平台，定期和不定期开展社区矫正人员手机定位抽查，发现异常情况及时调查了解、及时汇报。

社区矫正机构应利用互联网便捷及时的优势组建社区矫正微信群、社区矫正小组微信群，以畅通沟通渠道，让信息第一时间被送达和掌控，同时为社区矫正人员与工作人员沟通提供新平台。

2. 开展思想解矫，做好教育帮扶

通过全面了解和掌握每名社区矫正人员的思想动态、现实表现、社会交往等情况，对有家庭变故、思想活跃等类型的社区矫正人员，重点实施教育管控。对有特殊困难的辖区社区矫正人员，积极协调民政科、劳动平台等争取相关政策措施，为其解决当下的实际困难，推荐就业岗位，为社区矫正人员顺利融入社会提供帮助、创造条件。

3. 健全工作机制，严格审批制度

在节假日期间，要求社区矫正人员保持手机 24 小时通畅；若无特殊情况不允许外出，确实需要外出的，严格按照请假程序审批；严格管控社区矫正人员进入特定场所。

4. 严格落实矫正管理制度

按照《社区矫正实施办法》规定，每月对社区矫正人员开展思想教育学习，注重加强对社区矫正人员法律法规的教育，增强其知法守法意识。

社区矫正机构可聘请专业人士对辖区矫正人员讲解法律知识，增强其法治意识和法治观念。

5. 完善风险评估

巡访查岗，采取定期与随机、集中与分散等形式做好矫正对象访查工作，及时掌握其活动动态，评估风险。每月对矫正人员的犯罪原因、犯罪性质及个人表现进行分析，及时调整教育管理等级，进行有针对性的教育管理。

六、未成年人社区矫正特别规定

（1）社区矫正机构应当根据未成年人社区矫正对象的年龄、心理特点、发育需要、成长经历、犯罪原因、家庭监护教育条件等情况，采取有针对性的矫正措施。

（2）未成年人社区矫正对象的监护人应当履行监护责任，承担抚养、管教等义务。监护人怠于履行监护职责的，社区矫正机构应当督促、教育其履行监护责任。监护人拒不履行监护职责的，通知有关部门依法做出处理。

（3）社区矫正机构工作人员和其他依法参与社区矫正工作的人员对履行职责过程中获得的未成年人身份信息应当予以保密。除司法机关办案需要或者有关单位根据国家规定查询外，不得将未成年人社区矫正对象的档案信息提供给任何单位或者个人。依法进行查询的单位，应当对获得的信息予以保密。

（4）对未完成义务教育的未成年人社区矫正对象，社区矫正机构应当通知并配合教育

部门为其完成义务教育提供条件。未成年人社区矫正对象的监护人应当依法保证其按时入学接受并完成义务教育。年满 16 周岁的社区矫正对象有就业意愿的，社区矫正机构可以协调有关部门和单位为其提供职业技能培训，给予就业指导和帮助。

（5）未成年人社区矫正对象在复学、升学、就业等方面依法享有与其他未成年人同等的权利，任何单位和个人不得歧视他们。有歧视行为的，应当由教育、人力资源和社会保障等部门依法做出处理。

（6）未成年人社区矫正对象在社区矫正期间年满 18 周岁的，继续按照未成年人社区矫正有关规定执行。

第八节　社区特困人员服务

特困人员生活困难、无依无靠、无人照料，是打赢脱贫攻坚战的困中之困、难中之难，是社会救助兜底保障的重点对象。

一、特困人员救助对象

《国务院关于进一步健全特困人员救助供养制度的意见》指出特困人员救助对象范围为城乡老年人、残疾人以及未满 16 周岁的未成年人，同时具备图 5-24 所示条件的，应当依法纳入特困人员救助供养范围。

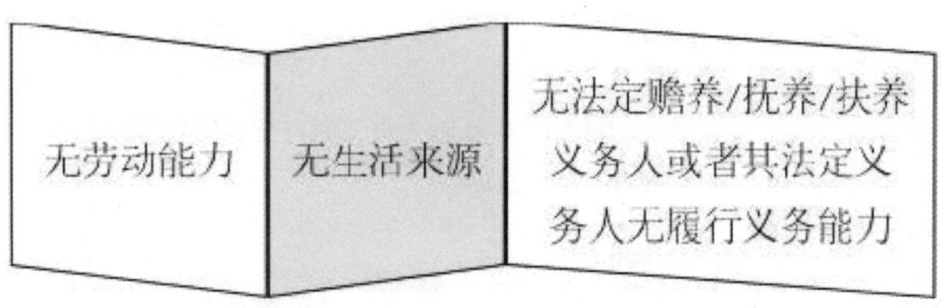

图 5-24 纳入特困人员救助供养范围需同时具备的条件

二、特困人员救助供养内容

特困人员救助供养主要包括图 5-25 所示的内容。

图 5-25 特困人员救助供养内容

1. 提供基本生活条件

提供基本生活条件包括供给粮油、副食品、生活用燃料、服装、被褥等日常生活用品和零用钱，即通过实物或者现金的方式予以保障。

2. 对生活不能自理的给予照料

对生活不能自理的给予照料包括日常生活、住院期间的必要照料等基本服务。

3. 提供疾病治疗

全额资助参加城乡居民基本医疗保险的个人缴费部分。医疗费用按照基本医疗保险、大病保险和医疗救助等医疗保障制度规定支付后仍有不足的，从救助供养经费中予以扣除。

4. 办理丧葬事宜

特困人员死亡后的丧葬事宜，集中供养的由供养服务机构办理，分散供养的由乡镇人民政府（街道办事处）委托村（居）民委员会或者其亲属办理。丧葬费用从救助供养经费中支出。

5. 提供住房救助

对符合规定标准的住房困难的分散供养特困人员，通过配租公共租赁住房、发放住房租赁补贴、农村危房改造等方式给予住房救助。

6. 提供教育救助

对在义务教育阶段就学的特困人员，给予教育救助；对在高中教育（含中等职业教育）、普通高等教育阶段就学的特困人员，根据实际情况给予适当的教育救助。

三、特困人员救助供养标准

特困人员救助供养标准包括基本生活标准和照料护理标准。其中，基本生活标准应当满足特困人员基本生活所需；照料护理标准应当根据特困人员生活自理能力和服务需求分类制定，体现差异性。

特困人员救助供养标准由省、自治区、直辖市或者设区的市级人民政府综合考虑地区、城乡差异等因素确定、公布，并根据当地经济社会发展水平和物价变化情况适时调整。民

政部、财政部要加强对特困人员救助供养标准制定工作的指导。

例如，《北京市特困人员救助供养实施办法》第十七条规定：

“特困人员救助供养标准按照不低于市统计局、国家统计局北京调查总队公布的上年度全市居民人均消费支出执行。

特困人员救助供养经费主要用于保障特困人员基本生活、生活照料护理、疾病治疗、丧葬事宜，以及住房、教育等方面的需求所需费用。救助供养经费由区民政部门统筹使用，不得按标准平均分配。

（一）基本生活标准不低于本市最低生活保障标准的 1.5 倍。

（二）照料护理标准按照具有生活自理能力、部分丧失生活自理能力、完全丧失生活自理能力分档制定，分别不低于本市当年最低工资标准的 20%、40% 和 60%。

（三）医疗、住房、教育、供暖等救助标准按照本市社会救助相关政策执行。”

四、特困人员救助供养形式

特困人员救助供养形式分为在家分散供养和在当地的供养服务机构集中供养。具备生活自理能力的，鼓励其在家分散供养；完全或者部分丧失生活自理能力的，优先为其提供集中供养服务。

1. 分散供养

对分散供养的特困人员，经本人同意，乡镇人民政府（街道办事处）可委托其亲友或村（居）民委员会、供养服务机构、社会组织、社会工作服务机构等提供日常看护、生活照料、住院陪护等服务。有条件的地方，可为分散供养的特困人员提供社区日间照料服务。

2. 集中供养

对需要集中供养的特困人员，由县级人民政府民政部门按照便于管理的原则，就近安排到相应的供养服务机构；对于未满 16 周岁的，应将其安置到儿童福利机构。

3. 供养服务机构管理

供养服务机构应当依法办理法人登记，建立健全内部管理、安全管理和服务管理等制度，为特困人员提供日常生活照料、送医治疗等基本救助供养服务。有条件的经卫生计生行政部门批准可设立医务室或者护理站。供养服务机构应当根据服务对象人数和照料护理需求，按照一定比例配备工作人员，加强社会工作岗位开发设置。

相关链接　民政部关于加强分散供养特困人员照料服务的通知

民发〔2019〕124 号

各省、自治区、直辖市民政厅（局），新疆生产建设兵团民政局：

为认真学习贯彻习近平总书记关于民政工作的重要指示精神，深入贯彻落实《国务院关于进一步健全特困人员救助供养制度的意见》（国发〔2016〕14 号），切实保障分散供养特困人员基本生活权益，现就加强分散供养特困人员照料服务有关事项通知如下。

一、充分认识加强分散供养特困人员照料服务的重要意义

加强分散供养特困人员照料服务，是解决特困人员操心事、烦心事、揪心事的重要举措，是弥补社会救助体系短板的迫切需要，是积极探索社会救助发展新路径的必然要求。各地要充分认识加强分散供养特困人员照料服务的重要性和紧迫性，进一步增强使命感和责任感，坚持以人民为中心的发展思想，聚焦脱贫攻坚，聚焦特殊群体，聚焦群众关切，以完善“物质类救助 + 服务类救助”的社会救助兜底保障方式为方向，以满足分散供养特困人员照料服务需求为目标，以落实委托照料服务为重点，着力完善分散供养特困人员照料服务政策措施、标准规范和监管机制，不断提升服务质量，确保分散供养特困人员“平日有人照应、生病有人看护”。鼓励有条件的地方在做好分散供养特困人员照料服务的基础上，为低保、低收入家庭和建档立卡贫困家庭中的老年人、残疾人、重病患者等特殊群体提供委托照料服务，积极推动服务类社会救助发展，进一步增强困难群众的获得感、幸福感和安全感。

二、落实特困人员救助供养标准

各地要按照“分类定标、差异服务”的要求，在确保特困人员基本生活标准不低于当地低保标准 1.3 倍的基础上，大力推进照料护理标准的制定和落实。依据特困人员生活自理能力和服务需求制定照料护理标准，照料护理标准参照当地最低工资标准或日常生活照料费用、养老机构护理费用的一定比例，分为全护理、半护理、全自理三档。要按照委托照料服务协议，将分散供养特困人员照料护理费及时支付到照料服务人个人账户，或承担照料服务职责的供养服务机构、社会组织账户。扎实做好特困人员生活自理能力评估，及时组织复核评估，根据评估结果确定和调整生活自理能力认定类别及照料护理标准档次。

三、全面签订委托照料服务协议

县级人民政府民政部门要指导乡镇人民政府（街道办事处）为分散供养特困人员确定照料服务人，提供日常看护、生活照料等服务。确定照料服务人时，要在充分尊重分散供养特困人员本人意见的基础上，优先就近选择低保、低收入及建档立卡贫困家庭中具有劳动能力的人员。照料服务人应具备完全民事行为能力，供养服务机构、社会组织等也可以承担照料服务职责。要指导乡镇人民政府（街道办事处）与分散供养特困人员、照料服务人签订三方委托照料服务协议，明确各方权利义务和相关职责。无民事行为能力的分散供养特困人员，应当由其监护人代为签订。委托照料服务协议文本由县级以上人民政府民政部门统一制定，应包括特困人员和照料服务人基本信息、特困人员生活自理能力认定类别、照料服务内容、照料服务要求、照料服务权利义务以及违约责任、协议期限等内容。

四、明确委托照料服务内容

各地要进一步规范委托照料服务行为，指导乡镇人民政府（街道办事处）督促照料服务人认真履行委托照料服务协议，按照协议规定全面落实照料服务。对于生活能够自理特困人员，要重点协助其维护居所卫生、保持个人清洁、确保规律饮食；对于生活不能自理特困人员，要针对其具体情况，上门提供协助用餐、饮水、用药、穿（脱）衣、洗漱、洗澡、如厕等服务。特困人员需要就诊或住院的，照料服务人要及时报告乡镇人民政府（街道办事处），或者通过村（居）民委员会及时向乡镇人民政府（街道办事处）报告，协助将其送到定点医疗机构就医，并提供必要的看护服务。

五、强化照料服务资源链接

各地要加强委托照料服务与居家社区养老、扶残助残等服务的衔接，整合相关资源，创新服务方式，全面加强分散供养特困人员服务保障。要优先为分散供养特困人员提供无偿或低偿的社区日间照料服务，积极引导和支持养老机构、社会工作服务机构、志愿者等为分散供养特困人员提供个性化、专业化服务。鼓励有条件的地方，通过政府购买服务等方式，为分散供养特困人员提供助餐、助洁等居家服务。要配合做好家庭医生签约服务工作，对分散供养特困人员定期随访、记录病情，进行治疗康复等。积极协助有关部门落实医疗、住房、教育等救助政策，着力解决分散供养特困人员“三保障”问题。省级民政部门要加大对贫困地区照料服务工作的指导和支持力度，强化对分散供养特困人员的兜底保障，确保如期打赢脱贫攻坚战。

六、加强委托照料服务监督管理

各地要强化对委托照料服务的监管，指导乡镇人民政府（街道办事处）建立定期探访制度，及时了解分散供养特困人员实际生活状况和委托照料服务落实情况，对探访发现的问题和特困人员的服务诉求，要及时与照料服务人进行沟通，督促其及时改进；要深入了解分散供养特困人员集中供养需求，重点加强对高龄、重度残疾等生活不能自理特困人员的跟踪关注，有集中供养意愿的，及时纳入机构集中供养。积极鼓励未成年特困人员到儿童福利机构集中供养。要将关心关爱特困人员作为推进移风易俗、建设文明乡风的重要内容，纳入村规民约，激励和引导照料服务人大力弘扬孝老爱亲、扶弱助残的传统美德，为分散供养特困人员提供良好服务。要制定完善照料服务规范，建立以特困人员满意度调查、邻里评价等为主要方式的委托照料服务评价考核机制，定期对照料服务人开展评价考核。强化结果运用，对评价考核不合格的，要督促乡镇人民政府（街道办事处）及时解除委托照料服务协议，更换照料服务人。鼓励有条件的地方探索建立第三方评估机制，对委托照料服务实施全过程监督和评估。要充分发挥社会监督作用，认真处理相关投诉和建议，及时查处公众和媒体发现揭露的问题，严肃追究相关单位、人员责任。

各地要进一步提高政治站位，加强组织领导，结合开展“不忘初心、牢记使命”主题教育，切实抓好各项政策措施的落实落地。要强化资金保障，加强资金监管，确保救助供养资金及时足额发放，照料护理费用落实到位。充分考虑特困人员获取信息的特殊困难，采取多种方式加强政策宣传，不断提高政策知晓度。加强先进典型学习宣传，大力弘扬社会主义核心价值观，加快形成全社会关心关爱特困人员的良好氛围。

民政部

2019 年 12 月 11 日

第九节　家庭社会工作服务

随着社会的不断进步，家庭教育正向多层次、多元化方向发展，这不仅体现了家庭教育与学校教育的有机结合，还体现了社区对家庭教育的科学指导。

一、家庭社会工作的定义

家庭社会工作是一个外来词汇，与此相关的概念还有家庭服务、家庭处遇、家庭中心社会工作实务等。

目前，我国对家庭社会工作的定义为：以家庭为本的社会工作介入，即动员社会及家庭资源，促进家庭正常运转及发展的社会福利与服务。

二、家庭社会工作的要素

家庭社会工作有如下三个要素。

1. 为家庭提供服务的社会工作者

从社会工作专业发展的角度看，需要对从事家庭社会工作的人员进行专门的培训，使其具备对社会变革中的婚姻家庭问题进行分析的能力，具有应用家庭社会工作的基本理论、工作方法与技巧整合社会资源、协助家庭共同面对困境的能力。

2. 社会工作的对象——家庭

家庭因为有爱、血缘关系而具有相对的稳定性，家庭对家庭成员具有一定的保护作用。但是随着社会变革的加剧，非传统家庭结构的形式出现、家庭调节矛盾的能力下降，社会发展对家庭的要求越来越高。

3. 家庭社会工作的价值观

社会工作者应充分相信家庭自身的能力，相信家庭在调整自身系统的过程中解决问题的能力，并适时对家庭给予社会性支持，这是家庭社会工作需要遵循的社会工作价值观。

三、家庭社会工作的特点

家庭社会工作具有图 5-26 所示的特点。

特点一：发现和得到信息往往是从个人开始的。专业的家庭社会工作者会从个人困难、个人问题入手，引领其个人与家庭共同面对困扰，增强个人的应对能力

特点二：从家庭整体的角度去观察个人、理解个人，这也是家庭社会工作分析和处理问题的角度

特点三：家庭为本（或家庭中心）的理念。将家庭中有问题的成员看作是整个家庭的问题，调整家庭互动关系，引领家庭成员正面解释问题，共同解决问题

特点四：家庭社会工作者与家庭建立的关系是平等的、相互尊重的和相互信任的，社会工作者的角色是促进家庭成长与成熟的启发者、协调者和推动者

特点五：家庭社会工作以支持及强化家庭功能为目的

图 5-26 家庭社会工作的特点

四、家庭社会工作的原则

中华文化的传统是以家庭为重，有了健全的家庭制度，个人便可以得到快乐和满足。因此，家庭社会工作应以巩固家庭为首要任务，以家庭为本应该成为家庭社会工作的出发点和重要原则。

五、家庭社会工作的内容

1. 家庭社会工作的一般性内容

（1）提供物质性的服务，协助家庭生活有序运转。家庭经济收入是物质生活的保证，家庭遇到突发灾难，家庭成员失业、患病等，将直接影响家庭生活的质量。城市与农村对贫困户都有最低生活保障制度，农村还有扶贫、救灾的专项款项。

（2）提供心理及法律援助，增强家庭的应变能力。家庭或家庭成员遇到家庭关系冲突或紧张、子女教育困惑、婚姻危机、财产继承等问题，可以到相关的家庭工作及服务机构求助。目前大中城市开展的婚姻家庭心理辅导及法律咨询援助是专业人员进入家庭社会工作的标志。

（3）开展教育与培训，提高家庭的整体素质。不断充实知识，调整观念，在沟通中达到家庭的和谐与稳定，是每个家庭都要面对的问题。因此，针对家庭开设的婚姻、家政、家教等教育与培训，目的就在于向家庭传授现代生活观念，以推进家庭的发展。

2. 我国家庭社会工作的内容

根据我国的实际情况，家庭社会工作可以分为政府主导的家庭社会工作和非政府组织开展的家庭社会工作。

（1）政府主导的家庭社会工作内容

政府主导的家庭社会工作内容如表 5–3 所示。

表 5-3 政府主导的家庭社会工作内容

序号	工作内容	具体说明
1	家庭救助	家庭在遇到生活变故引起的特殊困难和意外灾害时，政府给予家庭现金和实物的救济，以增强他们应对环境的能力，度过困难期。这些救助包括专项的政策性救助，如解决农村独生子女家庭困难，对年满 60 周岁的夫妇给予奖励扶助等，还有对民政对象长期的照顾与救助等
2	家庭生活服务	城市中的家庭生活服务有保姆入户、小时工、社区服务网点、家庭病床、便民热线等服务，协助家庭照料婴幼儿、老人及承担家务
3	婚姻调解	夫妻双方由于思想感情、性格、生理、社会等方面的原因产生矛盾和纠纷，导致婚姻失调时，为改善夫妻关系，避免家庭解体，由相关单位出面调解，使双方相互谅解，解除因冲突而造成的紧张关系
4	家庭生活教育	这是一种具有预防和发展功能的社区教育。它通过讲座、宣传、娱乐性活动、知识竞赛等方式，提高家庭和家庭成员预防与解决家庭问题的能力，从而强化家庭功能，促进家庭人际关系的协调，推进和谐社区与和谐社会的构建
5	有关家庭的主题活动	我国家庭社会工作开展了丰富多彩的家庭主题活动，如“五好家庭”评比、平安和谐家庭建设等

（2）非政府组织开展的家庭社会工作

非政府组织开展的家庭社会工作的内容如表 5–4 所示。

表 5-4 非政府组织开展的家庭社会工作的内容

序号	工作内容	具体说明
1	城乡贫困家庭的救济与扶助	非政府组织开展的家庭救助，通常具有应急性和目标性。应急性表现在对突发灾害的迅速回应能力。目标性表现在其家庭救助工作通常采取项目运作的方式，事先制定明确的目标与规划，确定受益群体及数量，选定为达到目标而运用的各种工作方法，以及较为规范的管理、监测与评估模式，精心计算并经过审核的经费投入
2	家庭心理辅导	它强调社会工作者与求助者间的平等关系；把握“助人自助”的原则，相信求助者自身有内在的潜质；提倡互助，协助求助者扩充支持网络
3	家庭能力建设	（1）婚姻学校，包括新婚夫妇学校、离婚夫妇学校等 （2）家长学校，包括父母家长学校与隔代家长学校 （3）家政学校，包括家政培训班、家庭服务员培训班 （4）再就业培训，是专门为下岗职工组织的培训

六、社区家庭教育指导的策略

目前，社区中家庭教育的水平参差不齐，对幼儿的身心健康产生了不同的影响。社区要取其精华、去其糟粕，多元化、多角度、全方位地整合资源，对家庭教育进行指导。在具体的实践过程中，社区可参考图 5-27 所示的策略进行。

1 树立新的理念，及时制定有效的措施

2 优化社区现有资源，为社区家庭教育提供人力、物力保障

3 社区运用现有条件开展讲座等活动

4 制定与时俱进的社区家庭管理制度，完善机构设置

图 5-27 社区家庭教育指导的策略

1. 树立新的理念，及时制定有效的措施

改革开放以来，我国国民经济迅速发展，为社区家庭教育指导奠定了物质基础。社会多元化的发展，加快了素质教育的实施。社区中家庭的经济水平不同，社区成员的文化水平有差异，社区应适应这种差异，提高社区内成员的综合素质，这有利于为幼儿营造一个良好的生长环境，促进幼儿社会性、个性的健康发展。重视家庭、学校、社会三者的有机结合，树立三位一体的立体化教育理念。社区可鼓励家长多与幼儿沟通，并引导家长为社区家庭教育建言献策。随着教育改革逐步深入发展，我国教育已进入终身教育时代，社区应不断更新教育观念，与时俱进，及时发现家庭教育中存在的问题，提出合适的改善方案。

2. 优化社区现有资源，为社区家庭教育提供人力、物力保障

社区应吸纳多种社会资源，营造良好的社区环境，促进专业化社区家庭教育指导活动的开展，形成有特色的以人为本的家庭教育的社区支持模式。社区中有文化水平高的退休人员，有热爱社区工作的人员，有具备专业知识的老师，社区可以充分利用这一优势，形成一支为社区教育、为家庭教育服务的队伍。

社区应结合实际情况，建立图书馆、医院、博物馆等，为家庭教育提供物质保障。随着科技的进步，信息化发展迅速，社区可以利用网络开展线上家庭教育课堂，促使家长从中学习良好的教育方法。

3. 社区运用现有条件开展讲座等活动

首先，社区在宣传家庭教育时，要把握好时间与方式，进行有效的宣传，如社区可以利用现有的条件开展讲座，组织家长和孩子参与社区活动等。

其次，社区应举办一些文化艺术活动，吸引更多的人参与活动。在互联网的背景下，社区要善于利用网络开办在线讲堂、在公众号上发布育儿知识。家长应意识到孩子不仅需要学校的教育，还应认识到社区对孩子教育的重要性。

再次，社区要组织一些亲子游戏或者才艺表演，以加强亲子之间的感情、拓展孩子的视野。

总之，只有运用好社区现有的条件，举办好每次活动，才能让家长与幼儿乐于参加，才能真正落实社区家庭教育。

4．制定与时俱进的社区家庭管理制度，完善机构设置

社区家庭教育指导的目的在于为社区家庭教育提供服务，提升家长的素质和能力，促进儿童身心健康发展，并协调好家长、子女、社区工作者之间的关系，以增进家庭教育效果、提高家庭教育质量和社区管理水平，解决家庭教育“最后一公里”的问题，使家庭教育从私人领域走向公共服务领域并向专业化迈进。

因此，要完善社区的管理制度，建立一个完善的管理体制，明确社区在指导家庭教育活动中的地位，使社区居民对社区文化产生热情，并认识到它的重要性。明确适合本社区人们经济水平的家庭工作目标，形成稳定的管理机制，符合社区家庭的实际状况。

第六章 社区矛盾的控制途径与化解方法

社会转型所引发的社会结构的变化，和社会不同关系的调整，是社区矛盾形成的社会学背景。不同类型的社区构成，以及社区居民主体的思想认识、教育程度、职业状况和经济条件等因素促成了不同类型的社区矛盾。这些矛盾根源于社区主体的利益博弈，管辖权限叠加或失范，以及社区周边大环境的制约和大众化媒介的影响。由此诱发的社区矛盾，不但表现形式多样，而且新旧矛盾交叉，最终都积聚在社区这个社会结构的基层面和交叉点上。

分析矛盾的目的在于更好地认识矛盾和解决矛盾，因此，在第三章的分析论证基础上，本章重点讨论社区矛盾的控制途径与化解方法。通过构建社区矛盾的预防途径，化解的原则、机制，以及化解方法，为更好地预防和控制社区矛盾提供方法论上的支持和保障。

第一节　社区矛盾化解的原则和组织机构

一、社区矛盾化解的原则

正确处理人民内部矛盾，积极预防社区矛盾，主动化解社区矛盾纠纷，要坚持可疏不可堵、可散不可聚、可解不可结、可顺不可逆的原则，区分性质、讲究策略、把握时机、严格执法、冷静稳妥的基本要求。根据社区矛盾的新特点，在正确预防、控制和化解社区矛盾时，应当把握和遵循以下基本原则。

（一）坚持党的领导原则

坚持和加强社区党的领导是社会转型中社区建设、社区矛盾调解的必然要求，也是维护社区安定团结、稳定和谐的必然要求。社会转型期社会矛盾的存在和处理与计划体制时相比较，表现为后者矛盾集中于政府和企事业单位，处理矛盾的职能也集中于政府和企事业单位。而在当前，越来越多的社会矛盾集聚于或表现于社区，在客观上也要求社区更多地承担起处理矛盾的职能和责任。因此要进一步加强党在社区矛盾控制和化解方面的领导。要根据实际工作需要，通过定期或不定期召开会议，讨论、分析社区矛盾，研究、解决和协调处理好社区工作中出现的问题。发现、总结、推广社区矛盾控制和化解方面的典型经验，及时掌握社区矛盾控制、预防和化解的进展情况，保证每一项工作都扎扎实实得到推进落实。

（二）坚持以人为本原则

保持和谐稳定的社会环境，不仅是可持续发展的重要内容和具体体现，而且是可持续发展的前提和基础。在这里，坚持以人为本，就是以社区居民为本，以居民利益为本，重视解决改革发展稳定中不协调的突出问题，多做暖人心、稳人心、得人心的工作，是落实科学发展观的重要举措之一。用科学发展观来指导我们的实践，推动我们的工作，就要求我们必须正确处理改革、发展、稳定的关系，协调好改革与发展中的各种利益关系，促进经济社会和人的全面发展。社区党政组织、有关部门必须十分重视关心社区居民群众疾苦，把解决群众生产生活中的实际问题，作为解决社区矛盾的首要环节，凡是涉及居民群众切身利益的事，务必高度重视。如果不在解决群众实际问题上下工夫，而是一味地拖、哄、压，甚至推让，只能激化矛盾。即使哄得群众一时平息下去，过后还要爆发。

（三）坚持预防为主原则

在社区矛盾调处过程中，坚持预防为主的原则，就是要对社区矛盾坚持抓早、抓小、

抓苗头，防止矛盾纠纷激化，在源头上预防和减少矛盾纠纷。在具体工作上，要经常全面排查隐患，针对可能引发群体性事件的突出问题、敏感地区和重点人员，逐一进行化解，一旦发现闹事苗头，社区党政主要负责人要迅速赶赴第一线做疏导工作，采取有力措施来平息事态，防止个别问题群体化、简单问题复杂化、经济问题政治化、内部问题社会化、局部问题扩大化。同时，要着眼于居民多层次、多样化的物质文化需求，特别是对居民最关心、最需要，通过努力又可以解决的问题及时提供服务，为社区居民排忧解难。

（四）坚持分类指导原则

要区分不同类型的社区矛盾，实行分类指导。既要整体推进，又要解决薄弱环节、重点项目和关键问题。既要预防社区居民中传统的矛盾纠纷，又要善于发现新的利益冲突和文化冲突，充分利用不同的社区矛盾的特点和表现形式，积极探索新的预防措施和调解机制，有针对性地提高社区矛盾的调解力度和调解水平。同时，要立足于“小事不出社区、大事不出街道、矛盾不上交”的核心要求，规范大调解机制的实体运行，将社区矛盾按不同的类型和类别，在各个层面进行有效化解，形成及时调处、就地化解的机制。积极建立预测预警、排查调处、信息报送、分流督办、奖惩考核、责任追究等运行机制。

（五）坚持民主法制原则

扩大社区民主，在社区建设、管理和服务过程中，要充分尊重社区居民的意愿，依法保障社区的民主权利，在社区大力推行区务公开等民主管理制度。对群体性事件，必须坚持民主的方法、说服教育的方法，慎用警力。即使出现某些过激行为，也不能简单地使用强制手段压服群众，要更多地运用法律手段，在法律范围内解决矛盾和纠纷。要立足于“调解优先、以调为主、贯穿全程、案结事了”的执法办案新理念，不断推动大调解对接机制的深化发展。同时，要依法坚决打击群体事件中极少数的违法犯罪活动。

（六）坚持教育疏导原则

要充分发挥思想政治工作的作用，不断加大宣传教育工作力度，帮助社区居民群众认清社会转型中出现一些困难的必然性和暂时性，引导群众自觉地与党和政府同心同德、共渡难关。任何地方、任何时候发生了群体性事件，都不能把群众当做对立面，特别是领导干部要深入到群众中去，通过深入细致的思想工作，宣讲法律政策，消除群众的对立情绪，争取群众的理解和支持。

二、社区矛盾化解的组织机构

社区矛盾纠纷重在预防，同时需要有不同的管理机构和组织作为预防和化解主体，承担相应的管理和服务职责。因此，在社区矛盾预防和化解过程中，社区党组织、居委会和社区服务站等组织机构应承担起具体职责，发挥自身的管理和调处矛盾的优势，体现应有的功能作用。为此，我们依照这些组织机构的功能、职责和社区矛盾的特点，进行了必要的划分和排列。

（一）社区居民委员会

社区居委会是社区居民自我管理、自我服务、自我教育、自我监督的基层群众性自治组织，由本居住地区居民依法选举产生。在党组织领导下依法实行民主选举、民主决策、民主管理和民主监督，在社区范围内依法实行民主自治。

1．社区居委会的常规工作

居委会是社区最主要的管理和服务机构。在社区矛盾调解中，居委会的工作主要围绕居民的切身利益，承办政府委托的事项，协助政府部门开展民事调解、社会治安、计划生育、公共卫生、优抚救助、青少年教育、福利保障、外来人口管理、出租房屋监管等多个方面的公共事务。在这些涉及社区管理与服务的方方面面工作中，充分体现了居委会多方面的功能和职责。

2．社区居委会在矛盾调控中的作用

作为社区中最重要的自治性群众组织，居委会在保护社区居民的切身利益、协助办理公共服务、传递民众意愿、调解社区矛盾、整合社区资源、维护社区稳定方面具有非常重要的作用。在社区矛盾预防和化解过程中，居委会主要预防和调解的是社区居民之间和家居邻里等生活方面矛盾、家庭矛盾纠纷、社区日常性管理服务中的冲突和纠纷，以及社区管理中具有经常性和广泛性的社区琐碎矛盾。因此，社区居委会既是社区公益性和公共性管理服务中的主体，也是在社区矛盾纠纷预防和化解中的群众性组织机构，在社区矛盾化解方面具有非常重要的作用。

3．社区居委会与政府的责权关系

社区居委会所承担的任务与其所拥有的职权不对称，在很大程度上仍然是政府管理下的行政化了的一个社区组织，履行着政府的行政机构的角色。“上面千条线，下面一根针”的管理体制，使得社区居委会不得不完成来自方方面面下达的任务，纷繁复杂的事情落到了社区居委会五六个主任的头上。无限事务性与有限职权之间的矛盾一直深深地困扰着社区干部，也有碍于城市管理体制改革向纵深发展。在实际的社区管理方面，社区居委会与政府权力之间的权责不对称，具体表现为以下几方面。

（1）居委会的自治功能和政府管理职能错位

居委会是社区居民的自治组织，是社区居民公共利益的代表。它的本职工作是宣传教育、调节民间纠纷和向人民政府及其派出机关反映居民的意见、要求和提出建议。

（2）居委会的责任与权力发生错位

居委会的职责是协助政府管理部门开展一些社区公共事务。而实际上，居委会在处理相关事务时，由于赋予的权力有限，居委会在处理一些社区事务时，有些事管不住、不能管，或者，居委会自身并没有执法权，却越位执法行政，处理一些不该由居委会处理的事务。

社区居委会的责权错位，使得居委会在处理社区矛盾纠纷方面，难免出现被动或不作为的“失职”情况。因此，要对社区居委会责任和城市社区管理主体权力进行协调。一方面加强居委会作为群众性自治组织的自治功能，使居委会真正成为社区居民群众的主心骨，

为社区居民服务；另一方面，政府应在责权上厘清关系，防止责权错位，完善社区居委会组织制度。

4．社区居委会与物业管理公司的关系

社区居委会作为居民的自治性组织，对社区居民进行必要管理，对具体事务进行服务，实行社区居民的自我教育、自我管理和自我服务。而物业管理公司在进行物业管理、为业主服务过程中，与居委会在社区居民的管理和服务上存在交叉和重叠的关系。如果双方不能理顺彼此关系，厘清各自权限，融合相处，共同为社区居民服务的话，难免会产生矛盾纠纷，具体表现为以下几个方面。

一是物业管理公司拒绝在所在辖区设立居委会，以物业管理公司代替居委会行使管理和服务职责。

二是物业管理公司对居委会的工作不配合，对居委会开展的社区服务进行排斥，不接受居委会的监督。

三是居委会与物业管理公司各自为政，缺乏协调，在管理内容上重叠交叉，在服务质量和整改措施上互相推诿。

5．社区居委会与物业管理公司关系的协调

一是在城市住宅小区依法建立健全居委会，维护社区居民的合法权益，保证社区居民自我管理、自我教育和自我服务自治权的落实。

二是确立居委会与物业管理公司之间的共同目标，明确彼此的权限和管理服务范围，理顺彼此之间的关系，完善监督机制。

三是依法行使对社区的管理和建设，规范居委会和物业管理公司的管理和服务行为，并做好指导和监督。

四是扬长避短，增强居委会和物业管理公司之间的合作和互补，密切合作，建立协商机制，签署谅解备忘录，实现在社区建设、社区管理和社区服务上的通力合作。

随着我国政治体制改革的深入进行，居委会的行政性职能会逐渐变弱，自治性功能会更加完善。特别是居委会的自我管理、自我教育、自我监督和自我服务的功能，会在社区建设、社区管理和社区服务中逐步得到体现，并在社区矛盾调节、居民纠纷化解方面担当更多的角色。充分发挥居委会工作的公益性和服务性功能，在自我管理、自我教育和自我监督的发展过程中，在具体的社区事务的管理和居民生活服务提供上，在社区矛盾纠纷的化解方面，都将发挥更大的作用，为构建和谐社区、平安社区、暖情社区提供组织和机构保障。

（二）社区服务站

社区服务站是非盈利性公共服务机构，坚持“依法、公开、高效、便民”的工作原则，为社区居民提供优质服务。社区服务站主要支持和配合社区居委会依法开展社区民主自治工作，承办街道办事处交办的、与其工作手段相适应的其他工作任务，并定期向街道办事处、社区党组织汇报工作，向社区居委会通报工作，接受社区居委会的监督和居民群众的评议。

1．社区服务站的工作

（1）开展事务管理工作。开展失业人员动态管理和就业服务工作，协助做好就业困难人员、“零就业家庭”劳动力就业再就业援助工作，开展创建充分就业社区工作，协助有关部门为社区低保对象、残疾人、离退休人员、失业人员、老年人、优抚对象、困难群众等群体，提供政策咨询、社会救助和相关服务，开展企业离退休人员社会化管理服务工作，加强对退休人员自管组织的管理等。

（2）开展社区治安维护工作。落实各类安全防范措施，参与群防群治，维护社区治安；支持和配合社区居委会开展维护社区和谐稳定工作；协助有关部门做好社区流动人口和出租房屋管理工作；协助开展刑满释放、解除劳教人员、监外执行人员和有不良行为青少年的帮助、教育和转化工作，消除不稳定因素等工作。

（3）社区法律服务。组织开展法律咨询；为有经济困难、无力支付法律服务费用的居民，以及残疾人、老年人等特殊人群联系法律援助；协助开展维护消费者权益工作；协助开展老年人、妇女、儿童及残疾人等弱势群体的法律维权等工作。

（4）社区教育和文化体育活动。配合有关部门开展科学普及、国防、环保和未成年人思想道德教育等方面的教育培训活动；配合有关部门组织开展形式多样的文化体育活动，加强社区精神文明建设。

（5）社区公益服务。配合社区居委会，组织社区居民开展救灾、救济、募捐等公益性活动，代收爱心捐赠款、物；进行社区志愿者培训和志愿服务登记，配合社区居委会组织安排志愿者开展面向社区居民的各种公益性服务。

（6）畅通民意诉求渠道。通过各种渠道，及时了解和反映社区居民的意见和建议，并协助有关部门解决相关问题；为社区居民向政府部门咨询政策、办事手续。

2．社区服务站在社区矛盾调处中的作用

社区服务站主要围绕自身的工作范围和工作内容开展服务活动。在预防和化解社区矛盾方面，社区服务站可以发挥自身服务的优势，保证公共服务的有效性、全覆盖和均等化，就可以最大限度地避免矛盾的产生，维护社区的和谐稳定。

（1）做好政策宣传服务。针对新旧混合型社区人口稠密、情况复杂、下岗职工多的特点，社区工作站可以利用专栏、板报，张贴宣传画、印发劳动保障服务指南等，通过走访失业人员，上门政策咨询，发放宣传资料，召开居民会议等形式进行宣传，让下岗职工能熟知国家的各项政策，积极引导下岗失业人员自谋职业，维护社区的稳定团结。

（2）开展为老服务。针对社区老年人居多的实际情况，社区工作站可以在不同类型的社区中成立敬老爱老服务队，与社区老人们结成“一助一”对子，利用节假日、休息日为老人提供做家务、陪老干部聊天、家电维修、医疗保健等服务，为“三老”提供形式多样的个体和集体服务项目，丰富“三老”的晚年生活。

（3）开展助残行动。助残是社区工作站的重要内容。社区工作站应建立较为系统的工作网络，制定助困助残行动方案，利用学雷锋活动月、助残日、节假日，结合残疾人及家

庭的实际，了解残疾人的各种需求，积极为他们提供日常生活护理、卫生医疗保健、法律援助等多方面的服务，帮助残疾人解决生活中的实际困难，同时，组织并举办各类义务技能短期培训班，有针对性地帮助他们就业，增强他们参与社会需求、自立自强的勇气和信心。

（4）开展安全教育。针对不同社区建设“平安社区、和谐社区”行动，社区工作站可以利用业余时间开展社区巡逻活动，统一着标志服，协助公安机关向社区居民开展法制、安全宣传教育和咨询服务活动；预防和制止各类违法犯罪行为，将现场抓获的违法犯罪嫌疑人及时扭送公安机关；发现刑事、治安案件和治安灾害事故，立即保护现场，并迅速报告公安机关，维护社区治安的积极性，在一定程度上能够及时预防和控制违法犯罪活动，维护社会治安秩序，增强人民群众的安全感，增强遵纪守法意识，提高防范能力。

社区面临的各类矛盾和纠纷偶发性因素增多，而且多数与居民群众的切身利益息息相关。无论是养老、教育、医疗保险问题，还是就业、工资、安全、劳动关系问题，都深受广大居民群众的关注。社区工作站可以通过切实掌握不同方面、不同层次、不同群体人员的思想状况，把为失业、退休人员服务，开展宣传教育、维护社区安全与推进社区建设，增强社区服务功能统筹考虑，在开拓社区服务方面，让居民群众得到高质量的服务，为社区安全、和谐、稳定创造良好环境。

（三）社区党组织

社区党组织是党在社区的基层组织。基层党组织和广大党员处于改革发展和各种社会矛盾的前沿，了解社会基层的动态，掌握大量的基层信息，也最清楚基层群众的愿望和诉求，尤其能在第一时间发现和解决问题。这种特殊的优势决定了党的基层组织在化解社会矛盾、协调各方利益方面，具有特殊的功能和作用。党的基层组织和广大党员是社会管理的细胞，解决社会矛盾纠纷、构建和谐社会，是其义不容辞的责任。党组织可以调动社区党员的积极性，通过党员的带头和示范作用，开展社区服务工作。这一方面可以服务群众，另一方面也可以凝聚人心，发挥领导核心作用。在矛盾纠纷不断涌现的社会转型期，基层党组织凭借丰富的政治资源，通过宣传党的政策，开展帮困结对、党员志愿活动，提供社区服务等方式，协调不同利益群体之间冲突，弥补行政组织、公共政策在利益整合中的不足，有效发挥自身的凝聚力、渗透力、战斗力，打造社会稳定的“第一道防线”。

1．社区党组织的主要职责

第一，宣传贯彻党的路线、方针、政策和国家的法律、法规，执行上级党组织和本组织的决议，团结和带领党员、群众完成党和政府在辖区的各项任务。

第二，领导社区居委会和共青团、妇联等群众组织，支持和保证其按照法律和各自章程履行职责，开展工作。

第三，组织开展社区服务，抓好社区精神文明建设，维护社会稳定。

第四，组织、协调辖区单位党组织和党员参加社区建设。

第五，加强党组织自身建设，搞好党员的教育、管理和监督，做好发展党员工作。

第六，做好社区工作者的教育管理工作。

第七，密切联系群众，反映群众的意见和要求，维护群众的正当权利。

2．社区党组织在矛盾预防和化解中的作用

（1）构建和谐社会的大局观

在当前各种利益多方调整、各种观念冲突激荡、各种问题交织纠缠、各类社会矛盾凸现时期，基层党组织必须树立全新的维护社会稳定与构建和谐社会的理念，拓展视野、创新思路，攻坚克难、维护稳定，对人民负责、为群众解难。应注意研究新形势下社会生活的新情况、新问题，在推进自身建设和经济社会政策落实过程中，保持高度的政治敏锐性和超前预见性，对事关改革发展稳定大局的苗头性、倾向性问题防患于未然，努力把矛盾和问题解决在基层和萌芽状态。应根据社会形势和任务变化，积极引导广大居民群众从“发展阶段”的视角来看矛盾、看问题、看稳定，把改革、发展、稳定有机结合起来，树立和谐社会的大局观。

（2）建立矛盾预防、排查、防控机制

在机遇与风险、矛盾与危机并存的时代，公共事件、群体性事件等直接威胁社会稳定，影响社会和谐，这对各级党组织提高建设社会主义和谐社会的能力提出了更高要求。基层党组织必须进一步提高危机管理意识，构建社会舆情汇集网络，完善危机管理的组织体系，形成良好的沟通和有效的信息交流机制，及时有效地缓和矛盾、化解危机，筑起“第一道防线”。

（3）提高化解社会矛盾纠纷能力

当前一个突出的问题是，在群体利益冲突面前，一些基层党组织表现相当“迟钝”，以致丧失了处理问题的主动权，最终走入“小事拖大，大事拖炸”的怪圈。为此，必须进一步加强和改进党的基层组织建设，提高基层党组织的战斗力。

（4）采取灵活多样的化解方式

解决现阶段的社会矛盾纠纷靠一种办法是行不通的，要综合运用经济、行政、教育、政策、法律等手段；要动员多方面的力量，形成解决矛盾的合力。在调处纠纷时，要从不同角度、层次进行深入细致的分析和研究，做到考虑周到，方法对头。一方面，要站在当事人双方的立场和角度，理解他们，加强交流和沟通，取得当事人信任；另一方面，要求双方当事人从对方角度，站在对方立场、设身处地、将心比心地思考纠纷产生的原因、解决问题的关键和让对方接受让步的底线，这样才有利于合情合理地化解纠纷。

（5）建立健全目标管理机制

上级党组织要明确稳定工作的总体目标，按照“谁的问题谁解决”和“问题不查清不放过、问题不解决不放过”的原则，集中处理群众关心的社会热点问题。要签订稳定工作责任状，明确相关责任追究细则，严格落实责任追究制度。要在社会稳定方面建立对基层党支部书记的考评和激励机制，对排名靠前的给予奖励，对排名靠后或群众满意率低于50% 的进行诫勉谈话或组织调整。

（四）业主委员会

业主委员会是建立在房屋产权私有基础上的，物业区域内的业主自治性组织。业主委员会（简称业委会）是在物业管理区域内，代表全体业主对物业实施自治管理的组织。

业委会是由业主大会或业主代表大会从全体业主中选举产生，经政府批准成立的，代表全体业主合法权益的社会团体，其合法权益受国家法律保护。业委会是在物业管理区域内，代表全体业主实施自治管理的组织。

业委会是基于产权关系而产生的，针对物业管理的“民间组织”，是一个业主的权益组织化单位，主要反映业主的要求，维护业主的利益，其组织化、制度化程度更高。在居住区中，业委会主要围绕着小区的物业状况，与物业公司、居委会之间会发生频繁的互动。

1．业主委员会的权利和义务

（1）业主委员会的权利

具体包括：①召开和主持业主大会，除首次业主大会外，以后每年的年度大会均由业委会负责召集和主持，遇有特殊情况，业委会有权召集和主持召开“业主大会特别会议”；②提出修订《业主公约》《业主委员会章程》的议案；③选聘或解聘物业管理公司，与物业管理公司订立、变更或解除物业管理委托合同；④审定物业管理公司提出的物业管理服务年度计划，年度财务预算和决算；⑤监督检查物业管理公司的物业管理工作；⑥监督公共建筑、公共设施、物业管理服务用房的合理使用；⑦业主大会（业主代表大会）赋予的其他职责和权利。

（2）业主委员会的义务

主要包括：①筹备并向业主大会（业主代表大会）报告工作；②执行业主大会（业主代表大会）通过的各项决议、决定，接受广大业主的监督；③贯彻执行并监督业主和物业使用人遵守物业管理的有关法规、规章和规范性文件，协助物业管理公司落实各项工作，对业主和物业使用人开展多种形式的宣传教育；④听取业主和物业使用人的意见和建议，监督物业管理公司的管理服务活动，完成和实现物业管理区域的各项管理目标；⑤调解业主和物业使用人与物业管理公司发生的纠纷；⑥建立本会档案制度；⑦接受市、区、县房地产管理部门的业务指导和检查等。

2．业主委员会应处理的几种关系

（1）业主委员会与基层党组织之间的关系

业主委员会自觉接受居民区党组织的领导，定期参加物业党建联席会议，支持和落实党建联络员工作，主动配合、积极支持居民区党组织开展各项活动，在业委会换届选举、物业公司选聘等重大事项上，主动向居民区党组织汇报，并诚恳接受指导。

（2）业主委员会与居委会之间的关系

业主委员会严格遵守居委会的各项规定，积极参与小区文明创建、计划生育、纠纷解决等工作，配合居委会依法履行自治管理职责。业委会遇到重大事项及时与居委会沟通，并认真听取其建议。

（3）业主委员会与房地局一办之间的关系

凡涉及小区房屋维修、绿化等有关事项，业委会主动向“一办”报告，并接受其业务指导和管理，做好相关程序的审批、备案、考核、报表等业务工作。

（4）业主委员会与物业公司之间的关系

坚持“平等、合作”的契约关系，以给广大业主提供更好更多的服务为共同准则，遇事多沟通、多商量、多谅解，在工作中互相支持、密切配合。

（五）物业管理公司

物业管理公司的性质是由物业管理的性质决定的。物业管理具有服务性，因而物业管理公司具有服务性。物业管理公司不生产产品，而是提供服务，享受第三产业的优惠政策。

1. 物业管理公司的性质特点

（1）物业管理公司是独立的企业法人

物业管理公司是按照合法程序建立，从事物业管理活动，为业主和租户提供综合服务和管理的独立核算、自负盈亏的经济实体。物业管理公司作为企业的独立标志是：拥有一定的资金和设备，具有法人地位，能够独立完成物业的管理和服务工作，自主经营、独立核算，以自己的名义享有民事权利，承担民事责任等。

（2）物业管理公司属于服务性企业

物业管理公司的主要职能是，通过对业主的管理和提供多种服务，为业主和租户创造一个舒适、方便、安全、幽静的工作和居住环境。物业管理公司作为非生产性企业，主要是通过对物业的维修养护、清洁卫生，以及直接为业主和租户提供服务，来达到自己的工作目标。

（3）物业管理公司承担的特殊职能

物业管理公司在某种程度上承担着某些行政管理的特殊职能，因此它是现阶段城市现代化建设的重要组成部分。由于中国城市建设管理体制正处在改革发展中，某些管理的职能和职权并没有完全转型和明确，所以物业管理公司在向业主和租户提供服务的同时，也承担了政府有关部门对城市管理的职能，例如大厦的质量安全，住宅小区内的市政设施等。

2. 物业管理公司的目标

一是妥善管理和维护业主的物业财产，使其始终保持良好的状态，并得以保值、增值，延长其使用寿命。

二是以较少的投入为业主和租户提供满意的服务，使用户和居民在安全、文明、舒适、快乐、健康的环境中工作和生活。

三是积极开展各种有益的物业经营与有偿服务活动，创造较高的经济效益和社会效益，增强自身的竞争实力。

第二节　社区矛盾的预防途径

目前，国内比较成熟的城市社区，在社区矛盾的预防途径上有一些值得借鉴的做法。例如，杭州市实施的“法院调解进社区”“警民联调”“和事佬协会”和“邻里值班室”等调解机制，将社区主体激活参与到社区调解当中，建立不同层次、不同形式的合作关系，实现“参与主体复合化、化解矛盾源头化、调解机构专业化、排查纠纷制度化、调处成本分散化”的矛盾纠纷化解机制。深圳市从正确处理社区建设的八大关系着眼，通过培育社区民间自治组织、完善社区工作站等方式来化解社区矛盾。武汉市通过加强社区党组织建设来化解社区矛盾。东北老工业基地社区通过培育非营利性组织来化解社区矛盾。上海市浦东区从人民内部矛盾的角度提出了化解社区矛盾的途径和办法。江苏省睢宁县社区“网络时代的社会管理新模式”，旨在探讨让网络成为民意收集的主渠道。以及海安“网络回帖员”架起“警民连心桥”制度，通过专门配备的网络回帖员，第一时间及时对与本单位范围内的相关帖子进行回复，进一步了解民情民意，做到疏导公众情绪，解决群众关注的问题。

尤其，南通濠阳社区，在化解新形势下人民内部矛盾上的重大创举“一综多专的大调解新格局”是很值得借鉴的。“一综多专的大调解新格局”，在实践中主要形成了以下五个方面的运作特色。一是立足于“整合资源、整体联动、形成合力”的本质特征，建立全新的组织网络体系。鉴于现阶段矛盾纠纷的新特征、新特点，大调解在内涵上融司法调解、行政调解、人民调解、社会行业调解于一体。核心在于有效整合社会资源、实行整体联动、最大限度地形成化解矛盾纠纷的新合力。二是立足于“小事不出村、大事不出镇、矛盾不上交”的核心要求，规范大调解机制的实体运行。大调解建立的目的在于能够在各个层面有效化解矛盾，形成及时调处、就地化解的机制。三是立足于“综治牵头、依托部门、整合力量”的原则，构筑一综多专的大调解新格局。四是立足于“调解优先、以调为主、贯穿全程、案结事了”的执法办案新理念，不断推动大调解对接机制的深化发展。长期以来，公检法部门一直是各类矛盾纠纷的汇聚地，尤其是近年来案多人少的矛盾日益突出。五是立足于“机构专设、队伍专职、素质专业”的建设思路，不断体现大调解机制的专业化特征。

湖北朝鲜社区的调委会重视群体性矛盾的预防和调处工作，不断总结经验，坚持人民调解工作的方针，把矛盾解决在萌芽状态，紧密依靠广大人民群众，同时进一步加强群防群治的调解网络。他们组织社区专职工作者，建立一支过硬的人民调解队伍，工作重心上调节是基础，预防是重点，小纠纷不过夜，大纠纷及时处理，对已经处理的纠纷建立回访制度等措施，做到抓早抓小，堵塞漏洞，完善制度，落实责任，及时有效地消除社区一切安全隐患，使调解工作走上了规范轨道。各小区楼长和指导员既是工作人员，又是矛盾纠纷信息员。他们利用入户走访巡逻的时间，对本小区进行排查，发现问题及时上报。通过实行矛盾纠纷排查制度，他们掌握了调处矛盾纠纷的主动权，提高了矛盾纠纷调处的成功率。

山东聊城社区的民间法官很具有中国特色。他们在基层工作时间长，处理方式公正、公平。这样久而久之才树立了村民心中的形象。于是化解矛盾时，一些小矛盾就由他们出面调解了。这其中隐含了人情。这个村庄的矛盾少，与这样的人是有直接关系的。未来中国特色是，基层有一批稳定的队伍，培养新的队伍，调解纠纷问题，这个过程是，小矛盾不断疏导化解的过程，小矛盾化解，大的矛盾很难出现。这些民间法官就如城隍庙一样，时时威严地树立在村民们的心中。

此外，重庆市的九龙坡区、宁波海曙社区等，在社区矛盾调解途径和方式上，具有一些创新性和务实性的先进方式方法。

在对社区矛盾的表现形式、类型和成因的分析中，我们发现，社区矛盾的产生最初大多是由于信息不畅、沟通不到位所造成。因此，除涉及重大利益关系，社会突发事件、体制成因等方面的问题外，对由邻里琐事、街坊纠纷、家庭矛盾、社区服务、管理等琐事小事所引发的矛盾，特别需要有效的预防机制来化解。社区矛盾预防的过程，也是一个表达民情、倾听民意，沟通交流、消除隔阂，疏通引导、理顺关系的过程。这就需要构建一个预防矛盾的表达平台、沟通平台和疏导平台，同时完善社区教育，使社区矛盾不但得以有效地化解，积极预防，而且通过培育“学习型社区”，实现社区教育的长效机制，有效保证社区稳定、和谐和健康地发展。

一、搭建畅通民意的服务平台

在社区矛盾表现形式上，因为社区管理不规范、服务不到位、社区居民利益考虑不周全而引发的意见、情绪性纠纷等浅表性问题，如果处理不当、察觉不明，很容易积累居民怨气，导致不满，引发冲突，积聚矛盾。对此类问题，应该构建一个表达居民呼声、回应呼声、疏导呼声的动态管理机制和预防配套措施，提供一个社区居民发表意见、畅谈感想、吐露真情、宣泄情绪的途径。具体可以通过设置社区意见箱、虚拟社区、社区网络论坛等表达意见和建议的平台，开展社情民意调查，定期对重点居民走访，构建预防途径，疏导意见性、情绪性的问题。

（一）社区意见箱

社区意见箱，就是居民以匿名信笺的方式，将自己的意见或建议投送到指定的、专门收集社区居民信息的意见箱中，来表达自己对某个问题或具体事件的看法或建议，参与社区建设，传递居民个人的心声，表达某种意愿的方式。这是社区信息采集最传统的方式，也是充分利用“黑箱理论”来联结社区居民和社区管理机构的一种方式。

通过社区意见箱这一传统信息收集平台，可以将居民不便直接表达或提出的建议和意见，以匿名的方式表达出来，避免因所提意见的激烈性或内容的针对性而受到指责，消除

了提意见居民的顾虑。这种传统方式一方面可以有效地保障居民的合法权益，减少居民顾虑，增强居民的参与意识；另一方面可以在社区居民和社区管理机构之间，起到很好的互动和沟通作用，将私人性的意见通过意见箱汇集到社区居委会等机构中，较好地预防因社区建设和社区管理方面的问题而引发的社区冲突。

目前，除传统的实体性意见箱外，在社区网络论坛平台中，一般都设有网络意见箱，接受社区网民的建议、投诉、意见和违规帖反馈。

1．设立的原则

社区意见箱具有收集方式的公开性、信息内容的匿名性、投递主体的私人性等特点，因此，在具体设置上要遵循以下原则。

（1）防止形式化、表面化

通过意见箱这种贴近市民生活的方式，可以将居民零散的、不确定的信息整合到社区居委会中，是了解民情民意、掌握社区居民动态的有效途径。因此，在设立社区意见箱时，应防止设立的形式化、表面化，不能将意见箱的设立作为一个可有可无的形式来看待，更不能把意见箱当成上级部门检查的应付性点缀物，从而丧失联系社区居民，了解民情民意，通达信息的作用。如青海新闻网讯所报道西宁很多社区居委会社区意见箱无“意见”，更有的使意见箱变成垃圾箱。

（2）增强时效性、包容性

社区意见箱的设立，主要的功能是让社区居民有一个合理表达意见的途径，使社区的管理更加完善、服务更加到位、民意能够得以表达。因此，对意见箱中收集到的居民意见或建议一定要高度重视、认真对待，及时、高效地予以处理，对善意的批评要认真地听取，合理的建议要积极的采纳，偏激的意见要善于包容，不合理的建议要分析原因，并做出必要的解释。

（3）落实管理的规范性

对所设立的意见箱进行专门专人管理，避免只设立、不管理，只见投件、不见处理的现象发生。一方面要积极提高社区居民或入住组织的参与意识，提高意见箱的利用率；另一方面要防止因为长期无人问津，意见箱中无“意见”，从而失去了应有的作用的情况发生。因此，对已设立的意见箱，要建立监管制度，加强管理，保证信息畅通，做到定时、定点、定人、定责，及时反馈意见处理情况，让投件人看到实实在在的工作成效。

（4）提高居民的参与性

社区意见箱的设立，尽管受到现代通信手段，诸如手机、短信、网络媒体的影响而出现利用率下降的情况，但是，意见箱具有收集意见的匿名性和纸质载体性等特点，有着现代通信手段所不能替代的功效。对于社区中老年居民和外来住户而言，依然是表达意见的重要手段和提供建议的有效途径。因此，要调动社区居民的积极性，提高居民的参与意识，使他们情有所言，言有所发，发有所应，视社区为家园，对不合理的现象、损害居民利益的事，敢于言、善于言，畅所欲言，切实维护自身的合法权益。

2．设立和管理

（1）意见箱的设立

根据社区管理主体的划分和权限，社区意见箱应由社区居委会设立。意见箱设置的位置和数量应方便居民的投递。社区意见箱所收集到的意见、投诉、建议，经居委会对信息的分类、整理和反馈后，提出整改措施和处理意见，并就涉及社区居民切身利益和社区重大事项的问题上，进行必要的讨论，征询社区居民意见。居委会不能因为意见箱中收集到的某些意见偏激，或反映的情况不实，而对这些意见或建议随意处理或束之高阁，推诿甚至是置之不理。

（2）意见箱的管理

社区居委会对意见箱所收集到的居民意见和建议，不能草率地做决定，而应该按照以下程序进行处理。

第一，定期收集。对意见箱所收集的意见和建议，每周五开箱，以五个工作日为时间段，按照轻重缓急、影响面大小和解决的时效性原则进行分类，并通过“信息公布栏”将居民所提意见和建议分类情况公布出来。同时，根据意见和建议的针对性和时效性，提出整改的方案，为下一步整改落实作好准备。

第二，座谈走访。对意见箱中所采集到的意见和建议，有针对性地召集小范围内的座谈，了解和调查意见箱中所反映的问题，走访意见所涉及的居民、机构和组织，了解具体情况，探寻具体问题，分析具体原因，防止偏听偏信，避免因某些人为因素而导致混淆视听、模糊真相。同时，结合座谈走访的情况，对收集到的意见所反映的问题、相关建议的合理性和可行性进行认真研讨，有针对性地制定相应的整改措施，并逐步逐条落实。

第三，及时反馈。对意见和建议的落实情况进行及时反馈，以对整改意见或对建议的处理进行“后观式”回应。具体可以通过“回音壁”进行反馈，公布对每期意见箱收集到的意见和建议的处理情况，并对居民所关注的问题进行说明，对未能解决好的问题作进一步地关注，对受条件限制而一时不能解决的问题进行必要地解释，使社区居民能够真切感受到社区管理机构和组织对他们意见和建议的重视，从而激发社区居民或入住组织的积极性和参与意识，更好地开展畅达民意的意见箱工作。

第四，有效回应。除对意见箱所涉及的具体问题进行分类处理、及时反馈外，更重要的是进行有效地回应。虽然说反馈过程也是一种回应的方式，但是，针对意见箱所收集到的意见和建议，只停留在反馈和相关的处理上还是不够的。也就是说，要对涉及社区具体事务和社区建设的意见和建议，制定一个有效的整改时间表，并对整改的成效做出具体的回应，不能将整改或处理意见仅停留在口头上，“口惠而实不至”。同时还要对处理意见做出时间的限制，以防止整改措施或处理意见无限期地拖延下去，从而使具体方案的实施打折扣，或不了了之，影响社区居民或入住组织的参与意识，质疑社区意见箱的具体功用。

通过以上四个步骤，对社区意见箱收集到的意见和建议的分类处理，以“意见（建议）—整改（采纳）—反馈（改进）—回应（延伸）”的有效管理模式，实现社区居民与社区管理机构的良性互动，增强社区居民的参与意识，预防社区矛盾的引发和蔓延。此外，针对

现代通信手段在收集意见或建议的便捷性、灵活性和时效性，除设立社区意见箱外，还应该开通社区事务热线，给社区居民提供一个反映紧急情况、突发事件的有效途径和通道，并派专人负责，及时反馈，提高时效，将社区事务热线和社区意见箱结合起来，给社区居民提供一个畅达民言民意的平台，使他们能够及时发表意见、反映问题、提供建议。

（二）民意调查

民意调查，又称民意测验，是调查者运用科学的调查与统计方法，通过亲自接触或广泛了解，如实反映一定范围内的民众，对某个或某些问题的态度倾向的一种应用性社会调查活动。民意调查包括了调查设计、调查资料搜集和整理、调查资料分析研究和撰写调查报告等过程。

在社区开展社情民意调查，包含涉及政治、经济、社会、百姓生活、突发事件和干部绩效考核等多方面内容在社区所进行的调查，如对居民拆迁、社区居委会选举等关系居民切身利益事件进行的调查。以调查表或量表的形式，了解居民的需求和存在的问题，分析居民的观点态度、思想倾向和意见要求，预测可能出现的矛盾纠纷，及早制定预防措施和化解矛盾的方法途径。这种了解社情民意的方式，主要是为了获得居民的一般性意见和对具体事件的态度观点，因而具有一定的舆论引导作用和柔性管理倾向，一般适用于高档社区居民。

1. 民意调查的作用

（1）反映社情民意

由于所选的民意调查议题，通常是社区居民和入住组织普遍关心的，并有较大影响的问题，因此，民意调查结果往往能够成为党委、社区管理机构制定决策、实施政策的重要参考因素。而且民意调查结果通过媒体发布，有利于广泛地形成社会舆论，拓展决策部门倾听民声民愿的渠道，实现下情上达。

（2）监督社区环境

现代社会的快速发展是与社会风险的增大联系在一起的。这要求加强对社会、社区环境的监督。而社会、社区环境的监督总是通过一系列社会指标的数据采集和综合处理来实现的。民意调查所进行的公众满意度调查就发挥了一个很好的监督作用。

（3）引导社区舆论

民意调查结果在有关媒体上发布，往往会成为公众、社区居民，关心、议论和思考的问题，并对人们产生某种影响，引导着社会心理和舆论。从这个意义上说，民意调查在一定程度上形成了一种社会控制机制，它影响着社会成员的观念、态度和价值取向，进而对个人和社会的思想和行为方式具有导向和约束作用。

（4）协助公共决策

民意，是一种社会大众的共同意见和一致态度，而态度和意见通常被认为是“行为的准备态”或“行为倾向”。管理机构的决策要想做到现实可行和有预见性，就必须尽可能地了解民意，顺乎民意，通过社情民意调查，发挥协助公共决策的作用。

（5）充实传播内容

社区开展的民意调查大多与社区居民的社会生活有着广泛的联系，可以为社区教育和社区媒介提供丰富而生动的素材。这些经过调查所获得的素材，能够反映与社区居民自身关系密切、与自己的意见更贴近的声音，无疑更具亲和力和引导性。

2．民意调查的内容

社情民意调查是为了更好地了解社区对某一工作或问题的态度和看法，以便为社区管理机构的决策和社区服务的开展，提供翔实的数据和资料，更好地开展社区工作，预防社区矛盾。因此，调查的内容应包括以下几个方面。

（1）围绕社区工作考核开展满意度调查

社区工作主要包括管理工作、服务工作和事务性工作，社区工作考核主要是针对社区管理机构、服务机构和工作人员而展开。因此，以社区工作考核为契机，以社区机构和工作人员的工作为调查对象，开展满意度调查，不仅能够了解到考核工作中社区机构和工作人员的能力和工作态度，而且了解考核工作是否公平、合理，同时可以了解社区居民对考核工作的关注，纠正考核中的不法行为，维护社区居民的合法权益。

（2）围绕社区管理和服务工作开展调查

社区工作中，对社区管理和服务的调查，可分社区管理机构、管理人员和社区服务机构、服务人员两大块，同时对社区的入住组织也可以展开相关调查。通过开展社情民意调查，了解社区职能部门和服务机构及其人员的工作绩效、存在的问题、隐含的矛盾。为了提高社区管理机构的工作效率，改进管理人员的工作方式，改善工作态度，转变工作理念，强化服务意识，树立“以人为本，服务社区”的服务观，满足居民的不同需求，更好地为社区居民服务，建设“和谐社区、平安社区、暖情社区”。

（3）围绕社区居民关注的热点问题开展调查

社区工作内容广泛，涵盖面广，辐射面大，在不同阶段有不同的关注问题。一般而言，社区热点主要集中在社区建设、社区管理和社区服务三项常规性工作上。除此之外，社区居民最关心的仍然是与切身利益相关的问题，如社区保障、社区治安、社区服务、社区环境等问题。而不同的社区居民群体关注的问题各有侧重。如生活困难的居民更多地关注社区保障，在社区保障调查中，要重点开展残疾人、无生活来源人、无法定赡养人、无法定抚养人和无劳动能力人的衣食住行调查。通过调查，发现问题，反映民众心声，下情上达，为党委、政府制定政策、评价工作和改进服务提供民意依据，进一步改善社区保障工作。

（4）围绕公众的心理情绪和价值取向开展调查

不同的经济社会发展阶段，人们对待社会的心态及自身的价值取向不同。特别是在社会转型时期，是心理情绪激变的多发期，民众价值转变的关键期和隐形矛盾的积聚期，民众心态的变化也是重要的社会变迁。这些变化都会在社区中表现出来。因此，针对不同的社区类型和不同阶层的社区居民，根据他们的年龄、职业、教育状况、工作经历等状况，可以开展“民众心理情绪和价值取向调查”，定期对民众心理情绪和价值取向进行调查，并进行动态分析，给社区管理、服务机构和有关部门提供参考，以制定相关政策，维护社

区稳定，促进社区健康发展。

（5）围绕社区矛盾类型和处理方式展开调查

社区是社会的基础和平台，在社会中可能发生的现象几乎都会在社区中发生。在社会建设过程中，从“单位制”向“社区制”转型阶段，社会成员的所属身份也有“单位人”向“社区人”转变。社区建设面临着新情况、新问题、新任务，反映到社区管理中，会导致和引发社区内的矛盾冲突不断发生，特别在不同类型的社区中更容易积聚矛盾。因此，应围绕社区矛盾类型和处理方式展开调查，如对“老旧社区矛盾”“单位型社区的矛盾”“高档社区的矛盾”“混合型社区的矛盾”的调查，并根据社区矛盾形成的不同主体，展开矛盾处理方式的调查。通过调查，了解矛盾的现状、分析成因，为进一步决策提供参考。

3．调查方式

社情民意的调查需要按照科学的规划，并采用恰当的调查方式进行。针对不同类型的社区状况，应采取不同的调查方式，争取获得第一手调查资料。调查方式选取的得当与否，直接关系到调查的顺利进行、调查进度和调查数据的准确。针对社区调查而言，可采取以下方式进行。

（1）面对面访谈

通过入户访谈，街头随访等形式，由访谈者对被调查者提问，并将答案记录在问卷上，然后对问卷进行处理和数据录入，有一定的随机性。对一些特定对象，如外来人员或流动性较强的人群，无法通过电话访问，必须进行面访。

（2）信函访问、留置访问

向特定的调查对象发出调查问卷，由调查对象填好后收回。这种方式存在问卷回收率低的问题，但适合于一些深层次的调查研究。

（3）计算机辅助电话调查

问卷由相应的软件来设计生成。访谈者坐在 CRT 终端前，通过电脑拨打号码，用小型的耳机式电话向被调查者进行访问，并通过电脑记录结果。这种方式适用于社区常驻人群。

（4）网络调查

借助信息技术和社区网络空间，通过发电子邮件（E-mail）、网络问卷的方式进行调查。这种方式已成为被广泛采用的一种调查手段，但网络调查的代表性受到一定的限制。

以上调查方式主要是由居委会成员或社区工作站人员进行。通过定期进行社情民意调查，使社区党委和居委会能够更好地了解社区居民对管理和服务的意见和建议。通过下情上达，社区居民和入驻组织可以监督社区的管理、服务，实现社区居民的批评建议权。同时，社区管理机构和服务机构通过民意调查，了解社区建设和存在的问题，接受社区居民的申诉、控告，维护居民的合法权益。居民通过参与维权，获得社区的救助和必要的保障，使上情下达，获得相应的国家保障和国家赔偿。定期进行社情民意调查，使信息畅达、透明，实现社区信息化管理、社区服务和在社区居民之间加强沟通、增进了解，预防矛盾出现和冲突发生。

（三）定期走访制

定期走访是指居委会或社区工作站工作人员，以“以人为本，服务社区”为目标，以“听民情、访民意、解民难”为工作要求，对辖区居民进行入户走访，了解社情民意的一种方式。通过定期对居民住户的走访，深入社区，了解居民情况、排忧解难、切实维护群众的合法权益，预防社区矛盾纠纷，维护社区的稳定、和谐、安全。根据社区居民住户所面临的不同问题，解决的难易程度，管理服务的要求，定期走访可分一般走访和重点走访。

1．原则要求

定期走访要遵循问题性原则、防控性原则和事务性原则，具体做到以下几点。

（1）目标要明确，具有操作性

在定期走访中，做到“六定”，即定目标、定措施、定时间、定人、定点、定事。对一般问题每月一访，特殊情况随时走访，对每次走访要心中有数，争取对社区居民住户的走访富有成效。

（2）内容要具体，具有针对性

按照“居民实人走访，家庭实地走访，事务解决走访，问题了解走访，冲突协调走访，特事突击走访”的要求，放心户每两个月走访一次，一般户每月走访一次，重点工作户每三天走访一次，维安监控户（重点管控户）每天走访一次，开展居民住户的走访。

（3）措施要得当，具有实效性

在走访中，做到“小事不过夜，大事不拖拉，重大问题严肃处理”，增强走访的实效性。对走访过程中遇到的实际问题或困难，能当场办理的，当场办理；不能当场办理的，要落实办理期限和责任人；不能办理的要做好协调或说服工作，化解冲突，预防矛盾激化。

（4）积极应对，具有主动性

在走访中，要按“有信必复、有访必接、有问必答、有疑必释、有难必帮”的要求，对社区居民住户最急、最盼、最怨的事认真受理，抓紧办理。

2．走访方式

（1）上门走访

走访小组或小组成员采取上门入户的方式，认真听取社区居民住户或入驻组织、人员的意见和建议。

（2）邀请督导

一是邀请社区居民代表、党支部成员、入驻组织人士和有关部门人员，通过座谈讨论等形式，征求意见和建议；二是每年聘请一批社区工作建设监督员，搜集他们的意见和建议，或邀请其到社区检查督导。

（3）发放征求意见书

进行定期调查，广泛征求社区居民和入住组织关于社区建设、社区管理和社区服务等各个方面的意见和建议。

（4）设立热线电话

设立热线电话，公布接听时间，并做好值守记录，随时听取社区居民的意见和建议。

3．走访内容

定期开展对社区居民住户的走访，除一般性的事务性问题外，还应按照社区矛盾类型和矛盾潜在主体进行重点走访，具体重点走访内容包括以下四个方面。

（1）以社区不同类型居民为重点进行走访

一般而言，在“单位制”向“社区制”过渡阶段，不同社区具有不同的类型，同一社区具有不同阶层的居民住户。因此，可根据社区类型的不同，对社区居民进行重点走访。

在高档社区，居民主要是市场上的成功人士、社会上的优势阶层，人口结构的年龄特点是基本上处于年富力强阶段，老人比例相当低，一般在5% ~ 10%。居民个人掌握着包括经济、政治、社会和个人资源等丰富资源，主要依托市场和个人的社会关系网络来满足自己的需求。新居民总体上与社区的关系很少,可以称为“市场人”。这类居民教育程度高，独立性强，崇尚私密性和个人空间，既不想干预别人，也不想要别人来干预自己。但这类居民所面临的情感、婚姻、家庭和价值观等方面问题居多，可进行重点走访。

在混合型社区，居民主体为国有企事业单位职工、管理人员和国家公务员等，人口结构的特点是老人比例稍高。这类居民中可以分成两类，比较成功的人可以称为“过渡人”，其与单位的关系仍超过与社区的关系。但老人、青少年和部分中年人，参与社区活动比较积极，其需求有不少是依靠社区来满足，可以称之为“社区人”。该居住区的个人掌握资源的程度不同，本地居民资源有限，特别是区域外资源来源不足。由于居住质量不高，邻里间为居住上的矛盾发生纠纷的不少。由于纠纷往往具有财产性质，当事人卷入比较深，且居民中有文化的人不少，点子也多，易于使纠纷或矛盾复杂化，特别是容易“搞大”，如上访、有组织的行动等，可进行重点走访。

在老社区，居民以本地出身的无业或非技术性体力劳动者为主，总体上文化程度较低，经济条件差，住房状况不好，老人比例高，居民中失业的较多。居民自身资源和社会资源都较为缺乏，自行解决的能力较差，对国家福利和社会救济依赖较重。这类居民对社区的需要程度高，自我组织能力不强，可进行重点走访。

（2）以社区居民的需求为重点进行走访

在不同类型的社区需求方面，因为社区居民主体不同，需求呈现出多样性的特点。但是，在众多的不同需求中，居民切身的物质利益要求和对资源的占有多少，成为最主要的需求冲突根源。因此，可根据社区不同主体在“需求没有满足”和“资源占有不同”的表现上进行重点走访。

“需求没有满足”方面，在居住问题上，表现为居民与开发商、政府的冲突，业主与物业的冲突；在社区经济与社区服务上，表现为居民与地方政府、街道、居委会及相关组织之间的冲突；在社区就业上，表现为失业下岗人员与政府，失业下岗人员与街道、居委会及相关组织，失业下岗人员与家庭的冲突；在社区保障与社区救助上，表现为贫困群体与街道、居委会及相关组织的冲突。

“资源占有不同”方面，在居住问题上，表现为房主与房管部门之间的冲突；在社区经济与社区服务上，表现为居民与居民之间的冲突；在社区保障与社区救助上，表现为贫困群体与其他居民之间的冲突。

（3）以社区不同类型呈现的问题为重点进行走访

因为社区类型不同出现的问题不同，由此引发的冲突表现也不同。这些冲突形式应成为定期重点走访的对象，具体包括社区阶层冲突、社区权利冲突、社区文化冲突和社区物质利益冲突。

社区阶层冲突。社区阶层冲突比较明显的是社区居民与各级管理者之间，以及农民工与城市居民之间的冲突。

社区权利冲突。一是社区公共权利与公共权力的冲突，主要发生在社区居委会与政府之间，这种权利冲突实际上是基层政府的公共权力在运作过程中，与居委会这一社区居民利益共同体的公共权利之间，由于权利边界不确定性和模糊性而导致的冲突。二是社区公共权利与公民权利的冲突，主要通过社区居委会与社区居民之间的权利冲突表现出来，社区公共权利和公民权利的冲突还通过物业管理公司与业主的冲突表现出来。

社区文化冲突。社区文化冲突表现在失业下岗人员身上。失业下岗人员在由单位人变成社区人的过程中，他们的心理、情绪、习惯、行为方式等方面陷入了严重的矛盾冲突境地。社区外来流动人口农民工身上表现得也比较突出，农民工常常陷入自我身份认同困境。他们搞不清楚自己是谁，是农村人、外地人，还是夹在中间者？

社区物质利益冲突。社区物质利益冲突可以归结为两类。从社区承担着满足人们物质生活需要功能的角度来看，作为社区物质利益需求主体的社区居民，与作为满足社区物质利益需求的承担者，如地方政府、街道办事处、居委会及社区内的各种相关机构和组织之间，存在着物质利益需求能不能满足，物质利益能否实现的矛盾。从社区构成的角度来看，它是由多种社会关系、多种社会群体的人群组合而成的。不同利益群体之间由于资源占有的不平等，会产生对立、分歧、不协调等矛盾冲突问题。

（4）以新型问题纠纷为重点进行走访

定期重点走访的社区居民住户所涉及的问题，除传统的婚姻家庭、邻里、住房等纠纷外，还出现一些新型纠纷。如因城市建设引起的纠纷，房屋改建、动拆迁、建筑工地施工损害到住房设施、影响采光、施工噪声等引发的纠纷；农民工暂住社区或租赁社区房屋，与原有社区居民之间的纠纷；社会保障制度不完善引发的涉老纠纷；因为第三者所引发的婚姻危机而造成的纠纷等。这些纠纷近年来呈上升的趋势，如处理不好，很容易变成群体性纠纷，影响社会稳定。这些纠纷所涉及的居民住户也是长期重点走访的对象。

通过定期走访，将一般走访与重点走访结合起来，实时实地实现了社区管理机构与居民之间的双向交流和沟通，使管理机构、服务机构能及时了解居民的需求，居民也能及时了解社区的管理、服务方向，实现社区管理合理化、科学化；社区服务高效化、最佳化，以具体务实的工作满足居民的不同需求。同时，及时了解社情民意，倾听意见建议，研讨、解决问题，疏导冲突纠纷，预防、化解矛盾，维护社区的安定、和谐。

4. 社区定期走访制度

为了进一步加强社区居委会同居民之间的交流与沟通，了解广大居民群众的意愿和要求，增强社区工作的凝聚力、战斗力，特建立社区工作人员入户、入单位走访制度。

（1）走访人：社区党总支书记、社区居委会成员、社区工作者。

（2）走访范围：本社区所有居民家庭、公共户单位。

（3）重点走访对象：残疾人、重点优抚对象、特困户、80 岁以上老年人、社会孤老、协保失业人员、外来人员、刑释解教人员、特殊家庭中的未成年人。

（4）走访时间：一般对象每年走访不少于一次，重点对象每年走访不少于两次，民情责任区中居民每月走访 15 人次。

（5）走访要求：

①深入居民家庭，关心居民的生活，耐心听取居民的意见和建议，熟悉对所管社区的居民楼、户的情况；

②社区干部经常走访社区居民及公共户单位，充分发挥政府与居民之间的桥梁纽带作用；

③及时协调解决走访中提出的问题和要求，因客观原因一时无法解决的，做好耐心的解释工作；

④认真做好走访记录。

二、理顺关系，预防矛盾

在社区建设中，由于社区管理和社区服务涉及社区住户和居民生活的方方面面，难免会因为管理不到位、服务不周到，引起社区管理层与社区居民之间、管理层与物业之间、居民与物业之间、居民与居民之间的矛盾，特别是居民之间的邻里矛盾、家庭纠纷等，很容易造成社区矛盾的积累，影响社区的稳定。

鉴于目前社区矛盾形式具有多样性、矛盾主体具有多元性、矛盾积累具有渐变性、矛盾发生具有突发性、矛盾扩散具有连带性等特点，对潜在矛盾的主体进行多方沟通，对矛盾关涉的具体事项进行持续协调，不仅需要对不同类型的社区矛盾进行分析，建立必要的交流平台，倾听社情民意，而且需要对不同的矛盾主体和关涉方进行多渠道沟通、多方面协调，理顺矛盾关涉方的关系，对涉及利益关系、弱势群体、邻里纠纷、家庭问题、感情纠葛和老人、妇女、儿童保障等方面的矛盾，要建立多种沟通、协调方式和预防机制，坚持“群众利益无小事”原则，采取具体性、针对性和操作性的沟通、协调方式方法，将社区矛盾解决在萌芽状态，使小问题不出社区，建立有效的预防机制，维护社区的和谐、稳定。

（一）建立零距离社区工作模式

不同类型社区的矛盾具有不同的表现形式，同一社区因社区主体的不同而形态多样。因此，对社区矛盾和社区纠纷的类型和表现形式应仔细分析，所采取的方式应多样化，具体方法要具有针对性。同时，根据社区矛盾可能的发展方向、变化形式和转化倾向，做好分析预测，建立预防机制，以便在具体矛盾的沟通、协调中，积极应对，主动化解，将社区矛盾和纠纷解决在萌芽状态。沟通协调方式具体包括“零距离办公室”“社区恳谈会”和“社区参与活动”。

1．零距离办公室

零距离办公室是采用“面对面谈话、零距离接触”的方式，以社区管理机构和工作人员为主导方，对涉及社区不同主体、具体事务的矛盾关涉方提供一个零距离接触、面对面沟通的平台。零距离办公室通过沟通、协调，倾听居民意见和建议，了解社情民意，分析矛盾问题，使社区下情上达，解决居民具体问题，达到沟通思想、统一认识，减少矛盾、消除隔阂，增进理解、推动工作的目的。当然，作为一种沟通协调方式，零距离办公室也是化解社区矛盾途径的一种，在具体运用中可以将这一方式制度化，以制度形式化解社区矛盾。

（1）参与主体

零距离办公室的参与主体包括两部分。一是负责听取意见建议，给社区居民答疑解惑，帮助他们解决问题的主导方，具体包括：社区居委会、社区服务站、社区物业管理公司、社区业主委员会管理机构；二是问题方，即社区需要帮助的居民住户。他们主要对社区在管理和服务方面存在的问题提出意见和建议，对关涉居民自身利益的具体事项寻求帮助和解决，借助社区管理和服务机构来维护自身的合法权益。

（2）参与方式

零距离办公的参与以“零距离、面对面”的方式进行，即参与沟通和协调的双方或多方以公开参与的原则，就问题或矛盾展开对话，反映问题，提出意见、建议。

（3）沟通协调内容

零距离办公沟通协调的内容包括涉及社区政策、措施、服务、管理和居民具体问题（如社区建设中居民的“急、难、盼”问题）、城建拆迁、重点项目、计划生育、信访稳定等重点工作，以及影响社区工作进展和居民实际生活的矛盾和问题。

（4）运行程序

为保证零距离办公室有效工作，其运行程序一般包括三个方面。

一是通报信息，主要对前一次零距离办公室工作中，居民所反映的具体问题和建议的解决落实情况进行通报，对整改情况、反馈情况作以说明，对社区管理机构、服务机构的工作情况作以通报。

二是互动咨询，针对目前社区存在的问题和潜在的矛盾，围绕社区建设、社区管理、社区服务、居民的“难事、急事、烦心事”，以及社区职能部门各项工作的现状和平安社区维护,进行咨询互动。以开放的形式,提请居民住户对社区工作的方方面面提意见和建议，到会的职能部门负责人与社区居民进行沟通和交流，对所提出的问题进行解答，对合理的建议进行接纳，以工作备忘录的形式作好记录。

三是采取“六对照、三查看”的方式，对各管理机构确定谈话对象的范围和活动具体步骤的落实情况进行督促检查。“六对照”即通过对照近几年的上访群众名单、离任的干

部名单、落选村干部和竞选未成功的群众名单、特困户和重大医疗救助对象名单、现任干部名单、党员和群众代表名单，查看确定的谈话对象是否符合活动方案的要求，对应谈而未列入谈话对象的人员进行补入，确保应谈尽谈。“三查看”即通过查看谈话计划、谈话专用记录本和谈话登记表，掌握各村谈话活动的进展情况。各村每月向区委组织部和乡（街道）党（工）委汇报一次，并报进度汇总表。

（5）具体做法

一是通过深入社区居民、了解社情民意，按照“从群众中来”了解问题、到“群众中去”解决问题的原则，将每个月的最后一周的周五确定为“居民接待日”，每周的星期五作为“零距离办公室”办公日。

二是在社区“零距离办公室”与党员、居民、特困户和救助对象“面对面”沟通，变“被动”为“主动”，变“等访”“上访”为“下访”，坚持群众利益无小事，不掩盖矛盾，不回避困难，真心与社区居民面对面对话。

三是开通24小时帮扶求助电话，开辟网上“零距离办公室”，加强社区流动居民的沟通、了解，满足他们的需求。

（6）具体要求

在“零距离办公室”工作基础上，应进一步扩展工作范围，扩大服务的对象，完善“零距离”沟通与协调，建立“零距离”、多层次的工作机制。

一是“沟通零距离”。“零距离沟通”机制的核心是坚持群众利益无小事，“零距离沟通”机制的关键是自觉接受居民监督。一是坚持党务、政务公开制度，如财务公开、干部任职公示等制度，接受群众评议、监督。二是开通社区网站、热线电话，多渠道、多层次地了解群众的意见和要求，自觉接受监督。

二是“诉求零距离”。对社区居民因父母养老、夫妻两地、子女就业、工作压力、家庭矛盾、人际关系等带来的心理问题和压力，社区管理机构要通过畅通诉求渠道，加强心理疏导，改进思想政治工作，确保社区的健康发展。

三是“服务零距离”。要改变“干部动嘴，群众跑腿”的服务方式，要求干部主动沉下来为民解忧，变被动为主动，让“群众动嘴，干部跑腿”。在服务过程中，通过社区“民情登记簿”，将广大居民反映的每一条问题都详细地登记在册，并确保件件有登记、件件有落实。同时，社区详细掌握了各居民住户的困难和问题，对“三违”人员、邻里纠纷、婆媳不和、夫妻吵架等坚持实行“四心、三清、九上门、十必访”制度。

（7）工作保障

①做好培训。社区居委会要组织或举办对工作人员的定期培训，以集中辅导授课的方式，使工作人员学会根据谈话对象的不同情况，灵活运用直接提问、迂回了解、商量讨论、征求意见等谈话方式，使谈话人能够说真话、说实话，进一步提高谈话效率，增强谈话效果。

②定好目标。社区居委会以“动员部署、制订计划、分层谈话、谈话评估、总结提高”五个阶段同步开展此项活动，在活动开展的过程中，做好督促指导，确保谈话不偏离方向，不走过场。

③做好引导。在“零距离”谈话中，居民对社区工作中一些不清楚的问题可以进行质询，居民之间一些认识不一致的事项可以商议。工作人员要充分引导居民，使他们既能讲实情、说实话，将潜在的矛盾显露出来，又能在谈话中，认识到存在的问题和各自的不足，化解矛盾，理顺关系。

④提好管理要求。具体包括两个方面：第一，在活动中做到“抹开面子、放下架子”，以能吃“闭门羹”，能听“难听话”为前提，主动地与社区居民进行深入直接的接触，不回避矛盾，不怕挖出问题，解决社区居民反映的“急、难、困、烦”事，争取他们对社区工作的理解与支持，缓解管理机构与居民之间的隔阂与矛盾，让社区居民主动参与到社区管理中来，提高居民的参与意识、自我调控能力，自觉维护社区稳定，积极化解矛盾。第二，提高社区管理和服务水平、提升工作人员的能力。社区各项工作要让居民理解、配合、参与、支持，干部怎么说、怎么做很关键。工作人员要带着感情走进居民，耐心听取居民意见。针对群众存在的思想问题，要做细致深入的说服引导，理顺群众情绪，化消极为积极因素，进而推动工作、打开局面。

“零距离沟通”机制的建立，转变了社区服务和社区管理方式，变“对立”为对话，变上访为下访，变“背对”为“面对”，变被动服务为主动服务，架起社区与居民之间的连心桥，成为构建和谐社区的“安全阀”。通过听取困难居民的呼声，为他们的生活出谋划策，在“零距离沟通、面对面协调”中，政策在对话中明晰，疑虑在对话中消除，关系在对话中理顺，隔阂在对话中冰释，大量矛盾及时化解在基层，化解在萌芽状态，为构建和谐社区、平安社区提供有力的机制保障。

2．社区“恳谈会”

所谓“恳谈会”，就是用“我说你听、你说我想”的方式，让发生矛盾的双方换位思考，静下心来，耐心听取对方解释，想想是否合情合理，以此消除双方怨气，最终满意离去。其目的在于及时掌握了解社区居民和辖区单位的心声和建议，做到“上情下达，下情上知”，使居民的诉求渠道进一步畅通，从而促进社区和谐。恳谈会种类包括警民恳谈会、机关党员干部民情恳谈会、社区民情恳谈会和业主恳谈会。

（1）参与人员与采用方式

社区“恳谈会”的参与人员具体包括社区党（总）支部领导、居委会领导、社区全体工作者、服务对象代表及辖区居民代表等。恳谈会主要采取座谈方式进行，一般每季度举行 1 次，也可以根据特、难、急情况，不定期地召开专题恳谈会。

（2）恳谈内容

恳谈会的内容一般包括：通报社区、街道正在开展的有关工作情况；收集社情民意和居民需求，如居民对小区有线电视无法收看、某单元底层有易燃堆积物潜伏消防隐患、乱丢垃圾、下水道污水满溢、小区乱停车、乱收费，以及半夜乱按汽车喇叭等问题；讨论社区建设有关工作目标；商讨涉及社区居民利益的有关事项。此外，对涉及“特、难、急”情况，专题性的恳谈会可一事一谈，就事而定。

（3）恳谈的重点对象

主要指社区特殊的居民住户，包括贫困户、残疾人、受灾户、老上访户、产业大户、老党员、军烈属、退伍军人、离退休干部、辖区内的党代表、人大代表、政协委员和外来户代表。

（4）一般程序

首先，会议公告。召开社区民情恳谈会 3 日前，在社区居务公开栏、社区网站和各主要出入口张贴告示，告知会议召开的时间、地点和主要内容，参加和邀请的人员等。

其次，会议召集。由社区党组织或居委会负责人主持，会议应有专人记录。

再次，情况分析。根据会议形成的意见，由社区党组织和居委会组织有关人员进行研究并提出落实方案。

最后，情况反馈。会议召开后 15 日内，将会议意见和落实情况反馈给相关人员，并上报有关部门，在社区居务公开栏予以公开。

（5）具体做法

会前，汇集社区居民的意见建议，对所反映的问题进行分类整理。确定会议时间、地点和相关社区居民、管理人员和入驻组织，张贴通知。

会上，首先通报前一段的社区工作情况，评价社区工作绩效和不足；其次，通报上一次“民情恳谈会”居民反映问题的解决情况，听取和研究社区居民的需求，以及居民直接反映的问题；最后，共同商讨涉及本社区建设及居民利益等相关问题，征求大家的意见和建议。通过“听通报、说意见、评满意度、谈设想”的形式，进行热烈讨论。

会后，将征集到的住户意见、建议整理分类，落实责任人，确定整改期限并在下次“居民恳谈会”上给予答复，尽最大努力解决社区建设与发展和物业市场化改制中遇到的新问题。建立民情恳谈“联系卡”，记录恳谈对象的情况、恳谈的内容、落实情况，便于跟踪回访。

（6）具体要求

民情恳谈主要是了解社情民意，掌握社区居民关心的热点、难点问题，具体应把握四个环节。

一是下基层。社区党员干部尤其是党员领导干部要把社区建设工作联系点和扶贫挂钩点作为民情恳谈联系点，每月不少于 1 次，深入联系点或居民住户进行调研。

二是知民情。以拉家常、谈心等方式，宣传社区的工作，了解居民生活中遇到的问题，收集居民的意见和建议，增进与居民的感情。

三是办实事。对居民提出的困难和问题，及时研究解决办法。以具体的工作目标和实施计划，开展社区工作。

四是抓落实。对为居民办实事的情况，定期进行回访，听取意见，完善落实措施。

（7）恳谈会的作用

一是了解了民情、倾听了民声、反映了民意、汇聚了民智、排除了民忧、化解了民怨、赢得了民心，与社区居民群众架起了一座连心桥。

二是通过“社区社情恳谈会”，实现了“小事不出社区，大事不出街道，矛盾不上交”的工作目标。定期召开民情“恳谈会”和社情民意分析会，建立健全了社情民意分析解决机制，切实解决了居民生活中的实际问题。

三是通过定期进行舆情分析，加强与上级有关部门的沟通联系，做好下情上达工作，构建了社区稳定的预防机制。

3．社区参与活动

开放空间讨论会（Open Space Technology）是一种富有成效的动态会议模式，能够将一个对于组织或机构很重要的主题，仅在很少的规则辅助下，通过一个新的空间和时间格式由参会者讨论完毕。“开放空间”提供了一个提倡自我承担责任的场合，通常由一名主持人进行组织和主持。每个参与者提出自己关心的问题并与他人展开讨论，最终制定出合理方案并实施。在会议期间，每个参与者可以在主题框架下，提出自己关心的问题或自己想要解决的问题或需求，并在不同参与者之间，形成关注并致力于解决同一个问题或需求的小组，在既定的规则下开始小组讨论工作，应用民主参与的方法选出大部分参与者集中关心的话题，组建实施小组并制订行动计划。

（1）有效性

“开放空间”提供了一个提倡自我承担责任的场合。一个“开放空间”式的会议不仅是一次活动，更是一个改变的过程；“开放空间”对于传统的会议方式来说，有着最少既定的结构和内容；“开放空间”是单纯的，为了能够有效地开始自我组织的进程，各小组当然需要应有的规则和结构。

“开放空间方法”的成果可以从数量和质量两个方面衡量。专题小组讨论的每一步都有记录和评估，是可以量化的结果。这种工作形式的自我组织程度，参会者对于他们讨论的议题（内容上、方法上、策略上……）所负有的责任感，以及个人参与的严谨认真态度，对于组织或机构文化质量的改变是至关重要的。在会后的反馈中，对 OST 产生的这种文化的转变的评价常常高于对量化结果的评价。

（2）自我责任感

一是要有一个会议主题。

二是所有日程由参与者自己制定并对此承担责任。

三是所有的参与者都是讨论参与者，也是讨论会的发起者。

（3）多样性

①“开放空间”是建立在每个参与者因个体不同，而对会议主题的理解不同这一认识上。

②参与者为会议主题打通不同的渠道和发展更广阔的观点、思路和解决方案的天地。

③在“开放空间”会议中有着无边的可能性，使人与人之间建立关系并交谈。

（4）召开一个“开放空间”的基本前提

①有一个对所有的人都有意义的可以理解的主题。

②对所有参会者能力的信任并有与会的自由。

③有可以让参会者发挥的空间。

（5）开放空间的特点

①每个人都有发言的机会。

②尊重每个人的意见与观点。

③每个人的发言都是有效的，没有对错，只有不同。

④主持人应该保持中立。

（6）基本原则

①对象原则，在场的人都是合适的人。

②时间原则，只要开始了，时机就到了。

③原因原则，凡是发生的都有其原因。

④结束原则，过去的就让它过去吧。

（7）操作程序

①开场集市，互相认识。

②提出主题，组建专题小组。

③开展小组工作，分组讨论。

④讨论结果，展示并投票。

⑤达成共识并制订计划。

（8）“顺利达到成效”反馈

①对所有人想要讨论的议题已经呈现出来。

②针对所有关心的议题，已经讨论到想要讨论的层面。

③所有讨论的纪录都已经写下，交给了所有的参与者。

④将所有议题依照优先顺序排列。

⑤已经锁定“焦点议题”，并且在结论中找出下一个行动方案。

（二）重视柔性的调解方式

社区矛盾的沟通化解只是一个必要的方面，除此还需对一时无法化解的矛盾进行疏导，使矛盾不至于因为矛盾主体的个人情绪、看待问题的态度、认识的观点而积累、积聚。在疏导过程中,减少心理压力和情绪冲动,使柔性引导得以进一步发挥应有的作用。具体而言，社区矛盾的疏导调解方式包括“社区谈心室”“社区心理咨询室”“社区工作联席会”和“信访代理站”。

1．社区谈心室

社区谈心室是指社区工作人员或志愿者以聊天谈话的方式，对诸如夫妻不和、婚姻危机、生活困难等所引起矛盾、难题和烦心事，通过倾听、谈心，进行心理疏导，为居民提供一个谈心、交友、出气、消遣的场所。

（1）社区谈心室的作用

随着生活节奏的加快，现实生活中存在着各种各样的矛盾和难题，许多居民碰到烦心事，却找不到一个可以倾诉的地方，极易引发家庭或邻里间的矛盾。居民的这些“心结”，如果不从心理上疏导，往往会引发许多不和谐的事件。

在谈心室，社区居民对他信任的社区干部能够敞开心扉。平时有点家庭琐事，比如夫

妻不和、婚姻危机、生活困难等，通过谈心，社区干部及时了解了居民个人的情况，积极做劝导说服工作，将心理问题化解在社区，给居民搭建一个互相沟通的平台，使他们可以在这里倾诉心中苦闷，化解邻里矛盾。

（2）社区谈心室的特点

社区谈心室主要是针对居民个人私人的烦心事、为难事，和具体生活中有关情绪性等问题，进行聊天解烦、疏导化解的一种方式。因为谈心多涉及隐秘性的内容、私人性的问题，所以，与其他交流沟通、疏导化解的方式不同，谈心室在谈心过程中具有以下特点。

一是内容上的私密性。来谈心室的社区居民，大多涉及个人不便公开或很难以给别人言说的私人问题，具有私密性或私人性。这类居民的烦恼与矛盾，多涉及家庭隐私，如果在公开场合去疏导解决这些矛盾和纠纷，非但不能解决问题，而且可能将问题潜伏化，使协调的双方产生抵触情绪，从而掩盖居民的个人烦恼和困扰。

二是表现上的情绪性。一般来说，到谈心室的居民，大多会因为个人问题的困扰而陷入一种不良的情绪反应过程中。对这些问题的处理，除了善于察言观色外，还要以理解的态度，支持问题居民自己把心中的烦恼说出来，在倾听的过程中，缓解他们的心理压力和情绪波动，然后做进一步的疏导、沟通。

三是方式上的疏导性。对因家庭琐事、邻里纠纷、夫妻不和之类的居民私人问题，大多存在情绪波动、心理纠结。对这类谈心内容的处理，要注意方式方法，要善于对不良情绪疏通引导。在不断倾听的过程中，剖析现象，不能草率定性、下结论，而应该在疏导过程中，分析原因，寻找问题的症结所在，然后给出比较中肯的建议。

四是对象上的灵活性。虽然大多数居民在不同时期都会面临家庭矛盾、邻里纠纷或个人情感困扰，但是，居民个人的教育背景、生活经历、职业特点、经济状况等有所差别，因此，面对不同的谈心对象要灵活地处理，不能仅仅依据个人经验去过早分析，否则会使谈心效果适得其反。

（3）社区谈心室的类型

根据社区居民的年龄结构、职业状况、社区类型和处理方式等特点，社区谈心室可分为以下几种类型。

①“老人谈心室”。它是老年人倾诉衷肠、解烦恼、交朋友、互通信息的好地方。在老人谈心室里，老人们可以忆昔道今，传递信息，宣讲现代新人、新事和社会建设，各自有一种亲切相近的感觉。在这里，有热心肠的老人帮助求助的老人排忧解难，也有一些“闲心不老”的老人，就老年人的黄昏恋遭到儿女反对之事，为其儿女做工作，帮助孩子们分析老年人的生理和心理要求，为老年人的合法权益据理力争，理情疏郁，搭桥牵线，成人之美等。

②“心灵驿站”。它是针对社区内下岗失业人员较多、家庭暴力频发的状况设立的，旨在疏导遭遇家庭暴力迫害的女性及未成年人的“心灵驿站”。社区“心灵驿站”一般由专业人员采取小组工作的形式，对受访群众予以帮助，切实增强其对自身价值的肯定，提高生活信念，实现其和睦、融洽的家庭关系。

③“亲情谈心角”。它是与未成年人心灵沟通的平台，也是构建社区、学校、家庭“三位一体”教育网络的重要平台。在谈心室里，环境温馨，工作人员态度真诚，平等对话，未成年人愿讲实话，能听到心声，一改在学校教师面前不敢说实话、家长面前不愿吐真言、缺少平等对话谈心的沟通方式，具有明显的教育效果。

④“姐妹谈心室”。姐妹谈心室主要为社区妇女提供心理疏导、减释压力、家庭矛盾调解、家庭暴力预防、法律咨询等服务，让社区妇女有一个可以谈心、释放、交流的场所，帮助社区妇女增强自我保护意识和能力，从而促进家庭与社区的稳定与和谐。姐妹谈心室的工作人员主要由一批懂得妇女心理活动、能与居民交心的社区工作者和志愿者组成。

⑤“调解谈心室”。它主要是用来做调解工作。一方面，居民有什么难心事、揪心事，都来谈心室说说。社区借助这一平台，了解居民的真实心声，想方设法予以解决，如果解决不了，还可以找有关部门、有关人士解决。另一方面，谈心室通过聘任在社区或附近的环保局、城建局、综合执法局、工商所工作人员等作为成员为社区居民解决矛盾、纠纷。

⑥“民情谈心室”。它主要接待辖区居民，以谈日常生活中遇到的家庭纠纷、婚姻烦恼、就业压力等内容为主，接待人员为社区分管劳动保障、就业求职、计划生育、卫生等方面的工作人员。

（4）参与人员和谈心对象

社区谈心室主要参与人员包括居委会成员、心理健康专家、社区工作者、志愿者，以及涉及司法、综治、妇联、关工委、劳动的工作人员。

谈心对象主要指社区居民。其中，社区居民中重点谈心对象有重大变故居民、上访群众、刑释解教人员、新近下岗职工、特困居民家庭、新迁入居民、孤苦老人、失业人员等。

（5）谈心内容

社区谈心谈话的内容广泛，一般有上级约见下级的谈话，主要包括工作进展、人员变动、问题核实、整改反馈等。在社区谈心室中，一般谈心只要涉及社区管理、服务和居民实际生活方面的问题，内容包括涉及居民个人生活琐事、家庭矛盾、情感纠纷、邻里关系、两性健康等方面的烦心事、为难事、麻烦事，这些都可以是社区谈心室的沟通调节内容。

（6）谈心方式

按照分层、分级和分类的形式，谈心采取双向互动的方式，可以是组织安排，由居委会与有关人员谈心，或委托管理机构主要负责人与有关人员谈心谈话，也可以是居民个人的约谈。

①约谈式谈心。社区居委会根据工作需要提出约谈对象，通知有关人员谈心谈话。

②定期访谈。社工委或居委会定期走访机关部门或社区，与有关人员谈心谈话。

③委托谈话。社区其他管理机构或入驻组织主要负责人，可以受党工委书记或社工委领导的委托，与相关人员谈心谈话，也可以根据工作需要自行安排谈心谈话。

④个人约谈。社区工作人员如有情况需要汇报或与组织交流、沟通的，可主动提出与社工委或其他管理机构领导约谈。

此外，根据具体事项和人数情况，谈心方式可分集体谈心和个别谈心。其中，个别谈心按照谈心对象的分类，可分为一般谈心对象、重点谈心对象和特殊谈心对象。

集体谈心可采用民主会和座谈会的形式进行。民主会的形式一般以社区党委（支部）、居委会或其他社区组内部召开民主生活会，开展支部与居民、居委会与居民、其他社区组织与居民之间的谈心会；座谈会主要以听取汇报阶段性工作、倾听居民意见建议、分析问题成因、咨询建议、关心支持居民生活中面临的困难和挫折，解决居民生活中的实际需求。

个别谈心主要是居民个人主动到社区谈心室去谈心。这类谈心包括三个环节，即倾听环节、咨询环节和支招环节。一般而言，社区谈心室以个别谈心方式为主。

（7）谈心要求

①谈心谈话突出针对性、及时性，对有苗头性、倾向性问题，遇到困难或挫折、家庭出现重大问题，与他人产生矛盾等情况必谈。

②坚持在谈心谈话中解决问题。重点查找在思想、学习、工作、生活中存在的问题，做到敞开思想，坦诚相见，互相提醒，增进团结，共同提高。要体贴关心谈话对象，帮助其解决实际困难。

③通过谈心谈话了解的重要情况，要认真做好记录，及时向社区党委、社工委或居委会汇报，做好有关工作。

④对每次反映的问题进行登记并及时给予落实，对涉及居民间的公益性、社会性事务和一般的矛盾，在一个工作日内落实办理人并告知来访人。

⑤超出居委会职权范围的，及时找相关部门协调，并将工作进程及时反馈给谈心对象，做到件件有答复，事事有落实，并在居务公示栏进行公告。

（8）具体操作

①确定谈心室工作时间。以每月第二周、第三周的第一个工作日为谈心室工作时间，定期约谈或主动访谈。

②印制谈心谈话记录卡和记录本，对每次谈心谈话的对象、时间、地点、内容进行记录。

③实行谈心谈话总结汇报制。每年年底，要求社区谈心室将谈心谈话记录、年度谈心工作总结，以及工作汇报和整改情况向居委会进行书面汇报。

④实行谈心谈话档案管理制，对一般谈心对象进行动态管理；重点谈心对象要实施跟踪管理。

（9）注意事项

①引导谈心对象讲真话、讲实话，以便进行必要地疏导调节。

②谈话前通过各种途径了解谈心对象的有关情况及事实真相。谈心时要坚持实事求是的原则，既肯定被谈心对象的正确之处，又要有针对性地提出问题和不足。

③要多采用思想沟通的方法分清是非，引导提醒。要对涉及个人隐私的地方严格保密，对社区一些正在酝酿中的政策或措施防止泄露，以免引起不良后果。

④谈话内容要有记录，并交办公室妥善保存。谈话中反映的重要问题，负责谈话的工作人员应及时向党委或居委会汇报。

社区谈心室通过倾听、谈心的方式，了解居民个人的烦心事、为难事、麻烦事，疏导沟通，

稳定情绪，缓解居民心理压力，分析问题原因，解读居民生活中的困境和问题。同时，倾听他们的意见建议，更好地转变工作态度，改进工作方式，维护居民的切身利益。通过社区谈心室，工作人员与居民从谈心到交心，从交心到知心，从知心到同心合力谋发展，整个过程就是不断疏导居民心理纠结、解决矛盾纠纷，鼓励、帮助他们坚定克服困难的信心和勇气的过程，对维护社区稳定具有重要的意义。

2．心理健康咨询室

社区心理咨询是指为在学习、工作、人际交往、婚姻恋爱、家庭、社会环境等各种情况下所产生心理困扰的来询者提供心理咨询服务，以及为精神障碍者开展临床评估、早期诊断、早期干预，以减少其复发，减轻个人、家庭和社会负担，恢复社会功能，提高生活质量。根据社区类型和特点，心理健康咨询室主要设在高档社区，随着心理咨询知识的普及，逐渐向一般社区扩展设立。

社区谈心与社区心理咨询有相通之处，又有不同的地方。社区“谈心室”是通过开展心理咨询、疏导，满足特殊人群的精神及心理需求，实现心理慰藉、释放压力，解除精神负担。而心理健康咨询除对社区居民心理方面的困惑和问题进行咨询，提高他们的心理健康水平外，更重要的是进行临床评估、早期诊断和早期干预，以减少其复发，促进社区和谐、社会和谐。

（1）心理咨询的分类

包括一般心理咨询和特定人群心理咨询。特定人群心理咨询包括青少年心理健康咨询、老年人心理咨询、残疾人及家属心理咨询和高级社区白领心理咨询。

青少年心理健康咨询。通过对青少年的心理咨询，可以了解青少年的心理动态和需求，进行心理健康辅导与心理问题咨询，并努力协调学生与学校、学生与家长之间的矛盾，解决青少年在生活、学习、交友中遇到的诸多问题，帮助他们拥有健康的人格，并建立正确的自我观念和社会认知。这种心理咨询多在学校或学校居多的社区设立。

老年人心理咨询。主要为精神寂寞、特别是有心理疾患的老人提供心理电话问候、上门慰问、读书读报、陪老人聊天等关怀服务，并有针对性地进行心理疏导，帮助老人解开心结。

残疾人及家属心理咨询。包括对由于家庭破裂、肢体残疾、邻里关系等原因，遭受到了很大的创伤的肢体性残疾人和精神残疾病人，以及家属在生活护理、应对歧视等方面进行咨询，疏导不良情绪，培植积极乐观的生活态度，提高残疾人及家属应对困难的抗挫能力。

高级社区白领心理咨询。主要是针对白领们因社会节奏，竞争激烈等诸多因素影响，心理负荷日益加重，心理疾患也越来越多。诸如职业恐慌症、心理疲劳、自恋性心理障碍、情感极度失落，孤独、信息焦虑症和年龄恐慌症等症状进行的心理咨询和心理治疗。以减轻他们的心理负担，缓解“紧张”“空虚”等不良情绪的影响，保持正常的心态，乐观豁达，善于适应环境的变幻，保持内心的安宁。

（2）参与人员

获得相应资格的心理咨询师、心理治疗师、心理学系的大学生，接受过心理咨询培训的志愿者，到社区为居民进行心理疏导、治疗。

（3）咨询内容

心理咨询的内容涉及广泛，就社区居民的心理状况和所面临的一些焦虑等心理问题，具体概括为以下几个方面。

一是开展心理卫生知识教育；二是运用心理测试量表进行相关测试；三是对有心理疑虑者进行咨询，包括日常生活中的人际关系问题、职业选择问题、教育过程中的问题、婚姻家庭中的问题等，各种不良情绪与行为障碍，如焦虑、抑郁、恐怖、紧张情绪，康复期精神病人的心理指导，促进更好地适应社会与生活，预防复发。老年人因长期慢性躯体疾病困扰，久治不愈，需要心理支持及指导者。

（4）咨询范围

心理咨询的范围不仅包括心理障碍及相关问题，还包括正常人生活中遇到的各种具体麻烦，如人际关系、升学、求职、恋爱、婚姻、子女教育等。相对于医疗机构的心理咨询和治疗，社区心理咨询的范围更侧重于“心理问题”而不是精神障碍和精神疾病。心理咨询的对象更多是处于“亚健康状态”的正常人，而不是精神障碍患者。对于“非精神病性精神障碍”患者，可以借助心理治疗，通过改变患者的心理状态来达到治疗的目的。

（5）工作目标

①建立以社区楼组—居委—街道三级心理健康服务组织网络。通过开展社区心理健康咨询活动，探索社区心理促进工作方法和服务模式。

②使 60% 以上重点人群能获得心理健康指导。努力营造一个有利于形成健康心理的和谐、温馨的居住工作环境和公共环境。

③使社区居民心理健康知识的知晓率达到 70%，心理健康行为能力正确率达到 60%，努力提高社区人群心理健康知识和行为能力，努力提高社区人群的心理健康水平。

（6）具体程序

①设立工作站，完善心理咨询机构。根据社区青少年、老人和特殊人群分布情况，设立社区心理咨询工作站或社区心理咨询室，完善社区心理咨询与宣传机制，开展社区公益性的心理知识讲座。

②聘请心理咨询师或志愿者。社区依据相关法律法规，聘请社区心理咨询师、接受过心理咨询培训的志愿者和心理学系的大学生，运用他们所掌握的专业知识，开展社区心理咨询与心理学知识普及服务。

③普及心理学知识。邀请有关专家和心理辅导志愿者，定期开展心理知识讲座，向群众普及各种心理知识。同时，派发心理健康宣传、辅导资料，悬挂、播放心理健康、教育宣传片，发放由心理专家编制的年度心理健康知识宣传吊牌及台历，以多种方式普及心理学知识。

④开展大型公益活动或讲座。邀请心理咨询师或相关专家，开展公益性的心理讲座和现场咨询会，开展包括心理健康科普讲座与专题讲座、心理咨询与心理治疗、心理健康科普资料发放与教育活动，以及针对青少年、老年人、妇女、流动人口和社区服刑人员等特

殊群体的专业化服务，建立心理危机干预机制。

⑤分组开展心理咨询活动。社区心理咨询室对社区居民进行摸底分类，按照“老年心理组”“儿童心理组”“婚姻家庭组”“恋爱情感组”“心理减压组”“心理测量组”“职业与求职心理组”七个小组，向社区居民普及心理健康知识，解答各类心理问题，疏导不良心理情绪。

⑥指导居民学习心理自我调节方法。社区心理咨询师以生活琐事及社会上发生的事件，说明了解心理健康的重要性；针对老年人常见的心理问题及调试方法进行讲解；引导居民找寻生活中的积极点，学会心理调适；运用阿Q精神，进行心理安慰，接受现实，乐观以对；指导对子女教育的方法等。

（7）长效机制

①心理健康知识进社区。经常性地开展社区心理健康知识讲座，普及精神卫生知识，提高社区居民心理健康水平。

②心理咨询和治疗进社区。对轻度精神疾病和亚健康人群提供义务心理咨询与治疗，加强人文关怀和心理疏导，引导居民正确对待自己、他人和社会，正确对待困难、挫折和荣誉，帮助其摆脱困境。

③贫困家庭精神病人医疗救助进社区。建立精神病防治经费增长机制，设立城乡低保家庭及低保边缘家庭的重度精神病患者专项救助经费，为贫困家庭精神病患者实施大病救助和免费投药。

④精神康复指导进社区。充分发挥社区心理咨询室精神康复技术指导的作用，加强精神病患者的康复指导、定期复查工作。

建立社区心理咨询室，积极开展心理咨询，普及心理健康知识，让居民能在日常生活中，多听专家的辅导和建议，把生活中的不良情绪化解掉，让心理疾患解决在萌芽阶段，对实现社会稳定和提高百姓生活质量无疑具有很大的帮助作用。因此，社区心理咨询工作应从每一个家庭中的老人和孩子入手，通过改变亲子关系，进而改变夫妻、父母、同事的关系，形成和谐的环境。

3．社区工作联席会

联席会是以“建设社区、服务群众、促进发展”和“建设和谐社区”为目标，以创建“特色社区”为重点，围绕本社区的实际情况，开发和整合社区的设施、人才、信息等资源，充分发挥社区民间组织的整体优势，通过社区管理机构、服务机构、驻区单位联合办公，联席解决与社区居民有关的实际问题的方式，提升社区管理和服务质量，维护社区的稳定团结。社区工作联席会这一新型社区民间组织，在提升社区建设的层次和水平上发挥着积极的作用。

（1）参加人员或组织

参与社区工作联席会人员或组织包括社区党委（支部）、居委会、驻区机关、企事业单位、物业管理公司、业主委员会负责人及辖区人大代表。

（2）联席会的工作内容

包括倾听社情民意；对社区警务、取暖、水、电等问题进行“会诊”；对社区公共设施、社区卫生、绿化、小区安全、居民的具体问题进行协调解决；对社区居民之间、居民与管理机构之间、居民与物业之间等矛盾进行沟通化解。

（3）联席会的作用

“人人为我，我为人人”，在社区大家庭中，每个人既是服务者，又是被服务者。通过社区工作联席会平台，调动辖区单位和居民群众积极性，有效解决了政府包办一切的问题，丢弃了那些管不好、管不了的事情，提高了共建单位和居民群众的主人意识、责任意识，增强了自治功能和自我管理、自我教育、自我服务的水平。

（4）具体操作

第一，制定社区工作联席会工作章程。民主选举了联席会议主席、副主席、秘书长，推选辖区内管理机构、驻区单位的领导和热心社区工作居民为负责人，任期三年。联席会每月召开一次例会，每次会议由轮值主席召集，有突击任务和紧急事项时可召开临时会议。同时，以合约的方式将联席会成员的权利、义务确定下来。

第二，涉及本社区经济和社会发展规划，社区服务业发展计划、实施方案，社区集体经济项目的立项、发包，社区集体经济所得收益的管理使用，社区重大活动的开展，社区帮贫、济困，“一事一议”事项，社区规章制度的制定和修改，以及其他与多数居民利益有关的各种事项的审议等。

第三，联席会议日常工作由社区居委会负责，定期编发活动简报，通报社区工作联席会开展情况，协商解决社区建设、管理、服务等重要事项。

第四，对社区的重大问题，应当经联席会议研究后，方可提交居民会议或社区居民代表（社区成员代表）会议讨论决定。

第五，联席会议实行民主集中制。社区“两委”根据工作需要和居民意见建议提出所议事项，在集体研究的基础上形成决议。会议形成的意见由联席会办公室督查督办，驻社区单位配合落实。

第六，社区党支部负责监督检查会议精神落实情况，联席会决定事项的落实情况，要在下次联席会上进行通报。

第七，社区“两会”联席会议应有规范的会议记录簿，由专人负责记录存档。

第八，联席会的活动经费实行会员会费制，由联席会议成员单位和驻社区单位共同分担，具体数额由联席会议讨论决定，驻社区单位要积极予以支持。会费由联席会办公室统一管理，实行“一支笔”审批制度，重大开支经联席会研究同意，由办公室主任签批。办公室每半年向联席会报告一次活动经费的收支情况。

（5）工作任务

①研究协商本社区开展地区性、社会性、群众性、公益性活动的内容、形式及实施措施。

②协调居委会与居民之间、居委会与物业之间、居民与物业之间、居民之间的矛盾，开展和谐社区建设工作。

③协调指导社区管理教育工作，动员组织社区居民，积极参加社区建设各项活动。

④协调整合本社区各项资源，实现社区单位优势互补、资源共享，构建平安社区。

⑤研究分析社情民意和党员思想动态，确定一个时期工作的主题和重点。

⑥通报社区建设工作情况，交流各单位社区建设、社区管理和社区服务工作等方面的做法、经验。

4．信访代理工作站

信访代理工作站是为了把各种矛盾纠纷及不安定因素化解在基层，帮助群众解决实际困难，引导群众依法有序反映问题，以信访代理制度为规范，按照信访条例的相关规定和工作程序，代理信访人到有权办理的单位和部门咨询政策、反映解决诉求。信访代理工作站“变群众跑腿为部门跑腿、变群众着急为干部着急”，以实现解决问题、化解矛盾、维护稳定、密切党群干群关系的目标，是社区建立的一种调节社区矛盾纠纷的工作机制。

信访代理工作站是社区居民的“代理群众诉求之家、为民排忧解难之家、维护公平正义之家、法制宣传教育之家、人民群众满意之家。”社区居民遇到矛盾和问题可全天候向代理员反映，代理员及时将居民反映的问题汇总上报街道信访代理总站，由代理总站对信访信件分析整理后，分解到各相关责任部门办理，并将受理结果及时答复代理员和信访居民。

（1）工作站性质和意义

“信访代理工作站”有点类似律师事务所，具有中介性质。在社区矛盾调处中，具有以下意义。

第一，便于居民上访。居民上访也是不容易的，需要一定付出，通过代理，把直接上访变成间接上访，把离岗、离家上访变为在岗、在家上访，把孤立上访变成有援上访，既利于达到上访要求，又能克服上访与工作、生活的矛盾，节省精力和财力，降低上访的成本。

第二，“信访代理工作站”能够良化信访秩序，提高信访工作的质量。普通的群众信访人，由于法律政策、文化水平等所限，很多时候并不知道到哪里信访，该怎样信访。因而，多头信访、越级信访、无理上访等时有发生，这不仅不利于信访问题的解决，也影响了正常的信访秩序。

“信访工作代理站”的代理员有一定的行政工作经验，比较了解各部门的职能，清楚信访渠道，不会像有的居民那样东碰西撞，因此，他们比一般群众要上访得准。他们有较高的文化素质，能够把上访的问题表述得比较正确和清楚。他们比较了解政策，有较多的法律知识，既能向上访者提供一定的咨询，也会把上访的要求提得比较合理。他们有较多的修养，既能对委托者尽责，也能较为理智地对待上访，避免矛盾激化。而且，群众上访上面受理后往往层层下转，而居委会可以直接找到引发上访的单位，减少了中间环节。所以，代理上访利于帮助居民取得更好的上访效果。

第三，“信访代理工作站”的又一好处，是利于把问题解决在基层。居民的上访并非都是应该上访和必须上访的，通过代理了解情况，可因势利导，如明显属于违法犯罪的问题，可指引当事居民直接诉诸法律，不必上访。如就地、就近、就便可以解决的问题，可劝说居民不一定上访；是不了解政策产生的上访，可通过宣传政策，让居民放弃上访。此外，通过宣传、教育和劝说，还可缓和上访者的情绪，营造良好的上访气氛，“信访代理工作站”是能够起到“矛盾排解站”作用的。

第四，“信访代理工作站”还有一个好处，就是居委会通过代理居民上访的过程，可以了解居民存在的困难、问题，并且根据实际情况为居民提供建议和帮助。这本身就是联系居民、了解居民、沟通居民、服务居民的过程，利于拓宽居委会的工作路子，和谐社区的建设也就含在其中了。

总之，“信访代理制度”可以畅通信访渠道，有效地把一些矛盾化解在基层，有利于社会的和谐、稳定，而且，从济南市历下区的经验看，该方法的可操作性也较强，因此值得借鉴。

（2）代理站的工作模式

社区聘请素质较高的退休干部、老师、律师及在职法官、检察官担任信访代理员，主要承揽社区居民的信访案件，主动为上访群众提供法律服务，促成信访事项的妥善解决。

这种模式是通过委托代理形式，充分发挥了代理员行政工作经验和优势。实践效果表明，信访代理制能够良化信访秩序，缓和上访者情绪，提高信访工作质量，有效避免基层无序上访、多头上访和越级上访的困扰，营造良好的社会气氛，同时具有较强的可操作性。

（3）代理站的运行机制

①聘请代理人员。社区居委会聘请素质较高的退休干部、老师、律师及在职法官、检察官担任信访代理员，主要承揽社区居民的信访案件。

②建立社区信访代理工作站。工作站人员相对固定，每月 5 日、15 日、25 日为到站工作日。工作站以制度为保障，建立了代理信访制度、定期调度制度、调查研究制度、督导考核等一系列制度。

③建立信访代理制度。“信访代理”要求法律服务人员在取得信访人理解和信任基础上，与他们签订《信访代理协议书》，约定由代理人无偿公正地代理解决问题，并承诺办理时限。期间，信访人不得再次上访。

④确立信访内容。群众工作站发挥代理信访的职能，紧抓影响基层和谐稳定的村民积怨、邻里矛盾、宅基地纠纷、产权争议等问题，规范群众的信访行为，引导群众依法有序反映问题。

⑤强化信访代理员的工作权限。社区信访代理员必须遵循信访工作“宜早不宜迟，宜查不宜避，宜快不宜拖，宜实不宜虚”的原则，在工作中确保“四包”，即对居民反映的问题包整理、包反映、包反馈、包稳定。对平时听取、收集的社情民意和信访苗头事项进行研究分析，对确实需要向上级政府或有关部门反映的，经归纳整理后按照程序予以反映；对反映的问题，上级政府或有关部门有处理意见和结果的，及时传达，如信访人仍不满意、不理解的，积极协调相关责任部门解决问题，并做好群众的说服教育工作；对一时尚无处理意见、结果或暂时无法解释的，负责做好群众稳定工作。

⑥社区对工作分工及时进行调整，确保代理员有时间、有精力做好社区群众信访工作。同时，将代理员的联系方式、代理区域、信访代理员制度的运行方式等信息，以公告牌的

形式向社区群众公布，方便群众联系，接受群众监督。对一些重大信访问题，做到“四早”，即情况早预报，工作早介入，问题早处理，苗头早控制，确保不发生影响稳定的信访事件。

⑦深入排查信访隐患，了解社情民意，解决群众困难。工作中，强化主动排查和超前排查，始终做到“四个注重”，即注重弱势群体、注重有上访记录群体、注重新增上访群体、注重与区域重大事件有关的群体。对排查出的问题和隐患，全部登记造册，及时解决。对处置不了或有可能引发上访问题和群体性事件的不稳定因素及时上报，起到预警作用。

⑧街道信访代理总站每半月召开一次信访代理情况会议，对工作进行通报和反馈，将各类信息梳理归类，认真分析，制定预案，落实责任。适时广泛宣传信访相关事宜，增强群众的法制意识，为群众当好参谋、指好方向，引导群众依法有序表达诉求。

⑨广泛宣传信访代理制度。在居民区普遍建立信访事项信息员队伍，设立信访事项代理服务窗口。周桥街道利用新型住宅小区信息化优势，设立了有关的网页和电子信箱，社区居民足不出户，就对信访代理工作了如指掌。

在社区设立服务窗口，形成了两级工作网络。居民不出社区，就可以反映问题。特别是对一些需要有关职能部门处理的信访事项，设立了代为反映情况、代为反馈意见的代理职能，避免了群众来回奔波和盲目越级上访。信访工作站是在新形势下密切联系群众的平台，管理人员或信访代理人员可以深入社区基层，认真倾听民生，有针对性地帮助群众解决在就业、入学、养老、社会保障等方面存在的困难。

（三）完善社区教育体系

建立社区矛盾的协调预防机制、构建社区矛盾协调平台，对于疏导社区矛盾，给社区居民营造一个利益表达的合理途径，在构建“和谐社区、平安社区”方面是非常重要的。而完善社区教育是社区建设的长效机制，也是预防社区矛盾的主要途径，具体包括社区学校、志愿者活动、社区俱乐部和老年活动站等方面。

1. 社区学校

社区教育是在一定区域内利用各种教育资源，开展旨在提高社区全体成员整体素质、服务区域经济建设和社会发展的教育活动，具有“全员、全面、全程”的开放性特征。发展开放型的社区教育，对于保障和满足社区成员学习的基本权利和终身学习的需求，推动社区精神文明建设，促进社区可持续发展，以及建设现代社区具有十分重要的意义，尤其是对于协调学校、家庭、社会三者关系，形成青少年教育的合力，更具有独特的重要作用。

（1）社区学校模式

社区依托民办培训学校，成立社区教育学校，以发挥民办培训学校的资源优势，为社区提供方便灵活的学习场所，满足社区居民的学习需求。在此基础上，开展系列社区教育活动，如民办培训学校将图书免费供社区居民阅览，免费为社区组织的各类讲座提供培训场所，为社区组织的文艺演出提供服装，为居民免费提供舞蹈培训、合唱指导等。社区则常常邀请民办培训学校参与社区的活动与管理，与民办培训学校的互动逐渐步入良性循环。

（2）社区学校模式类型

一是学社共建模式。即由学校和社区联合，共同负责计划的制订和实施。如社区居委会与社区幼儿园联手探索“共建型”亲职教育基地运行模式，尝试联合幼儿园和社区的力量，优势互补，通过亲职教育的形式，共同承担起对婴幼儿主要养育人员的培训辅导工作，从而提高婴幼儿主要养育人员综合素质，提高家庭生活质量，推进和普及优质的早期教育，从宏观上引导家庭、社区、学校共同参与对婴幼儿的早期教育，同时为推进学习化社会建设奠定基础。

二是社区主导模式。即以社区为基础，充分发挥社区的教育优势，使社区教育作为学校教育、家庭教育的延伸和扩展，凸显社会实践体验。如通过社区“志愿者服务队”，因地制宜组织孩子、教师、家长、社区干部参与其中，一方面采取切实可行的措施，齐抓共管、全面行动，着力为孩子营造一个和谐的大环境，同时也增强了青少年的自我教育和责任意识。

三是学校主导模式。即发挥学校的教育优势，开放办学，促成资源共享。如在社区内的学校推出“三位一体的平安青春期工程”，就是利用学校组织的优势，为家长、社区干部提供青少年的青春期教育，通过“推门进课堂”“开设讲座”“组织培训”等活动，指导并发动家长、社区计生干部共同投入到青少年的青春期健康教育中，形成教育合力，为青少年的成长创建良好的环境。

（3）社区学校的内容

一是开展公益性讲座。以公益性讲座的形式，使心理学课程进社区、安全教育进社区、道德讲堂进社区、法律知识进社区。依托社区各类学习型组织，大力开展社会教育、青少年教育、老年教育，满足居民群众终身学习的需求，进一步提高社区居民的思想道德素质和科学文化素质，促进社区建设和社区管理的知识化、科学化、规范化，把街道建设成为具有学习化特色的文明社区。

二是开展技术、技能类教育。社区学校是发挥社区教育资源作用的一大载体，将以满足社区居民各种学习需求，促进市民素质和提高城市文明程度为目标，开展技术、技能类具体性课程，使课程贴近居民生活。这些课程内容包括：

第一，为下、待岗人员设置技术类课程，提高他们的职业技能，帮助他们重返工作岗位。一些在烹饪班学习的下、待岗女工，由于掌握了烹饪技术，很快在宾馆酒家重新找到了工作。不少从事家政服务的下、待岗女工，利用学校开办的一些课程“充电”，提高了家政服务质量，受到了用户好评。

第二，为提高居民的生活技能开设相关课程。烹饪班不仅提高了居民烹饪技术，也改善了家庭膳食质量，丰富了家庭菜肴。工艺编织班的学员掌握了一门技术，利用自己的技艺，把居室打扮得漂漂亮亮，逢年过节，捧上自己特制的花篮、花束赠送亲友，既经济实惠，又增进了感情。健康教育班更是深受老年人的喜欢，他们通过了解各类疾病防治、心理卫生等知识，提高了自我抗病的能力。

第三，开设满足居民精神文化需求的课程。社区学校开办的文娱班，吸引了众多退休人员参加。他们在寓教于乐中不仅丰富了文化生活，给家庭生活带来了乐趣，而且增强了

体质，锻炼了身体。一些平时身患疾病、足不出户的老人通过娱乐班的学习，焕发了青春，甩掉了药罐子。不少原先热衷于“筑长城”的居民从此告别了麻将桌。学员们不仅求知欲强，同时展示欲也很强。他们希望能经常参加演出，一方面提高自己的文艺水平，另一方面也能增强学习兴趣。

（4）管理方式

增强社区学校的凝聚力。为进一步调动广大居民参与社区学校发展的积极性、主动性和创造性，把社区学校真正办成居民自己的学校。

一是鼓励居民自主办班、参与生源组织和教育管理工作。凡居民要求开办的课程，我们都提供场地，积极支持。生源由居民配合共同组织，教师也可由学员自行聘请，经社区学校考核后发给聘书。

二是推行班委会制度。在社区学校各班逐步推行班委会制度，让学员自己管理自己。学校管理方式的改变，使学员自我管理、自我提高的意识得到增强。学员参与组织和管理的办学形式，增强了社区学校的活力。

三是组建社区志愿者。在社区学校组建一支由社区不同居民参加的志愿者队伍，他们以普通居民的身份，在社区建设和管理中发挥组织作用。

（5）社区思想政治教育

做好社区思想政治工作，仅凭一所学校是远远不够的，必须充分发挥社区学校的辐射作用，向小区、楼组、家庭、社区单位、公共场所延伸，不断扩大思想政治工作的覆盖面和渗透力。

一是向小区、楼组、家庭渗透。根据“学者有其校”的要求，在各居委会建立分校，规定必须设立5个以上的班级，并作为“一把手”工程抓紧抓好，做到人人有学习之所，时时有学习之机。同时，将社区离休干部组织起来，成立“离休干部联谊会”。除每周安排各类活动外，每人根据自己的特长自报家门，负责一项小区的公益性工作，如青少年教育讲师员、科普推广员、小区巡访员、安全检查员等。

二是向社区单位延伸。社区学校由于有社区单位的参与，打破了原有的社区教育资源条块分割的局面，提高了现有文化教育设施的利用率。社区单位不仅为社区学校推荐最好的老师任教，而且动员职工积极参加学习。现在几乎每个班都有社区单位的职工参加学习。通过社区学校的活动，增强了交流和沟通，也加深了对社区的了解，对社会的了解，提高了社会责任感。

三是向公共场所拓展。随着居民健身热潮的兴起，每天都有数以千计的人到公园晨练。为便于管理和相互学习，社区学校可与公园管理部门联合建立了晨练队伍的组织网络，动员他们参加社区学校学习，提高他们的自身修养和文明素质。同时，通过发动党员对从事有害健身的队伍进行劝说阻止，用健康科学的健身方式进行引导扶植。

在社区学校的创办和运行过程中，一方面要为社区居民提供便利的受教育的机会，创造条件满足社区居民不同的需求，维护社区的稳定团结；另一方面要在社区学校把思想政治工作与群众的利益需求紧密结合起来，使每个居民生活起居有序、娱乐活动丰富、心理

卫生健康，邻里团结互助、社会和谐相处。

2．社区法律服务中心

法律服务中心是以社区为依托，为社区广大居民提供“一站式”“超市式”法律服务的机构。集法律咨询、纠纷调解、法治宣传、司法协助等职能于一体。在不出社区的前提下，对遇到法律问题的居民群众，进行贴心的法律咨询和服务。只有推行法律服务入社区，才能使法律更广泛地接触群众，更好地服务群众、服务社会。

（1）社区法律中心的作用

①满足社区群众日益增长的法律服务需求。随着社会经济和文化的发展，人们在生活中遇到的涉及就业、房地产、家庭事务及邻里关系等现实问题越来越多，对相关法律服务的需求与日俱增。绝大多数群众法律知识水平远远不能解决生活中所遇到的问题。对一些特殊群体，如外来务工人员、贫困家庭人员等，仍然存在着救助投诉困难等现象。设立社区法律服务中心，是服务群众，满足基层群众日益增长的法律需求的有效途径。

②有利于社区诉求表达机制的建立。在社区建设过程中，社区“再就业”工程，外来人口和租住人口管理，以及与群众生活紧密相关的水电、道路、环境、物业管理、拆迁等事务，都需要一个表达诉求与上下沟通的规范渠道，改变现在自行维权处于弱势和过度依赖媒体曝光以解决问题的局面。通过社区法律服务中心，在社区建立诉求表达机制及管理协调机制，群众的意见和建议可以通过社区传达到政府的相关机构，为政府决策和公共管理提供参考依据。

③有助于调解社区矛盾。社区法律服务中心，通过法律宣传教育，一方面可以对社区内各种家庭问题和其他纠纷进行引导和调解，送法进家庭，有利于及时处理居民生活中的各种矛盾，缓解由于诉讼增长过快导致的司法资源不足。另一方面，可以对本社区的社情进行及时的总结、分析、排查和预警，有利于从源头上防止和化解引发矛盾纠纷的各种因素，更有利于配合现在推行的“社区矫正”等的实施。

（2）社区法律中心的服务内容

第一，提供法律咨询。为群众日常生活中遇到的法律问题提供咨询服务，对群众提出的问题给予解答，讲解国家有关婚姻、家庭、财产、继承的政策与法律，引导群众正确对待和处理婚姻、家庭问题，并接受家庭问题投诉和求助，对社区内的家庭暴力、遗弃等不良现象进行干预。

第二，提供劳动就业指导。社区法律服务中心提供为社区群众，包括初次就业者、下岗人员再就业、外来务工人员等的劳动就业提供法律层面的指导，提供有关劳动法律、法规和政策咨询，解答关于劳动合同、劳动者维权方面的问题，调解劳动者与用人单位之间的劳动纠纷。

第三，调解社区纠纷。社区法律服务中心可以对社区内的家庭纠纷、邻里纠纷进行调解，站在中立的立场向纠纷各方讲解法律、分析事实，协助妥善处理好问题，做到“事情了结、人情还在”，维护社区和谐的人际关系，减少因纠纷引发的诉讼、上访，防止因矛盾激化发生暴力性事件。

第四，法律援助指导。社区法律服务中心可对社区中符合法律援助条件的经济困难或特殊案件的当事人或其亲属提供指导，介绍我国的法律援助制度，帮助其获得法律援助。

第五，协助社区管理。法律服务中心利用自身的法律优势，为社区管理的决策、社区规章制度的建立健全提供法律意见，协助社区的行政和公共事务管理，协助并对相关的执行情况起到法律监督的作用。

第六，法制宣传教育。法律服务中心可以持续地、固定地在小区内开展各种法制宣传教育活动。一方面通过制订长期的教育计划，在社区内开展稳定的、系统性的法制教育宣传。另一方面结合社区当前的实际情况，灵活地安排最适合的法律宣传。

第七，排查与预警。法律服务中心对本社区的民生、区情，有着比较全面地了解，对社区内的各种矛盾、纠纷和公共事务掌握得比较细致和准确，有利于及时发现问题、解决问题，把矛盾解决在萌芽状态。例如对人员和家庭间的可能激化的矛盾进行事前防范，对社区内的大型活动进行事前的安全预警，对社区综治情况进行定期分析和风险评估等。

（3）社区法律中心的服务形式

服务中心以来访接待、提供法律咨询为最主要的服务方式，并开通服务电话，进行答疑解难。同时，推行上门服务，了解群众生活，宣传法制知识，及时妥当地处理各种矛盾。

（4）社区法律中心的工作人员

中心的人员必须具有专业的法律知识或专业知识。其人员组成可分两部分：一类以具有丰富法律知识人员为主，比如退休法官、检察官、高校资深法律教育者等。一类是各类专业人士，聘为中心顾问，当具体的调解事项涉及专业知识时，可以对中心的法律工作人员进行相关专业知识的指导。

（5）法律中心工作的注意事项

服务中心在履行职能时应注意，中心是为遇到实际法律问题的居民提供日常的法律咨询，对群众在生活中遇到的一些有关婚姻、家庭、继承、合同、邻里关系等常见问题进行初步解答，对一些实际问题进行指导，讲解国家政策和相关法律法规的规定，指引解决问题的适当途径和对口部门。

这些法律意见只属初步参考和指引性质。中心不能代替职业律师，更不能代替相关职能部门不应就任何复杂案件详尽分析，妄言其是非曲直，也不应为当事人提供深入的法律意见或妄言官司的胜负。

3．老年活动站

社区是老年人生活和活动最集中的地方。搞好社区老年活动站，组织、动员老年人积极参加社区文化活动，以文化活动为载体，宣传党的路线、方针、政策，充分发挥文化教育、知识、娱乐的功能，提高全民觉悟和文化素质，对全社会形成崇尚科学，鼓励创新反对迷信和伪科学，从根本上促进老年人提高生活质量，加强社区和谐和稳定，具有十分重要的意义。

（1）活动站目的

①以“老有所养、老有所医、老有所敬、老有所学、老有所为、老有所乐”为宗旨，

坚持自愿、量力、安全的原则，开展合法的为老人服务工作。

②组织活动。通过举办各种适于老年人的活动，如文化的、体育的、休闲的、学习的、科普的、娱乐的等活动，有效地传播关爱老年健康，构建和谐社区的理念。

（2）工作范围

①维护老年人自身的合法权益，向街道、社区居委会反映老年人的意见、需求，发动全社区重视老年人工作，关心老年人。

②了解老年人健康状况，促进社区医疗和养老服务体系的建立和完善。

③组织发动本社区居民和低龄健康老人等，从事志愿者服务，低偿服务及合理合法的有偿服务，联络、探望、关爱、帮扶特困老年人。

④为老年人展示才能、发挥余热创造条件，创建合适的有偿服务组织。

⑤组织适合老年人的文化、艺术、体育、娱乐等活动。

⑥举办老年人法律、时事、科普、保健及信息等知识讲座，开展宣传和交流活动，创建老年学校。

（3）活动站工作内容

①主动走出去，与老龄委、街道办社区、市区或机关事业单位的老干部活动中心等合作，广泛发动社会力量，充分利用好活动站的有效服务平台，根据具体情况，或室内或室外开展老年活动，收集更多的资源。

②利用内部员工的特长优势，开设兴趣活动班等具有一定的主动性和低成本性的活动。

③充分调动老顾客和老年人的积极性，发挥其专长，参与策划组织各项活动，成为活动站的荣誉活动队长等。

④根据社会的需求适时参与和举办各项活动。

（4）具体活动

①开展适合老年人的一些兴趣活动。社区中喜爱栽花、养草、喂鱼、养鸟、篆刻、根雕、集邮、收藏、书法、绘画、写作等活动的老人，因各自家庭、性格、经历、经济、身体条件的不同，根据自己的兴趣对文化活动项目的选择、参与具有较大的差异。这部分老年人具有一技之长，并在不同级别的竞赛中获得过好成绩，大多数是自娱自乐，在爱好中修身养性。

②根据老年人的生活习性和身体特点，开展室内文体活动。由于年迈体弱或兴趣爱好较少，老年人的闲暇生活基本上是以户内活动为主。活动站应给老年人提供诸如看电视、读书报、听广播等文化活动的处所，或组建兴趣小组，讨论老年人所关心的问题。

③开展社区老年人活动，增强集体观念。老年人从岗位上、劳动中退下来，随着社会的变革成为社区人，失去在单位或家庭中唯我独尊的地位，加之生理上的原因，固执、急躁、多疑、易怒及自怨自艾的老年心理特征日趋明显。老年活动站通过组织老年人活动的形式，开发和引导老年人智力潜能的工作，冲破习惯上的精神樊篱，通过内容健康、形式多样的文化活动，使老年人增添生活乐趣，拓展视野，陶冶情操，促进老年群体对社区文化的兴趣，并积极参与社区老年文化生活动。

老年活动站不仅丰富了老年人的业余文化生活，也使老人们走出家门再一次地融入到社会当中，使老年人又找到了社会归属感，也为社区和谐和安宁提供了必要的保障，使社区矛盾得以缓解、化解。

三、虚拟社区平台的构建及管理

与传统意义上的“社区”相比，虚拟社区同样有明确的空间界限。主要成员具备可识别的固定身份，并在互动中形成共有的约束规则；有专门从事技术维护支持的人员和机构；有虚拟社区的注册成员和非注册成员共享的虚拟社区资源。在虚拟社区中，具有反映成员间的价值认同和心理情感认同。基于这些与现实社区相类似的特点，可以通过网络管理的方式对虚拟社区进行引导和管理。

虚拟社区是预防社区矛盾的途径之一。它是相对于现实社区而言的，在概念上与网络社区可互通，主要依托于互联网技术基础，以网络为平台，以网上论坛为表达形式，通过自由发表评论和意见，参与社区的建设和社区事务管理，表达方式包括社区论坛、网络博客、网络微博、网络聊天、跟帖发表意见和网络评论等。

（一）虚拟社区是化解矛盾的重要平台

虚拟社区为社区管理机构和社区居民提供了一个互动的讨论平台。社区的每个居民可以足不出户地参与社区事务管理。每个论坛的参与者局部性的意见随时都可能得到广泛的关注，并迅速得到反馈，使与议题相关的管理机构置身于社区舆论监督之下，有利于促进管理机构改善管理方式，更好地为社区居民服务。

网络作为新兴媒体，它的快速、方便、隐藏等特点吸引了越来越多的网民在论坛上发表诉求。社区管理机构或网络管理部门通过网络监管、疏导协调，以虚拟社区为矛盾化解平台和疏导手段，积极发现和化解矛盾，维护社区稳定。例如，江苏省海安政府网站建立完善回帖制度后，专门配备一名回帖员，每天浏览民间网站，及时对单位职能范围内的帖子进行回复，疏导公众情绪，解决群众关注的问题。

（二）虚拟社区的应用形式

根据CNNIC的报告，现在的虚拟社区主要的应用形式可划分为五类，即即时通信、博客、电子邮件、社交网站及BBS。此外，微博、手机这种交流形式也逐步成为大众青睐的交流平台。下面我们对以上所提及的七种应用形式做简单的介绍。

1. 即时通信

如MSN、QQ、聊天室等，即时通信给人们提供了一种新的交往方式。网民可以通过MSN、QQ等即时通信方式，与不同的网络社区成员进行互动，传达出自己内心的想法。

2. 博客

这是一个引进的概念（Blog），“博客是由博客平台提供商提供，网民通过注册获得使用资格的一种网络空间，网民可以在上面发表自己的言论、观点等供他人浏览。”博客是一种能自由交流的媒介，它自身所具有的传播方式使受众转变为网络公众。

3．电子邮件

电子邮件又称电子信箱、电子邮政，它是一种用电子手段传送信件、单据、资料等信息的通信方法。通过网络的电子邮件系统，用户可以用非常低廉的价格不管发送到哪里，都只需负担电费和网费，以非常快速的方式，几秒钟之内就发送到世界上任何你指定的目的地，与世界上任何一个角落的网络用户联系。同时，用户可以得到大量免费的新闻、专题邮件，并实现轻松的信息搜索。

4．社交网站

社交网站为用户提供了自我表现、网络交际功能的平台。社交网站的用户关系由现实中延伸或在网站平台上逐渐培养。用户可以通过多种方式与他人构建关系并进行互动，逐渐体现出了网络公共领域的功能。

5．网络论坛 /BBS

网络论坛（BBS）全称是“电子公告板系统”，最早诞生于70年代的美国，主要运用于电脑使用者之间进行语言交流和计算机软件共享等。在网络论坛 /BBS，网络使用者可以轻松地选择进入，并就论坛内的某一个话题展开持续地讨论，也可以阅读别人的文章，针对别人的观点发表评论，还可以旗帜鲜明地发表自己感兴趣的主题。

6．微博

微博即微博客（MicroBlog）的简称，是一个基于用户关系的信息分享、传播及获取平台，以140个左右的文字更新信息，并实现即时分享，主要以个人面向网络的即时广播。通过群聚的方式，每个人都可以形成一个自己的听众群落，用微博客的方式，将个人的见解和观点发布给自己的听众，以最精炼的词汇来表达最高深的观点。可以与网站、手机、QQ等联系起来，传播信息具有短、频、快的特点。

7．手机

手机在成为现代最重要通信工具的同时，也成为维系人们感情的重要媒介。在我国，手机的普及率逐年稳固增长，有数据表明，到2010年，我国手机的使用人数将达到6.87亿。在化解虚拟社区矛盾的工具中，手机是一个不可忽视的工具，其作用不可低估。有关部门可以利用手机短信搭建一个收集矛盾信息的平台，亦可将矛盾处理的结果及时反馈给相关人员，及时上传下达，保持矛盾化解渠道的畅通。

（三）虚拟社区的管理

1．对网络自身的管理

第一，明确网络舆论形成的结构。网络舆论形成基本路径主要经过如下几个环节：①网络媒体、传统媒体和网络民众是相互影响的，他们之间的互动导致了最终舆论的形成；②在传播过程中，网络媒体通过与传统媒体的互动，进行潜移默化的设置议程；③焦点事件（包括现实社会事件和网络传播事件）对舆论报道和形成具有源发性的影响，其中作为

传播者（受众），通过网络的方式对信息进行接收和输出，并以舆论的形式反馈出来；④受众通过网络独有的“意见公开市场”进行讨论，作出判断和解读，形成一致的看法；⑤受众进行反馈，调整或改变议题、议程。这样，网络舆论不断循环，就形成了社会舆论。

通过网络舆论形成路径示意图（详见图6–1网络舆论形成路径示意图），可以看出网络媒体和传统媒体对舆论的影响。一方面，有助于了解网民（受众/传播者）在舆论形成中的角色和作用；另一方面，通过舆论形成的方式和途径，可以及时掌握网络虚拟社区信息的传播，做好引导和管理。对虚拟社区的自身管理，也就是对网络舆论的管理。网络管理机构或虚拟社区管理部门应明确网络舆论的形成，并以此通过必要的监管、控制、引导、解释等方式完善网络管理。

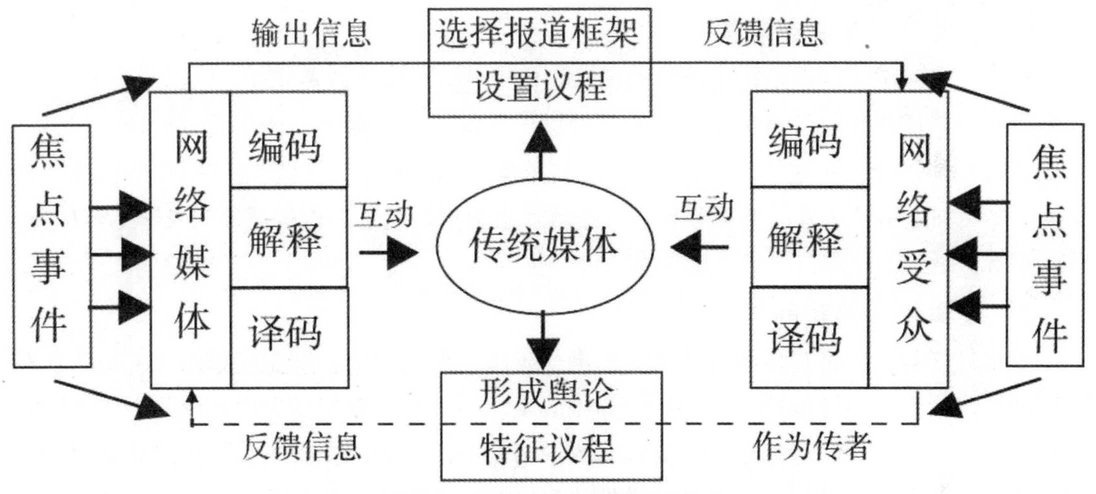

图6-1　网络舆论形成路径示意图

第二，网络监管。对网络上的内容和讨论过程进行控制，避免不相关的话题，删除垃圾信息和广告等，尤其是针对更多的作为网络发言环境的媒体论坛，更要从严管理。运用网络技术监督，过滤、删除反动、色情、迷信的言论，并为网友提供正确的言论方向，充分发挥网络媒体的言论导向作用。

第三，打击侵权行为。网络上出现侵权行为（特别是侵犯网络隐私权）时，网络管理机构应该将确定责任人定为重要任务之一。网站商家作为经营者，对网民讨论起着监督作用。所以如果出现网络侵权行为，网站经营者应该承担相应的主要责任。针对“网络暴民”（主观动机：恶意制裁、审判当事人并谋求网络问题的现实解决。采用方式：通过网络追查并公布传播当事人的个人信息隐私，同时煽动和纠集人群以暴力语言进行群体围攻。导致结果：在现实生活中使当事人遭到严重伤害并对现实产生实质性的威胁。）的侵权行为，网络虚拟社区管理机构要加强网络管理，提高社区网民法律意识，增强个人信息保护意识，提高网络技术的驾驭能力，做好网络安全教育。

2．对社区网民的管理

第一，对虚拟社区注册人的管理。确立有效的注册程序，通过“阅读注册条款”“进

行注册”“确定注册”和“注册管理”等步骤，对虚拟社区网民进行账号管理，同时明确社区网民的权利义务、应遵守的各项规章制度和行为准则，否则将被社区管理员开除或者被封权。

第二，坚持实行网络实名制。它有助于改善网络社区的失责行为，从长远来看，对论坛、博客施行实名制，一方面保护了网民在网上发表自己观点的权利，另外一方面对于网民自身而言，作为一个实实在在的自然人，就是要对自己在网上的言行负责。

第三，限制网民针对一个话题进行发言的最低字数，这样也可以进一步地增强网上信息的质量，有利于形成有效的舆论。

（四）虚拟社区化解矛盾的方式

1. 现实社区矛盾的化解

虚拟社区矛盾的特点是现实社区矛盾网络化、虚拟社区矛盾现实化、网络矛盾扩大化。针对现实矛盾网络化，一方面要做好现实社区矛盾的控制和调处，使矛盾不出社区，另一方面就要加强对现实社区矛盾向虚拟社区矛盾的转移和蔓延，尽可能地控制在虚拟社区内解决，避免向虚拟社区外的蔓延和扩大。这就要求虚拟社区管理机构或部门及时了解情况、积极引导，通过 QQ 群、网络论坛等途径进行化解。

2. 虚拟社区矛盾的化解

虚拟社区冲突不过是传统现实冲突的网络延续，事先预防、避免或尽量化解是非常有必要的。尽量将虚拟社区冲突在虚拟世界中解决，不要波及现实世界中具体的个体，影响或危害其工作、生活。这就需要各类政府或网络管理部门必须积极主动筹备建立虚拟冲突纠纷解决机制，例如建立虚拟仲裁、虚拟法庭、在线调解、在线和解等制度，通过社区管理员做巡视员，或聘请专业回帖员担任 QQ 群主或微博博主，以三方网络会谈的方式对网络矛盾进行协调，将虚拟冲突大事化小、小事化了。

（五）虚拟社区的矛盾化解途径

根据虚拟社区网民的“使用动机”和“参与行为”和社区网民参与、浏览虚拟社区网站目的（获知信息、寻找机会发言、打发时间、解决问题等）以及网上发言、发帖目的（获知信息、内容分享并获得赞同、观点辩论、人际沟通、个人宣泄、求助控诉等），对虚拟社区所反映的问题、矛盾进行必要地引导、化解，具体包括以下途径：

1. 组建网络“参照群体”

网络次级群体（网民群体）的活动具有随意性和盲目性，极易形成极端化的观点，导致他们的目光短浅和“夜郎自大”，从而引发偏激的网络舆论。因此，应组建一个由专家、学者及各行业的权威人士组成的参照群体，利用微博、论坛、评论对网络谣言辟谣，引导网民理性看待网络突发事件，及时地对所发生的突发事件发表看法并提供合理的意见和建议，积极引导网络舆论健康发展。

2．选任 QQ“群主”

各居委会的主任、社区管片民警、城管队员、物业管理员等以实名在网上担任 QQ 群“群主”，及时听取居民意见和建议，帮助居民解决问题，或通过微博来倾听虚拟社区成员的各种声音，从正面引导虚拟社区成员的言行，并及时发布各类消息，正本清源，疏通信息传递渠道，遏制和澄清有关谣言。

3．做好“网络把关人”

网络把关人在信息选择和引导舆论方面至关重要，既要做好把关人又要做好导航员，在充分尊重人们言论自由、允许各种不同观点和意见发表的同时，也要进行积极的疏导和引导。把关的方式要变“严把关”为“巧指路”，变让人们“看什么”为教人们“怎么看”，变以“堵”为主为以“导”为主。网络把关人应当是信息的提供者、信息引路人、信息规范者和监督人，设置好有关的话题或者议题，来吸引网民个人参与到网络讨论空间，整合不同空间的话语，就能够在交流中引导大众舆论，促成正确舆论形成。

4．培养“意见领袖”

利用这些“意见领袖”引导网上舆论，已经成为一些大型论坛的普遍做法。这些“意见领袖”有见地、有代表性的发言，一般会被版主用醒目的字号和色彩加以强调，放在网页的突出位置，以强化主流言论，孤立非主流言论。而版主作为网络舆论的管理人员，在一定程度上是作为网络舆论意见领袖发言的，其意见也带有一定的引导性。因而选择具有良好素质的版主也是网络舆论培养意见领袖的一个途径。

5．“网络发言人”管理

在虚拟社区论坛管理中安排专人，对虚拟社区进行实时在线管理。通过在线解答社区政策、法规、管理动态，及时反馈居民网上的疑问和投诉，要求“网络发言人”将社区中的社会热点、焦点问题及各种合理诉求、举报、意见、建议等编辑成简报，呈送地区主要负责人，并要求相关部门对群众诉求、举报进行调查、协调、处理，在限定时间内将最终结果形成报告反馈给信息管理中心，而信息管理中心又将结果及时反馈到社区中。

6．设置“网络回帖员”

在虚拟社区论坛，通过设置“网络回帖员”，可以将信息管理中心对群众反映的情况和提出的诉求进行回帖说明。宜做到件件有联系、事事有回复，对于网民提出的不合理诉求或客观上一时无法解决的问题，也要做出耐心、细致的解释和说明。对回避问题造成严重后果的地方和部门主要负责人及有关责任人要严肃追究责任。江苏省海安推行“回帖员制度”，在第一时间引导舆情，发言人不仅要在第一时间对网民提出的问题进行回复，而且要向网民及时公布涉及民生的有关当事人。

7．聘任论坛主持人

论坛主持人在虚拟社区论坛中处于“二级传播者”的地位，可以通过主持定期的论坛主题来对公众舆论加以科学的引导。作为畅达民意的现代沟通方式，社区网络论坛在传递信息、吸纳意见、了解民意、引导舆论方面具有非常重要的作用，对社区公众舆论的引导和必要的教育也具有积极的影响力。因此，在社区网络论坛中，一定要选择一位熟悉网络管理技术、掌握社区管理政策、具有大局意识、富有理论修养和交谈技能的社区管理人员充任论坛主持人。通过主持论坛专题讨论的管理方式，以理性的方式开展论坛讨论，引导社区舆论风气，塑造健康的社区范围环境。

（六）虚拟社区的矛盾处理流程

网络管理机构或部门在虚拟社区对网民的问题或纠纷进行巡查，这主要应由网络管理员或“网络把关人”，接受虚拟社区中网民反馈的信息或出现的一些网络矛盾纠纷。在这里，网络调处中心和网络对接中心是虚拟社区矛盾调解的核心部分，起着承上启下和综合处理的重要作用，负责对虚拟社区所反映的矛盾分类归责，做好协调；同时对所接纳或收集到的虚拟社区矛盾区分为治安类纠纷、网络疑惑、网络纠纷、现实生活中的民事纠纷、经济纠纷和政府部门的执法纠纷等几类，通过调处中心，相应地归责于对口部门或负责部门去解决。

在这些部门或机构的调解下，以受理、调查和调解的方式对虚拟社区矛盾进行处理。处理方式包括网上和网下，对调解成功的可以直接做调解协议书，结案存档，并作跟踪回访。对调解不成功的，可作为现实社区矛盾去处理，或做申诉或申请仲裁等。虚拟社区矛盾处理方式与现实矛盾纠纷处理相结合，各部门、机构相协调，网民与网络管理机构互动。

虚拟社区的矛盾调解包括以下八个步骤（详见图 6–2 虚拟社区矛盾处理流程图）。

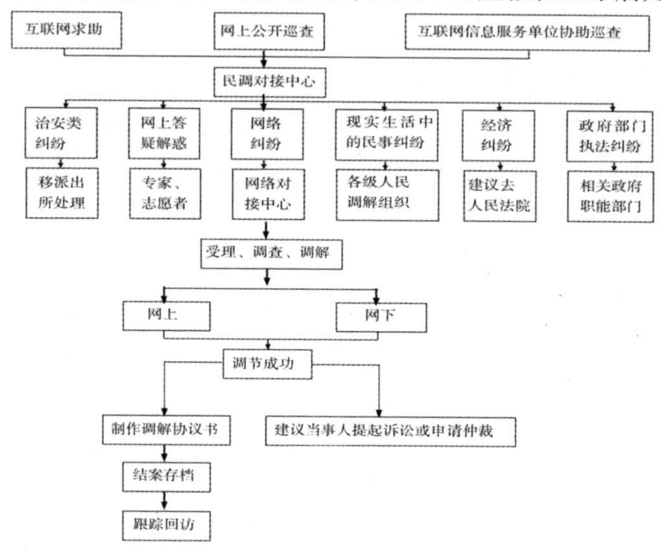

图 6-2 虚拟社区矛盾处理流程图

第一步，网络巡查员，包括网络把关人、“意见领袖”、网络回帖员、论坛“斑竹”、QQ 群主等，对虚拟社区网民所发的帖子、网络信息、论坛求助、意见建议等进行巡查、收集，同时结合互联网信息管理的其他机构进行信息交流或共享。

第二步，设立矛盾调处中心，具体由网络管理机构、虚拟社区网络中心、社区居委会、社区综治办、社区治安管理机构等组成。通过网络平台，对虚拟社区中所巡查的网络信息

和矛盾纠纷进行分类处理，具体包括对信息的分类和对所负责部门或机构的分工负责。

第三步，通过矛盾调处中心的分类和对应机构的分流归责，将虚拟社区所收集到的网民或虚拟社区成员所反映的情况、矛盾纠纷分流到具体的管理机构或负责部门，做到事有所归、事有所管、责有所重，使网民的信息得到及时有效的处理。

第四步，通过网络对接中心，将各个负责部门或机构对矛盾调处中心分类的信息处理情况，以网络对接的形式，进行整理、汇总，以网络发布的形式再次反馈到虚拟社区上，具体可由“网络回帖员”、论坛“斑竹”、QQ 群主或“意见领袖”来回复、发布。这一步骤主要在网上进行。

第五步，对网民所反映的问题或矛盾纠纷，在网上进行调解并调解成功达成协议的，可与具体的网民签订调解协议书，保证对调解的事件或矛盾纠纷结果表示认可，并确定调解效果。其协议一般为一式三份，其中网民持有一份、矛盾调解中心持有一份、矛盾纠纷当事人持有一份。

第六步，对调解成功并签订协议书的调解结果，除以协议书的形式结案、归档外，还应将矛盾调解的具体部门或机构、负责人员、调解事由、调解过程、调解结果、调解日期等以书面调解记录的形式备份归档。

第七步，对已调解成功的矛盾纠纷或反映的情况，在一定期限内（具体期限和次数可视情况而定，一般为 2 ~ 4 周）进行追踪回访，看矛盾纠纷是否得到真正的化解，所反映的事由情况是否得到真正的处理落实，避免矛盾的二次激化、矛盾纠纷的隐形发展和网络矛盾向现实矛盾发展的倾向。

第八步，对网上暂时无法达成调解协议的矛盾纠纷或反映的情况，矛盾调解中心和具体的矛盾调解机构给当事人或网民提出建议，让其通过法院诉讼或仲裁中心进行处理，并将所调解的事由或具体情况作以归档，在必要时转交法院或仲裁中心。

通过虚拟社区，可以为社区居民提供一个便捷、高效、开放、多样的网络空间。社区居民通过虚拟社区进行自由讨论、舆论监督，参与到社区管理和社区服务中来，维护居民自身利益；社区管理机构通过虚拟社区，畅达民意，动态管理，实现社区信息流畅，快捷沟通，管理高效，满足了居民不同层次的需求，达到“以人为本，虚实结合”的管理目标，维护社区的和谐、稳定，构建起预防社区矛盾的数字平台。

第三节　社区矛盾的化解机制和调解方法

为有效化解社区矛盾，减少社会对抗，抑制矛盾激化，首先就需要具备发现得早、化解得了和处置得好的应对能力。其次对矛盾要从源头治理，妥善处置，防止社会矛盾积聚、激化。同时，对那些合理诉求，要制订规划，逐步解决，避免矛盾发生。

一、社区矛盾的化解机制

社会各种利益和需求是多元化的，纠纷的主体是多元化的，价值和文化传统也是多元化的，而且社区矛盾纠纷呈现出的诸多新情况、新特点，使得单一的纠纷解决方式已不能适应社会发展的需要。因此，建立多元化纠纷化解新机制，充分发挥其在协调社会关系、化解社会矛盾、维护社会稳定中的积极作用，促进经济、社会和人的协调发展，是时代的必然要求。所谓多元化纠纷解决机制，是指在一个社会中，多种多样的纠纷解决方式以其特定的功能相互协调、共同存在所结成的一种满足社会主体的多样需求的程序体系和动态的调整系统。社区纠纷多元化解决机制的构建应当是由当事人、居委会、政府部门、司法机关、仲裁组织等组成的各成体系、互为补充的纠纷解决机制，具体包括调节财富分配的机制、促进公民平等的机制、防止滋生腐败的机制和扩展人员就业的机制。

以人为本的和谐社会，应该是一个富裕而公平的社会。如果一个社会贫富严重分化，两极尖锐对立，人的气就难以理顺，怨气就会产生。因此，构建和谐社会的理念是消除两极分化，赋予所有公民以均等机会，使大众共同分享社会发展的成果。分配上的公正、正义是社会走向和谐的基石，和谐社会“必须注重社会公平，正确反映和兼顾不同方面群众的利益”。

（一）调节财富分配的机制

实现社会公平的重要手段，就是调节分配制度，切实提高中等收入阶层在全社会人口结构中的比重，使收入分配从金字塔形变为橄榄球形。为此，应当提高一次分配的调剂能力，充分发挥税收调节收入过程中的杠杆作用，解决分配不公、贫富悬殊的问题。建立公平的工资增长和调整机制，可以考虑在一次分配中以按劳分配为主，坚持在规范中讲效率。在二次分配中要讲公平，加大对社会保障体系和教育、医疗等社会公益事业和社会救助体系的投入。充分调动社会各方面的积极性，建立社会救助、民间捐赠、慈善事业志愿行动等各种形式的第三次分配的制度和机制。尽快出台最低生活保障法，以法律形式进一步规范低保上限的运作，建立和完善低保“准入”机制、就业援助机制、分档救助制度、动态管理机制、违规操作的惩处机制、社会医疗救助体系、低保上限组织保障机制等。

（二）促进公民平等的机制

实现和维护社会公平，不仅仅是财富分配等经济问题，还涉及公民权利、社会地位、民主施政、自由平等、公共服务、司法公正等政治和社会内容。和谐社会是公民平等的社会，每一个社会成员都有平等的基本权利，社会阶层之间应当相互开放和平等进入。目前我国存在着不少有碍于社会阶层相互开放和平等进入的、必须予以消除的因素，如不平等的户籍制度、进入公务员阶层的身份资格限制、对民营企业家进入行业的限制，以及教育机会不均等之类的问题。就拿教育来说，除了经济发展和文化传统的基本国情外，政府公共政策的不同取向或偏差，严重加剧了现实中的教育不公。因此，必须从经济、政治全方位出发，建立健全促进公民平等的社会机制，从制度、政策、法律上营造公平的社会环境。

（三）防止滋生腐败的机制

腐败，是影响和破坏社会和谐的头号死敌。它的泛滥严重损害着党和政府的公信力，激起群众怨恨，加深社会矛盾。群体性利益矛盾并不必然发展为群体性突发事件，各类群体性事件的发生，往往与一些干部的腐败和官僚主义作风激化“民怨”有着直接的关系。

对于当今的干群关系，有人做了一个戏拟，过去是“鱼水关系”，而现在是“油水关系”。虽然是戏拟，但也透露了部分真实。那就是现在有的干部、公务员，不仅是脱离群众、浮在面上的，而且由于他们据守部门或一己的既得利益，挥金如土，贪得无厌，已经在为政品质和内在感情上与人民群众有了质的区分、隔膜。民众因此对他们产生“非我族类”般的排斥感，民众对“官员”从冷漠走向愤怒便在所难免。

因此，要在已取得重大战果的形势下，乘胜前进，在舆论上把腐败搞臭，在制度上建立健全防止滋生腐败的社会机制，筑起反腐的铜墙铁壁，切实把在这个问题上失去的民心收回来。

（四）扩展人员就业的机制

失业队伍扩大是当前主要问题。除通过增加投资，维护社会和谐、稳定外，一个突出新增的项目就是扩大就业，要提倡各企业科学地安排劳力，扩大就业门路，创造不减员而能增效的经验，尽量减少把人员推向社会而加大就业压力。这是建立健全各种化解社会矛盾机制的关键，正如温家宝同志在十届人大三次会议上的《政府工作报告》中所说：“必须坚持把人民群众利益放在第一位。要切实维护人民群众的经济、政治和文化权益，着力解决关系群众切身利益的突出问题，保障城乡困难群众的基本生活。不断满足人们日益增长的物质文化需要……只有执政为民，我们的各项事业才能获得最广泛最可靠的群众基础和力量源泉。”

二、社区矛盾的调解方法

关于社区矛盾的化解，我们应该针对其自身特征、产生原因等采取不同的解决方式。社区矛盾的化解主要有以下几种方式。

（一）人民调解的方法

人民调解是指在人民调解委员会主持下进行的调解活动。人民调解是人民群众自我管理、自我教育的好形式，它对增进人民团结，维护社会安定，减少矛盾，促进社会主义建设起到积极的作用。虽然人民调解委员会在基层人民政府领导下工作，但其性质属于民间调解。人民调解作为一项具有中国特色的法律制度，它在有效化解民间矛盾、大力宣传党的方针、反映社区居民意愿、加强基层民主政治建设、促进和谐社会构建等方面发挥着不可替代的作用。重视并充分利用人民调解委员会调解社区矛盾，对平安社区与和谐社区的建设有重大意义。

1．人民调解的矛盾内容

人民调解委员会调解的民间矛盾，包括发生在公民与公民之间、公民与法人、其他社会组织之间，涉及民事权利义务争议的各种矛盾。公民与公民之间的矛盾，一般是指发生在家庭成员、邻里、同事、居民之间，因合法权益受到侵犯或者发生争议而引起的矛盾。

2．人民调解的概念与特征

（1）人民调解的概念

人民调解，即人民调解委员会调解，是指在人民调解委员会的主持下，以国家的法律、法规、规章、政策和社会公德为依据，对民间矛盾当事人进行说服教育、规劝疏导，促使矛盾各方当事人互谅互让、平等协商、自愿达成协议，化解纷争的一种群众自治活动。通俗地讲，人民调解就是指在矛盾发生后，在本地人民群众推选的群众性调解组织——人民调解委员会的主持下，依照国家法律、法规、政策以及社会主义公德规范、习俗，在弄清矛盾事实的基础上，对矛盾双方当事人进行耐心细致的说服教育工作，促使矛盾当事人互谅互让，消除隔阂，最终达成协议，从而及时化解矛盾的活动。

（2）人民调解的特征

一是人民性。人民调解员是由人民群众选举产生，调解的矛盾是人民内部矛盾，调解的宗旨是为人民群众排忧解难，调解的目的是平息人民群众之间的矛盾，增强人民内部团结，维护社会稳定。

二是民主性。人民调解通过人民群众自我教育、自我管理、自我服务，化解自己内部的矛盾，是社会主义国家人民当家做主，行使管理社会事务民主权利的重要体现。在调解社区矛盾时，人民调解运用说服教育、耐心疏导、民主讨论和协商的方法，在查明事实、分清是非的基础上，通过重点预防，小纠纷不过夜，大纠纷及时处理，对已经处理的纠纷建立回防制度等措施，做到抓早抓小，堵塞漏洞，完善制度，落实责任，及时有效地消除社区一切安全隐患，使调解工作走上了规范轨道。

3．人民调解中的主体

人民调解中的主体是指参与人民调解活动，并在其中承揽责任和履行义务的个人或组织。具体而言，人民调解中主体包括人民调解委员会、人民调解员、产生矛盾的当事人。

（1）人民调解委员会

人民调解委员会根据当事人的申请及时调解矛盾。当事人没有申请的，也可以主动调解。人民调解委员会调解矛盾可以由委员一人或数人进行，应当在查明事实、分清是非的基础上，充分说理，耐心疏导，消除隔阂，帮助当事人达成协议。调解矛盾应当进行登记，作好笔录，根据需要或者当事人的请求，可以制作调解协议书。调解协议书应当有双方当事人和调解人员的签名，并加盖人民调解委员会的印章。

（2）人民调解员

人民调解员由村民、居民和企业单位的代表选举产生，也可以由村民委员会、居民委员会或者企业事业单位聘任。人民调解员需要具备的条件，即为人公正，联系群众，热心

人民调解工作，具有一定法律、政策水平和文化水平。人民调解员调解矛盾，必须遵守下列纪律：不得徇私舞弊；不得对当事人压制、打击报复；不得侮辱、处罚矛盾当事人；不得泄露当事人隐私；不得吃请受礼。总之，人民调解员履行职务，应当坚持原则，爱岗敬业，热情服务，诚实守信，举止文明，廉洁自律，注重学习，不断提高法律、道德素养和调解技能。

（3）矛盾当事人

矛盾当事人，是指因发生矛盾而接受人民调解委员会调解的双方主体。矛盾当事人肯定会存在职业、身份、地位等方面的差异。但是在参加调解时，他们都是平等的，不存在任何差异。双方当事人享有的权利应该是相同的，一方不能以自己的优势地位压制或打击另一方。

在人民调解活动中，矛盾当事人享有下列权利：自主决定接受、不接受或者终止调解；要求有关调解员人员回避；不受压制强迫，表达真实意愿，提出合理要求；自愿达成协议。矛盾当事人还要承担下列义务：一是如实陈述矛盾事实，不得提供虚假证明材料；二是遵守调解规则；三是不得加剧矛盾、激化矛盾；四是自觉履行人民调解协议。

4．人民调解的工作原则

人民调解的工作原则是人民调解工作进行中始终贯彻的原则，其对人民调解工作具有指导意义，是人民调解工作质量、工作水平与公信力的重要保障。

（1）自愿平等原则

自愿平等原则即在双方当事人自愿平等的前提下进行的调解，主要体现在三个方面：一是矛盾的受理必须基于当事人自愿，如果当事人不愿意接受某个组织和个人的调解，则不能受理。二是当事人自愿接受，一方面要求人民调解委员会要对当事人进行耐心细致地劝解、开导、疏导，不允许采取歧视、强迫、偏袒或压制的方法；另一方面当事人在调解中可以随时拒绝调解。三是调解达成的协议必须出自当事人自愿，人民调解委员会不得把调解意见强加于当事人。

（2）明确事实的调解原则

在调解中，人民调解员应当分别向双方当事人询问矛盾的事实和情节，了解双方的要求及其理由，根据需要向有关方面调查核实。在查明事实、分清是非的基础上，人民调解员才可以采用有效调解策略，进行合乎事实而让当事人满意的调解。

当然，人民调解并不能化解所有社区矛盾。有时为了能够更好地化解社区矛盾，在进行调解时，还可以邀请家族中长辈、亲戚朋友、邻里等参与调解。实践中，随着矛盾数量的增加，其他团体也参与到社区矛盾的调解中，如妇联、律师、消费者协会等。这些团体的参与不仅丰富了人民调解的方式，也使人民调解的作用更加明显。

（二）传统调解的方法

1．家族调解

家族调解，是我国最传统的一种调解方法。虽然随着市场经济的发展，人与人之间的联系已经没有以前那样紧密，加上矛盾化解机制的日益完善，使得家族调解适用的空间越来越小，但是家族调解并没有消失，在一些偏远山区或者大家族聚居的地方，家族调解仍然比较流行，并且为该地区家族关系的融洽作出了贡献。

家族调解的范围一般都是比较琐碎的民事纠纷，仅仅是发生在家族内或者是家族间的矛盾。家族调解主要是以组为单位，以同姓家族为单元，将家族中德高望重或有一定组织能力和责任感的成员聘为家族调解员，并经过村民代表大会选聘为村级调解员，负责调处家族内部及家族之间的矛盾。

2．亲友调解

亲友调解是指亲戚朋友所进行的调解。发生矛盾后，当事人最信任的就是自己的亲戚朋友。如果矛盾当事人自己一人解决不了问题，一般情况下都会向自己的亲戚朋友求救，此时，亲戚朋友的劝导是最有力的，因为矛盾当事人深知他们肯定会偏自己而不可能替对方说话，尽管有时亲戚朋友是站在中立的位置上，矛盾当事人还是相信他们。如果亲戚朋友建议当事人就矛盾进行调解，那么矛盾便容易解决了。

亲友出面调解发生在亲友之间的矛盾，效果更是明显。亲友之间可能因为一定的矛盾而反目成仇，由于本身存在一定的血缘关系、姻亲关系或者收养关系等，亲友利用存在的这些关系进行开导、劝说，最终完全可以使矛盾当事人冰释前嫌、握手言和。

3．邻里调解

邻里调解，是指邻居之间相互进行的矛盾调解。邻里调解针对邻里之间发生的矛盾，种类也非常繁多，大部分都是琐碎的小事。当然只有小事才能由邻里调解化解，其他矛盾就要使用其他化解方式。

邻里调解，多数时候是请社区邻居中年龄比较大、辈分比较高、德高望重的老先生来进行,比如百岁老人。或者是请自己社区中有一定权威的人士进行,比如居委会干部。当然，这些调解人员在处理人际关系方面总会有自己的特长。年长者经历的事情比较多，遇事不乱，处理各种事情都有丰富的经验。居委会工作人员，由于经常做社区工作，处理社区矛盾自然具有经验。

社区邻里琐碎的小事经常发生，会影响社区团结。为了化解这些矛盾，搞好邻里关系，邻里之间应主动互动相调解，尽心尽力地做调解工作，互相帮助解决邻里矛盾，共同建设和谐社区。

一些社区还专门建立了“邻里调解室”。当社区居民在邻里相处的过程中遇到了烦心事、不满事或者尴尬事等不好意思向邻居开口说的事，邻里调解室就协同社区、物管、警方及相关部门帮助协商解决。同时，在邻里调解室也能帮助传达一些想对邻里说但又不好意思说的话。

4．“民间法官”

“民间法官”是指生活于社区当中，熟悉社区日常生活和基本情况，对社区内部和居民之间的矛盾纠纷、矛盾类型和生活习惯都很熟悉，能够融入社区群众当中，有着丰富的基层调解经验，在社区民众中有很高的个人威望的本土型基层民间调解员，可以形象地称为“民间法官”。

与一般人民调解员不同之处在于，“民间法官”带有本土性和志愿调解的性质。他们没有编制，其作用是协助其他事，不专制。例如，一般人不愿担任调解员，因为打工挣的钱比调解员的收入高。而一般的社区调解员并不一定能在社区扎根下去。再者，社区管理或服务机构不能很好地处理与社区居民之间的关系，造成社区群众对他们的不信任，出现矛盾，直接找“民间法官”进行咨询。这样，无形中就增强了“民间法官”调解矛盾的威望和调解力度。

“民间法官”对社区细碎矛盾的调解，除了运用一些必要的政策法规外，更多地将“人情关系”等伦理因素增加进去，在调解过程中，可以将“邻里关系”“亲友关系”和“家族关系”融合进去,加强了调解的可接受性和矛盾的化解。作为本土型的调解员,“民间法官”对所在社区的民情风俗习惯、社区居民需求都很熟悉，而且本身就是社区群众其中的一员，在处理矛盾、调解纠纷的方式时能够做到公正、合理。树立在社区居民心中的威望形象。社区矛盾少，与这样的人是有直接关系的。

因此，在建构具有中国特色民间调解方式上，要大力建设基层调解员队伍，培养一批稳定的本土型调解队伍,专门化解社区居民的矛盾。这样,小矛盾就会得到不断疏导和化解，从而避免了矛盾激化或造成更大的社会矛盾。

（三）社会团体参与调解的方法

1．妇联参与调解

妇联是党领导下的各方各界妇女的群众组织，是党和政府联系妇女群众的桥梁和纽带，妇联在维护妇女的权益方面起到了非常重大的作用。

社区矛盾在很多方面都涉及妇女和儿童的权益，在进行人民调解时，由妇联介入从而保护妇女儿童权益，这不仅仅是妇联的工作职责，也是切实维护妇女儿童权益的需要。

2．消费者协会参与调解

消费者协会是依法成立的对商品消费和服务消费进行社会监督的保护消费者合法权益的社会团体。消费者协会具有很强的独立性，在经营者、消费者心目中有相当的权威性、公信力。此外，消费者协会还具有监督职能，可以代表消费者群体发出自己的声音。

（1）调解特点

消费者协会参与调解消费矛盾具有一定的优越性，消费者协会是专门保护消费者利益的群众性组织。它的优越性在于：一是办事效率高；二是不花任何费用；三是有利于双方当事人友好关系的保持。

（2）调解原则

消费者协会参与调解消费纠纷，应当遵循平等自愿、依法调解和不限制当事人诉讼权利等原则。调解人员与纠纷有利害关系的，应当自行回避；纠纷当事人有权利申请调解人员回避，是否准许，由调解委员会主任或者主管单位领导决定。

（3）申请与受理

消费者与经营者之间发生消费纠纷，应遵循地域管辖分工原则，向纠纷发生地的人民调解委员会提出调解申请。对符合下列条件的申请，人民调解委员会应当受理，①填写齐备的调解申请书；②有明确的被申请人；③有具体的调解要求；④有合法权益受到损害的事实依据。

对决定受理的，应当自受理之日起三十日内调解完毕。如遇特殊情况需延长调解时限的，在报请本级调解委员会主任审批后，可延长三十日。

（4）调解程序

第一，调解前做好调解准备。选定调解主持人，调查核实纠纷情况，拟定调解方案。

第二，调查取证。对已受理的调解申请，以书面审查为主，必要时可以进行调查，并搜集有关证据。进行调查和搜集证据时，应当出示相关证件。调查应详细、如实作好笔录，经被调查人阅读后，由被调查人、调查人签名或者盖章。

第三，具体调解。包括三个步骤：①由调解主持人宣布调解参加人、任务、纠纷当事人权利义务、注意事项；②纠纷当事人在调解过程中，经调解主持人许可，应当充分发表意见，陈述纠纷的起因、经过及请求；③在调解过程中，纠纷当事人可以自行和解。

第四，调解笔录。包括：①笔录内容，即调解的时间、地点、事由、参加人和纠纷当事人的基本情况，人民调解委员会对当事人进行说服教育、疏导规劝，促使当事人达成协议的过程；②调解笔录应由纠纷当事人阅读确认无误后签名盖章。调解人员、记录人也应当在笔录上签名盖章。

（四）行政干预调解的方法

社区里某些矛盾产生的原因，可能涉及有关行政机关的行政管理职能。在这种情况下，行政机关介入当事人的矛盾，根据其管理职能，对当事人之间的矛盾进行调解或者裁决，甚至对一方当事人的违法行为进行处罚，以避免社区居民之间发生冲突，是一种解决矛盾的有效途径。因此，涉及行政管理的矛盾进行行政调解，便显得尤为必要。行政调解要发挥它在化解社区矛盾、增进社区和谐方面的功能与作用。

行政调解以尊重当事人的自主意愿、自主选择为基本前提，充分肯定了当事人享有的权利价值，符合以人为本的根本理念。双方当事人自主决定以何种方式来解决矛盾，这有利于当事人之间关系的和谐。在调解过程中，当事人有权在法律规定范围内做自己的主人，自主处分权利，而不必听从行政机关的强制命令。只是在当事人双方很难达成一致意见时，行政机关才居间说和、帮助双方交换意见，并且提供与矛盾相关的正确信息，或者在明确矛盾真正对立点的基础上提供切实可行的解决方案，从而帮助当事人达成合意。

1．行政调解

行政调解，是国家行政机关依照法律规定，在其行使行政管理的职权范围内，对特定的民事矛盾及轻微刑事案件进行调解。调解的范围包括民事矛盾、经济矛盾和轻微的刑事矛盾。社区中发生的部分矛盾也完全可以适用行政调解。

行政调解有其优越性，其可以快捷、低廉、尊重意思自治的方式解决当事人之间的矛盾。行政调解尊重当事人的意思自治，以当事人参与为其必要条件，既有利于当事人了解法律，也有利于减少以后的执法成本。另外，行政调解通过工作人员耐心、细致、全面、具体的调解工作，可以培养行政机关工作人员踏实认真、尽职尽责的工作作风，树立行政机关良好的形象，发扬人民群众服务的精神，并由此增强人民群众对行政机关的信任，提高行政机关的执法权威，进一步建立人民群众同政府密切、融洽、协调、信赖的关系。

行政调解的原则。行政调解应当在查明事实、分清是非、明确责任的基础上，说服当事人依照法律、法规及有关政策的规定，互谅互让，自愿达成协议以平息和解决争端。因此行政调解应遵循如下原则。

（1）行政调解合法原则

行政调解合法原则是要求行政机关进行行政调解时，必须有法律法规作为依据，而且必须依据法律法规调解。在调解过程中行政机关不能对当事人施加行政压力，进行行政强制，更不允许为了达成调解的目的，而对行政当事人采取违法的手段和方式进行调解。如果行政机关违反了法律规定进行调解，即使达成了调解的协议，那么该调解协议也是无效的、可撤销的。这不仅不利于矛盾的解决，而且有可能引起更进一步的矛盾，因此，调解合法原则必须遵守，而且应贯穿于行政调解的全过程。

（2）矛盾当事人自愿原则

行政调解以矛盾当事人自愿为基础。首先，是否要求行政调解由矛盾双方当事人自主决定，任何一方都不得利用自己的强势地位强迫另一方进行调解，特别是行政机关不得利用自己的行政职权强制当事人调解。行政调解进行的前提就是双方当事人都自愿同意进行调解。其次，由谁进行调解也由当事人自主决定，行政机关不得强行调解，并且双方当事人对于行政调解机关的选择必须一致，否则调解不得进行。最后，行政调解协议必须由双方当事人平等协商、自愿达成，任何一方当事人不得强迫另一方当事人达成调解协议，采用欺诈、乘人之危等手段签订的行政调解协议无效。行政机关应当站在中立的位置上，对双方当事人进行说服教育，促使他们互谅互让，自愿达成协议解决矛盾，不得帮助一方当事人对另一方进行压迫、欺骗等。

（3）调解及时原则

矛盾解决制度的时间成本同样是建立矛盾解决机制所必须考虑的问题。构建有效矛盾解决机制的目标，应当是有利于当事人矛盾的解决。而有利于当事人的重要表现就是节约当事人的成本。时间成本因其非物质性，更难于衡量，但时间成本的高低将直接决定该制度对于社会作用的大小。

调解及时原则要求行政机关进行调解时，必须要有一定的时间限制，即行政机关必须在规定的时间内完成行政调解。如果在期限内行政机关的调解并没有作用或者没有完成，行政机关必须放弃调解，由矛盾当事人再选择其他解决方式，不得过分拖当事人的时间。

（4）不影响当事人诉权原则

行政调解的建立，主要是为了解决当事人之间的矛盾，最大限度地在社会制度内化解矛盾。但是，并不是所有的矛盾通过行政调解都能解决，因此，在行政调解不能解决矛盾时，行政机关不得妨碍矛盾当事人行使向法院提起诉讼以解决矛盾的权利。法治社会中矛盾解决的最终途径是依靠法院，通过审判将当事人之间的利益进行重新分配，因此，行政调解不是最终的结果。

2．三种会议制度

三会制度是指在社区工作中充分倾听民意、协调矛盾、化解纠纷的三种会议制度，具体包括事前听证会、事中协调会和事后评议会的“三会制度”。

（1）民意听证会

社区民意听证会是指政府有关部门或社区党组织和居委会在社区组织实施某项工作或活动前，由社区党组织和居委会组织相关社区居民就该项工作的可行性、必要性召开专门会议进行充分论证的一种会议制度。主要是听取居民对社区公益性事业、公共事务实施项目决策的意见，以确定较为科学合理的实施方案，实现民主决策。

听证会是了解民意、集中民智的良好途径，是居民参与社区管理的重要平台，也是推进居民民主自治的重要形式。

①参加人员：社区党组织、社区居委会、社区居民会议和社区议事协商委员会的代表，辖区单位代表以及有关政府部门、街道（镇）负责人等与听证主题相关的人员。具体人选由政府有关部门和社区居委会商定。

②召开方式：对主要由社区实施的项目，由社区党组织和居委会组织听证；涉及政府有关部门的事务，由政府有关部门和街道（镇）会同有关社区组织听证。

③听证内容：社区建设的近、远期规划；涉及本社区居民切身利益的公共事务和公益事业；政府有关部门和街道（镇）在社区组织实施的某项工作或活动；其他需要听证的内容。

④一般程序。

第一，会议公告。召开社区工作听证会三日前，由社区居委会在社区居务公开栏对会议召开的时间、地点、内容和参加人员进行公布，并落实参加听证会的代表。

第二，会议召集。听证会由社区党组织和居委会负责人召集并主持，会议应有专人记录。

第三，会议议程。主持人介绍到会人员，宣布听证会议程；到会人员听取有关听证项目的情况介绍；会议代表发表意见和建议；听证项目的责任单位或部门解答有关问题，必要时应准备相关书面材料，并对材料真实性负责；听证会主持人进行小结。

第四，会议结束后一般应在1周内完成《听证会议纪要》，并报街道（镇）或相关部门备案。

会议纪要应包括听证会的基本情况、听证代表意见的扼要陈述、听证会形成的倾向性方案等内容。

听证会形成的倾向性方案应充分考虑听证代表的意见和建议，并作为政府及其职能部门和社会单位的决策参考。

第五，结果反馈。听证后的有关结果，社区居委会应当在居务公开栏内进行公布，接受社区居民的监督。

（2）民事协调会

社区民事协调会是指社区党组织和居委会对社区居民之间的矛盾或利益冲突，采取协商、调解等办法进行协调处理的一种会议制度，主要是化解社区矛盾，维护社区稳定。

①参加人员：社区居委会治保调解委员会成员，矛盾双方当事人。必要时应有社区党组织负责人、社区居委会主任、社区警务室民警、街道（镇）司法工作人员等参加。

②召开方式：社区民事协调会一般由社区居委会下属的治保调解委员会负责召开。双方当事人通过平等协商形成一致意见后，由社区居委会负责治保调解工作的成员具体监督落实。必要时，政府有关部门应提供相关的政策和法规服务。

③协调内容：涉及社区居民共同利益的有关事项、社区居民间的民事纠纷、社区居民间的利益冲突、当事人愿意协商解决的其他事项。

④一般程序。

第一，会议公告。召开社区民事协调会 3 日前，由社区居委会将会议召开的时间、地点，协商和调解的事项等书面告知参会人员。

第二，会议召开。一般由社区居委会负责治保调解工作的成员负责召集并主持。会议先由当事人陈述事实和理由，然后由会议主持人分别就矛盾冲突或分歧的焦点进行询问，并据此进行协商、调解，提出解决方案。会议应有专人记录。

第三，协调结果。协调会如达成一致意见，由会议主持人当场拟定书面调解协议，双方当事人核对无误后在书面协议上签字盖章，由社区居委会治保调解委员会存档。协调会如不能达成一致意见，由会议主持人征求双方当事人意见后，确定是否再行调解或通过其他途径解决。

第四，事后监督。社区居委会治保调解委员会应对协议执行情况进行监督，并督促落实。

（3）民主评议会

社区民主评议会是指社区居民代表对社区居委会全面或某一单项工作、政府在社区的有关工作进行考核评议的一种会议制度，主要是听取社区居委会及政府有关部门的工作报告，接受居民对社区工作的审查，推进民主监督。

①参加人员：社区居民、社区党员，社区议事协商委员会、社区辖区单位和街道（镇）的代表。由以上代表组成考核评议小组，组长由各代表推选产生。

②召开方式：原则上采取综合评议的方式，一般于每年年底或某项工作终了时进行。

③评议内容：完成社区年度工作目标任务情况，履行工作职能、完成专项工作任务情况，完成其他社区建设任务情况。

④一般程序。

第一，由考核评议小组在举行社区成效评议会议 15 日前，通知社区居委会在 10 日内向考核评议小组提交全年或某项工作总结。

第二，考核评议小组接到书面材料后 5 日内，结合工作计划和任务完成情况，对社区居委会工作进行综合考察，形成书面调查材料。

第三，会议召集。考核评议小组负责组织召开评议会议，听取社区居委会对本年度社区工作情况的报告，然后由考核评议小组进行点评，并提出优秀、合格、基本合格、不合格四个等级的书面评定意见，评定意见须经考核评议小组全体成员签字。

第四，结果反馈。考核评议小组应当在评议会召开后的 3 日内，将评议结果反馈被评议对象及上级主管部门。评议结果作为工作考核和奖惩的依据。

3．信访制度

信访工作是加强党和群众联系的重要桥梁。要真正发挥“第一关口”了解社情民意、教育疏导群众的作用，强化广大信访工作人员的责任意识和群众观念，做到接待群众真诚热情，了解情况全面准确，答复问题耐心细致。要加强信访信息系统建设，围绕“方便群众，规范工作，提供服务”的建设目的，真正把信访信息系统建好用好，为信访人在当地提出信访事项、查询办理情况提供便利，为各级信访工作机构和有权处理信访事项的行政机关提供统一的办公平台，为各级领导及时掌握信访动态，科学民主决策提供服务。

（1）建立健全排查制度

排查是信访工作的源头性工作。排查工作的实质，就是横向到边，纵向到底的滚动式排查，使信访工作预防为先。社区开展信访工作，要建立“每月滚动排查、每季聚焦梳理、重要节点再梳理”的预警排查制度。一是对可能发生的矛盾事先预测、事先预警、事先控制，对显现和已发生的矛盾采取稳控、缓解、化解措施。二是对已显现和可能发生的不稳定矛盾，进行日常定期排查，落实责任单位、责任领导和责任工作小组，制定预案，制度稳控化解措施，并对矛盾发展不断进行跟踪关注。三是对重要节点加强关注，结合定期排查再梳理，确保矛盾排查不疏漏，并分层次关注重点矛盾对象，确保节点稳定。

（2）建立健全压力传递制度

信访工作是一个社会性、系统性、网络性很强的政治工作，单靠信访工作部门和工作人员是很难做好的。以压力传递的方式，通过每个责任单元，每个单元的信访责任，形成相互链接的责任机制，如“信访部门一票否决制”“信访首问制”等，确保发生矛盾有人管、有人化解，使得矛盾化解的时间更快、效率更高。

（3）建立健全整合制度

一个信访事件通常会涉及劳动工资、改制转制、法律法规、党风廉政等诸多问题，稍有疏忽，处理不当，一个小矛盾就可能演化成大冲突。同时，信访工作人员并不是“万事通”，所有政策都知晓懂得，面对信访日益频繁、涉及面广泛、各种矛盾交织的复杂性，有必要协调各方力量，建立“大信访、大综治”的矛盾协调机制，从源头上控制矛盾，及时预防和化解矛盾。

（五）司法介入调解

1．法院调解

法院调解，主要指在人民法院审判人员的主持下，双方当事人就民事争议的实体权利义务，在查清事实、分清是非的基础上，平等自愿地进行协商，达成协议，最终解决矛盾的一种司法活动。

法院调解是人民法院在审理民事案件过程中贯彻调解制度的一种表现，是人民法院行使审判权解决民事纠纷和经济纠纷的一种方式。

（1）法院调解的意义

第一，法院调解既可以进行柔性调解，能够以一种缓和的形式避免双方当事人之间关系的绝对破裂，维护双方当事人之间的良好关系，又可以给双方当事人以自由调解的空间，赋予当事人在实体利益、程序利益上进行权衡和选择的自由，使当事人权衡利弊，寻求合乎情理的解决方法。

第二，在复杂多样的社区矛盾中，当事人大多数生活在同一个社区中。法院调解不仅考虑社区矛盾当事人双方的争议焦点，而且常常将他们之间的整体利益纳入关注视野。法院通过调解工作，提高当事人的法制观念，促使他们自愿协商、心平气和地就各自的矛盾纠纷达成协议，消除隔阂，解决纠纷，恢复以往的友好关系，促进社区团结和谐。

（2）法院调解的原则

法院调解原则，是指人民法院在审理民事、经济纠纷案件时，对于能够调解解决的案件，在双方当事人自愿的情况下，在查明事实、分清是非的基础上，依法说服和疏导双方当事人达成协议，以调解方式结案的准则。

法院依法进行民事调解时，要坚持法院调解原则，防止“重调轻判”和“否定法院调解”两种错误倾向。具体要做到：

第一，要遵守民事诉讼法关于“调解”的具体条文，而且在目前条文较概略的情况下，更应重视遵循民事诉讼法的其他基本原则，如平等原则、辩论原则等。法院进行调解始终要尊重双方当事人合法权益，不能利用调解程序灵活的特点行违法之事。

第二，法院调解原则的核心是自愿原则。当事人寻求法院解决的目的是获得正义，因此法院调解必须时刻遵循的第一要旨是法律正当性，任何廉价的正义都不应当是法院提供的。而当事人合意正是法院调解法律正当化的绝对保障，这意味着自愿原则应是核心。为了取得调解的成功，调解者对协议的形成不应当消极无为，而应当积极发挥判断和合意功能是理所当然的，法院作为调解者更应如此。

（3）法院调解的方式

为了贯彻“自愿、合法”的原则，法院调解必须要“公开”“对席”地进行。当事人申请不公开进行调解的，法院应当准许。法院进行调解时，当事人双方应同时在场，根据需要也可以对当事人分别做调解工作。调解方案可以由当事人自行提出，也可以由支持调解的人员提出，供当事人协商时参考。

（4）法院调解的方法

第一，冷却择机调解法。

就是法院在当事人心平气和的情况下进行调解的方法。一般而言，产生纠纷的当事人在感情上存在一定的抵触情绪，因此，在调解过程中一定要注意对当事人感情方面的处理。在调解中想办法将双方当事人分开，分别对当事人进行劝说，使双方逐渐缩小意见差距，法官适时择机提出调解方案，促成矛盾调解。这种方法多用于婚姻家庭、邻里关系、侵权赔偿的案件调解。

第二，典型案例引导法。

就是把一些调解成功的案例作为调解时向当事人宣传、讲解的资料，使其有所比较并最终促成调解的方法。对当事人而言，调处成功的案例具有很大的参考作用。法官如能运用这些典型案例来引导纠纷当事人，使他们理解、比较、对照，并在纠纷调处中有所妥协让步，则能够达到最终的调解效果。

第三，感情调解法。

就是利用亲情、友情、族亲、相邻关系的情感打动当事人促成调解的方法。通过了解当事人之间存在的亲缘或者相邻关系，可以邀请亲友、长辈和有名望人士协助，加大调解的教育说服力。通过情感疏导，使当事人接受调解而化干戈为玉帛。这种方法多用于赡养、抚养、婚姻纠纷案件的调解。

第四，联动调解法。

即根据案情需要，邀请公安、司法、党政干部或街坊邻居、村组人士联合协同进行调解的方法。主要针对涉及缠诉、群访和社会影响较大的案件。通过联动调处的方式使当事人感受到自己的不利环境和社会的施压而羞于缠诉接受调处。

2．律师参与调解

律师作为法律专业人员，参与人民调解具有一定的优势，因为其不仅具有处理各种社区矛盾的丰富经验，而且具有深厚的法律知识，由律师参与调解能够防止调解过程中的违法现象，从而保证调解的合法性。

律师参与调解时，不但可以向人民调解员讲解业务知识，还可以通过现场说法、解答群众咨询、发放宣传资料等形式开展调解工作。另外，律师利用自己的专业知识，进行专业性调解，利用灵活的调解方式，能够提高调解成功率，并能很好地维护各方利益。

另外，人民调解委员会可以与律师队伍相互结合，多组织一些活动，比如“法律进村活动”“送法下乡”等，有利于维护基层的社会稳定。

3．警民联调

警民联调是以社区民警为核心，带动综合治理资源，为社区警务工作服务，预防协调社区突发事件、矛盾纠纷的一种调解模式。警民联调以“警民联调工作室”为主要工作平台，通过街道办事处人民调解委员会在派出所设立驻所调解室，专职调解可能引发治安案件的民间纠纷。警民联调包括核心层、紧密层、松散层三个层面的联合调解模式。

（1）“警民联调工作室”的构成

“警民联调工作室”组织形式上隶属街道人民调解委员会，由基层派出所和街道司法所联合成立，成员由民警和警民联调员组成。警民联调员由街道党委办事处出资聘任，与警务室民警一起对因地界、物权、婚姻、家庭、邻里关系等引发的矛盾纠纷及治安、刑事案件的经济赔偿开展联合调解。

（2）民警和警民联调员的职责

第一，民警的职责。主要是指导、协助、检查、监督警民联调员，依法开展人民调解工作，对当事人不同意人民调解的民间纠纷，依法做出其他处理，并负责管理“警民联调工作室”的日常工作，协助司法部门做好警民联调工作的检查、指导、培训、考核。

第二，警民联调员的职责。主要是为街道、居民委员会及其他集体经济组织提供法律服务，开展人民调解工作，调处民间纠纷；依法协助民警调解因民间纠纷引起的治安案件；依法协助民警管理暂住人口等，参与社区矫正，开展法制宣传教育。

（3）工作目标

“四降一升”的目标。即基础公安民警调解负担明显下降；群体性事件、越级上访数量明显下降；民转刑案件明显下降；同一矛盾纠纷重复报警率、复发率明显下降；矛盾纠纷的调处效率明显提升。

（4）工作职责

①受理调解辖区内各类民间纠纷。

②调解因民间纠纷引起的治安类案（事）件和轻微伤害案件中涉及民事赔偿的纠纷。

③协助公安派出所处理影响社会稳定的纠纷事件。

④通过调解工作，宣传法律、法规、规章和政策，教育公民遵纪守法，依法理性地表达诉求。

⑤当地党委、政府交办的其他工作任务。

（5）工作流程和工作机制

工作流程主要包括受案取证、甄别分流、受理登记、部门联动、限时调结、反馈回访、结案归档七项。

工作机制是“警民联调”工作室设在派出所里，由一名民警、一名街道司法所调解员、一名社区调委会主任组成。110 接警后对纠纷依法进行分类，治安、刑事案件由民警处置，其中邻里纠纷引起的治安调解可以依法邀请人民调解员参加，民间纠纷由人民调解员单独调解或邀请民警参加，实现了人民调解和警务工作互相配合、互相补充。

（6）保障机制

为保证“警民联调”工作顺利进行，建立三项工作制度。

第一，信息互通制度，公安派出所与人民调解组织互通矛盾纠纷和社会不安定因素排查情况。

第二，定期会商制度，定期召开推行警民联调工作机制联席会议，通报警民联调工作推进情况，研究解决工作中存在的问题，保证警民联调工作的有效实施。

第三，考核奖励制度，统一制定工作室工作标准，加强日常考核，根据纠纷受理率和调解成功率给予表彰奖励。

“警民联调”工作紧贴群众，运作快捷方便，既可满足群众低成本、高效率解决问题的需求。同时，也可解放警力，实现了人民调解工作和公安接处警工作有机结合，有效处理治安案件和轻伤害案件中的民事争议，最大限度地增加社会的和谐因素，实现“为公安减压、为群众解难、为政府分忧”的共赢。

构建社区矛盾预防和调控机制，应重点着眼于从制度、途径和方法等方面进行深入研究。结合社区矛盾化解主体的多元化、化解方式的多样性和化解矛盾人员的专业性等特点，积极参考国内外的实践经验和具体做法，探索符合我国社会转型时期的社区矛盾预防和调控机制。这是一项综合性强，参与面广的构建活动，不但涉及政府“条块管理”，而且关系到社区居民的切身利益和实际问题，需要社区各方的积极参与和共同建设。

第七章　社区治理能力评价指标体系

第一节　社区治理与治理能力

一、社区治理理念

对于“治理”概念的界定，一直是学术界争论的热点话题。克利金（E.H.Klijin）等认为治理是政府通过分权方式,构建形成的一个多元行动参与者网络。在此基础上,丹尼尔·考夫曼（Daniel Kaufmaim）等与弗朗西斯·福山（Francis Fukuama）等学者从治理的能力与作用角度，对这一概念进行了补充，认为治理是国家权力运行的传统与制度的统称，包括政府是如何产生的、政府执行政策能力，以及制定并实施规则和提供公共服务的能力。这种从功能角度定义治理理念的思路，也为界定和评价治理能力提供了理论基础与导向。

在治理理论的基础上，塞缪尔·鲍尔斯（Samuel Bowles）和赫伯特·金迪斯（Herbert Gintis）最早提出了社区治理理念，用以更准确地表现政府在社区维度进行治理的思想理念。“社区治理”概念的兴起，标志着政府治理模式，开始从政府主导的管理向多元合作的、基于权力网络的治理转型。罗斯（Rose）提出对社区的治理是治理理性的体现，是对公共福利社会政治中的国家—社会—个人关系的重新协调。在社区治理逐渐兴起的背景下，政府需要探索如何在多元治理网络中发挥“中心协调的作用”。俞可平结合中国国情为社区治理赋予了新的含义，即对于社区而言，其治理的侧重点与国家或地方层面的治理不同，更加强调在法制基础上的善治。这种善治既包括管理者提供的基础设施服务和环境营造，更体现了居民、企业、社会团体等多元主体共同参与到社区管理之中的协调与组织过程。

随着现代化进程的加快,在新时代发展背景下,对“社区治理”概念又有了新层次上的认识,其内涵得到了进一步丰富：社区治理是在一定区域范围内，不同的公私行为主体（包括个人、组织、私人机构、权力机关、非权力机构、社会、市场等），依据正式的强制性法规，以及非正式的、人们愿意遵从的规范约定，通过协商谈判、资源交换、协调互动，共同对涉及社区居民利益的公共事务进行有效管理，以增强社区凝聚力、增进社区成员福利，通过共治与善治实现社区的和谐、智慧、人文、平安、美丽与活力的发展愿景。

二、社区治理能力

部分学者基于西方治理理论，认为“治理”是与“统一管理”相对的概念。在这一理论框架下，治理能力是参与公共服务的各主体（政府、企业、社会组织、社区、居民）通过互动、合作和协调，寻求取得共识，共同对公共服务活动进行管理的本领，即考虑如何促进公民参与,如何促进多中心网络建立与发展,如何在多中心中起到核心作用,结合市场、民间和社会的力量来提供公共服务。雷纳特·梅因茨（Renate Mainz）基于组织行为学基础，认为治理能力应从工具理性角度出发，在一定程度上等同于治理技术，具体可以表现为静态制度潜能与动态主体能力。胡鞍钢、魏星结合我国的管理体制，认为治理能力是由以政府为主导的主体性质所决定的，它反映了政府治理行为的水平与质量，是对政府现有治理模型稳定性、有效性和合法性的直观评价；而较高层次的治理能力，是指政府对经济社会运行具有强调节能力，能够规避市场失灵，提高社会总体福利水平。

我国对社区治理能力的界定，主要从国家层面的治理能力角度出发，结合社区实际问题进行深化与细化。习近平总书记在十八届三中全会第二次全体会议上明确提出了国家治理能力的定义，即“运用国家制度管理社会各方面事务的能力，包括改革发展稳定、内政外交国防、治党治国治军等各个方面”。而社区治理能力是在国家治理能力基础上的微观化、具体化。社区治理能力现代化的体现，主要表现为国家、市场、社会共治且相互赋权，强调各主体能力的多元化及各种能力间的协调发展。在社区治理维度下，治理能力更强调一种中心概念，可以被视为管理需要与管理能力之间的持续平衡过程，通过对各自能力的充分发挥与协同合作，以实现居民需求满意度的增加与社会福祉的提升。

第二节　社区治理能力的评价

一、治理能力评价的概念

治理能力是衡量地方治理效果的综合体现，对治理能力的评价是治理理论体系的重要内容与组成部分，是测定地方治理能力高低、辨别地方治理成败的科学工具，也是考量地方治理水平与质量的有效手段。通过评估社区治理能力，在基层开展自查和互查，保证社

区的一般能力在正常运行基础之上，有助于开拓共建共融、守望相助的协同氛围，挖掘潜在的、核心的治理能力。早期城市治理模式以政府为主导，对治理水平的评估也主要集中在对政府绩效的考评上，对非政府组织的参与评价却较少也很难用指标予以量化。例如，美国政府颁布的《政府绩效与结果法案》（Government Performance and Results Act），重点从政府项目管理和预算计划性角度展开评价，旨在提高政府治理效率与质量，并由专业评价机构、地方政府联盟成员团体、高等院校设立的研究机构等部门共同进行测评。澳大利亚政府通过设立专门的评价机构——公共服务委员会（Austrilian Public Service Commission），对包括社会保障、教育、医疗卫生服务等在内的管理领域构建治理评价体系，并根据该委员会出具的评价报告制定相应的政策。

此后，随着对治理理念的进一步深化，对于治理能力的评估也逐渐向构建指标体系的方向发展，通过构建一套数据指标评价体系来量化政府、居民、企业与社会机构等多元参与主体的治理能力。这种评价方式目前被大多数国家广泛应用，其优点在于不仅能够有效量化不同主体的管理属性，更有助于对治理能力进行区域间的横向比较。由于数据获取相对直接与有效，目前多数国家采用对公共服务的评价来评估治理能力。例如，英国通过采用全面地区评价体系（comprehensive area assessment），对地方政府单独或合作提供公共服务进行评价。该体系以国家既有指标体系为基础，构建了组织与地区评价的两层面框架，聚焦于卫生、经济前景和社区安全等事项的评估。俞可平结合我国城市管理体制和治理要求，构建了以公民参与、人权与公民、党内民主、法治、合法性、社会公正、社会稳定、政务公开、行政效益、政府责任、公共服务与廉政等 12 个指标为基础的评价框架。沈荣华以昆明市为例，建立了以总体评价、具体评价和信心指数等 3 项一级指标，交通状态、治安、环境、医疗、住房、教育等 14 项二级指标组成的地方治理能力评价体系。对社区治理能力的评估更侧重于结果导向性，不仅对社区发展的短期、中期或长期目标的完成程度进行了测度，更注重对资源、结构，以及未来发展潜能的监测，其目标重在探究如何通过政府部门、非政府部门、社区工作者（实践者），以及社区成员（项目的目标群体）之间关系的改善，以达到社区能力的持续提升。

二、评价体系构建目标与意义

目前，我国相关研究主要集中于对社区治理的评估，国外研究则较多关注对社区能力的评估。我国在社区治理能力评估体系领域的专门研究一定程度上还处于空白状态。十九大报告中提出“不断推进国家治理体系和治理能力现代化”的发展要求，同时提出要“打造共建共治共享的社会治理格局”，目标是“到本世纪中叶……实现国家治理体系和治理能力现代化”。这一改革目标是未来“十四五”规划中的重点问题，也为城市治理提出了更高要求，体现了在新时代背景下，治理能力提升对中国特色社会主义发展的重要性。中央对推动治理能力提升的要求，充分体现了科学发展观“以人为本”的核心理念，要求政府机关在实施管理时，要立足于新时代背景下广大人民群众日益增长的美好生活需要，使改革发展成果惠及全体人民，朝着实现共同富裕的愿景不断迈进。作为城市基层管理的重要环节，报告也为社区工作指明了方向，即实现现阶段治理目标，需要积极鼓励民众、社会组织参与，通过对社区的共建、共治与共享，打造新型治理格局。在这一思想指导下，通过建立能力评价体系，用指标将社区治理各个环节的管理水平予以量化，有助于直观地对社区管理工作进行评价与监督，及时反馈与解决居民需求。

由于社区资源禀赋、发展规划以及涉及的管理主体多而复杂，对社区制定一套完整、系统性的能力评价体系，有助于量化社区各个环节的治理水平，从而有针对性地改进现存问题，以提升社区治理的整体效率，增加居民满意度。为了全面化、多角度地考量社区治理水平，在此我们尝试从社区治理各主体角度出发建立多层指标分析，以定量与定性相结合的指标设计构架，构建一套社区治理能力评价体系。涉及的主要指标包括发展水平、管理绩效以及居民满意度；评价领域涉及城市社区治理、社区服务、生态绿化、基础设施、治安安全等各个环节。在此基础上，为了有针对性地改善社区治理现状及问题，为城市居民创造人文、智慧、和谐、平安、活力与美丽的生活环境，我们提出政策改进的方向与思路。通过对各分项指标的分别测定，以及对社区治理能力的综合评价，可以在预测社区发展趋势和走向的同时，实现对社区治理能力的横向比较与纵向延伸，以此对社区治理存在的不足进行有针对性的宏观调控或微观调整，以提高社区综合治理能力，提升居民生活幸福感。

三、治理能力的评价方法

目前，国内外关于政府绩效和治理能力的评价方法，主要以指标体系评价和绩效评价为主。根据构建评价体系的依据不同，大致分为主体评价、内容评价与目标评价三类，并根据各自体系侧重点的差异，分别进行具体的指标设计。

（一）基于治理主体的评价

社区治理主体是指与社区具有利益关系的个人与组织，包括居民、政府、企业与社会组织等。居民是社区治理的效果享有者和检验者，社区治理的最终目的，就是实现居民安居乐业和满意度的提升。政府是社区治理的主导力量，履行着社区公共事务的管理职能；而居民自治组织作为社区治理主体的重要组成部分，主要充当居民与政府之间的协调沟通角色，其职能包括解决邻里纠纷、维持社区秩序等，是实施社区治理的主要途径。物业公司等营利性企业，在社区治理中对政府管理的失灵环节进行补充与支持，主要为居民提供小区绿化、治安管理、房屋维修等社区服务。现代社区治理模式强调多元主体治理，其特色在于由之前以政府为主导的“人治”转变为由政府、社区居民与第三方机构协调合作的共治模式。在这一过程中，参与社区治理的各主体职能均发生了改变，更因权力、责任与需求出发点等方面的差异，在社区治理中起到不同的作用。

然而，目前从多元主体角度评价治理能力的文献较少，更多的研究重点在于探讨基层政府及居委会、居民在社区治理中的职能与绩效，而相对忽略了社区其他利益相关者对社区治理的社会责任和成果评价。虽然这种评价思路具有数据来源便捷、指标量化简便的优点，得到的结论也有助于政府改进社区治理措施，但却严重忽略了其他主体在社区治理过

程中所发挥的作用和能力。因此，就现代化社区治理能力评价而言，仅从单一主体角度出发进行评价的方法已经暴露出其片面性与不足。

近年来，随着我国多元化治理概念与思路的深化，学者们逐步将治理问题拓展到主体分类及其能力差异化的辨析上。陈振光、胡燕将城市治理主体划分为政府、市民、公共部门与私营机构。周诚君、洪银兴直接将治理主体归纳为政府与居民两类，认为治理是两者在城市发展与管理中共同决策的过程。覃道明在对乡村社区治理能力问题的研究中，提出可以围绕政府、市场与社会三个主体构建评价体系的思路。陈诚、卓越在对社区治理能力进行评估时，提出社区应至少包括社区居委会、社区组织和社区居民三类治理主体。

这种从多元参与主体角度建立指标评价体系的方法，对治理能力的体现已不再局限于单一主体自身能力的发挥，而更强调各主体通过互动、协调与合作参与，实现对社区共同管理的本领或程度。因此，着眼于产生差异的出发点，引入 360 度多元主体评价机制，才能更为全面、客观地反映社区治理能力与治理水平，改善目前治理行政化问题，使社区真正发挥出自治性职能优势。由于主体分类明确，职能划定清晰，因此完全有条件从主体角度出发，融合经济学、社会学、人口学等多个学科，从经济效率、管理绩效、居民满意度等多个角度制定社区治理指标体系，对社区治理水平进行综合评价。

（二）从治理内容角度的评价

从治理内容的角度进行能力评价也是常用思路之一。最为常见的应用方式是通过对治理内容进行细化，来设计具体的可测量指标。李文静基于社区多元治理机制框架，将治理内容划分为救助弱势群体、提升居民福祉与满足生活需求（公共服务、商业服务）三类，并对每种分类所涉及的领域和内容进行了详细解释，为从治理内容角度进行能力评测提供了相对清晰的分类思路与方向。但她并没有给定具体化的指标。杨琛等采用定性与定量相结合的方式构建治理能力评价指标，将指标按治理内容分为六类：经济、政治、社会、文化、生态和党的建设等，并根据这些一级指标量化出产业结构分配、教育经费、植被覆盖度与政府效能等 28 个二级指标。另有学者在构建社区治理评价体系时，将治理内容划分为经济价值、社会价值与人本价值三类，在确定二级指标时具体提出了经济、效率、满意度等可量化指标，来对社区服务内容和品质进行评价。

采用治理内容进行分类的方法在设定二级指标时非常常见。我国在构建社会治理能力评估指标体系的二级指标时，也主要采用了这种方法。由中央编译局与清华大学联合发布的“中国社会治理评价指标体系”的一级指标“中国社会治理指数”的二级指标，即按照社会治理所涉及的各个环节，被划分为人类发展、社会公平、公共服务、社会保障、公共安全与社会参与等六类。由人民论坛测评中心发布的国家治理评价指标体系，其二级指标的构建也借鉴了这一思路。在针对“社会治理能力”一级指标展开的评价指标细化中，也按社会治理的内容划分为基本保障、宏观调控、财政和基层自治能力四类。

治理内容是对不同主体治理职能的细化，通过对治理目标的功能拆分，治理的内容划分对一级评价指标起到了进一步解释说明的作用。我们也从治理内容的角度，对不同参与主体的二级指标进行细化，力求将各主体在社区治理过程中所肩负的责任与权利（力）进行并列，作详尽的指标化描述。

（三）从治理目标角度的评价

治理目标是指治理所要达到的目的或预期通过治理所能实现的效果。以治理目标为导向的评价机制，能够有目的性地评价社区治理现状，发现当前治理的问题，从而有效推动不同阶段任务目标的实现。基于治理目标进行的能力评价，大多数被运用于对短期或长期目标的具体实践验证中，适用于对目标完成进度和质量的考察。

肯尼斯·J. 罗斯曼（Kenneth J.Rothman）将社区工作的目标归纳为“事工目标”与“过程目标”两大类。“事工目标”主要指社区要解决的一些特定问题，或须满足的某些特殊需要，如救助儿童、修桥铺路等，最终实现社区社会福利水平的提升；“过程目标”主要指促进社区民众能力的提升，如自助、互助及团结行动能力等，通过构建不同参与主体的合作关系，培养居民自我管理、信心和技巧等。托马斯（D.N.Thomas）则将社区治理的目标区分为“分配资源”和“发展市民”两类。“分配资源”是指社会工作者通过组织进行资源的合理调配，以保证社区居民享有基本生活水平；“发展市民”是指在社区实践中培养居民的政治参与意识，提高居民社区治理的参与能力和积极性，进而执行对政府及社区工作的评价与监督职能。日本在评估地方治理能力的过程中，基于治理目标的不同导向，将评价模式划分为推动型、改善型和缩减型三类。推动型是指地方政府将治理能力评估结果，作为推进地方综合施政计划的方法，并通过评价结果管理施政计划进度；改善型是以结果为导向，通过评价地方政府与重大业务的水平，实现对机关经费和人力资源配置结构的改善；缩减型则是指根据治理能力评价的结果，对低效益的机关和业务实施经费和人员上的压缩和减少，以应对财政窘迫情况。从治理目标角度构建评价体系的研究并不多见，但目标导向的思路确实为评价社区治理能力提供了一个新的方向。相对于其他的治理评价角度，在阶段性成果的考核，以及对某一时期规划完成的进度考量等方面，以治理目标为出发点进行指标设计，显得更具有针对性，相关指标的数据资料获取也更具及时性和准确性。

在总结相关研究成果的基础上，我们提出的社区治理能力评价的技术路线为：以社区治理的基点——多元治理主体作为构建评价体系的出发点，围绕主体分类构建一级指标，并根据治理内容的差异，分别设计二、三级指标。我国社区的治理格局在由以政府为主导进行统筹规划的人治模式，逐渐过渡到多元治理的过程中，通过从主体角度进行治理能力评价，对政府职能转变，以及其他主体（居民群体、第三方机构）在社区治理中的参与程度进行综合考评，可以保障指标数据能够对社区的治理能力进行更加全面和客观的评价。

第三节　评价指标体系构建

基于治理的主体构建治理能力评价指标体系，遵循“治理主体—治理内容—具体指标”的逻辑框架，通过分别对不同参与主体及其治理内容进行综合评价，来全面、客观地评价社区治理能力水平。一级指标是指从不同参与主体的角度来划定指标。二级指标是描述参与主体在社区治理过程中要实现的目标及治理内容。指标的综合得分越高，则表明社区的治理能力越强。三级指标是指在二级指标对治理内容划分的基础上，将指标进一步细化，以分别量化参与主体在社区治理过程中的各种能力。

一、指标体系设计的原则

（一）主体参与原则

主体参与原则是指，基于多元治理主体构建指标体系，来探究在社区治理过程中各主体职能的发挥程度与能力水平。通过对社区工作的责任与职能进行归类，将参与主体归纳为政府、社区居民与第三方机构三个基本类别，进一步根据这些参与主体的治理目标与内容来构建二、三级指标。其中，政府主要指对社区进行直接管理的基层政府，以及为社区提供服务的各类政府机关，如街道、派出所、社保局、劳保局等；社区居民主要指在社区中居住一年以上的住户，以及居委会、业委会、社区服务站等居民自治类组织；第三方机构主要指对社区治理起辅助与补充作用的营利性机构或组织，如物业公司、房地产公司等。在明确主体分类的基础上，从不同主体参与社区治理的目标与职能角度，来设计评价体系的具体指标。

（二）科学系统性原则

由于指标库可能面临进一步的筛选和检验，常被用于对社区治理能力的横向比较，因此在指标设定过程中，要遵循科学性与系统性原则。科学性是指涉及的所有指标均要具有现实依据，对各主体的治理内容与水平均需具有显著的评价能力，与主体参与社区治理的职能存在直接联系，以保证评价指标的真实性与准确性。

系统性是指设定的指标应尽可能全面，须涵盖各参与主体的所有能力评价，既包括对现状的考察，又包括对未来发展潜力的推断；既包括对当前服务质量与治理成果的评价，又包括对居民满意度、绩效以及经济效益的考察。同时，各层级指标间不能出现重复。从不同主体的角度设计评价体系，在很大程度上能够避免指标的重复性。但不同主体在一级指标下设定二、三级指标时，应注重避免细化指标间可能存在的因果关系和自相关关系。此外，为避免不同主体间可能存在的目标上的冲突或交叠，在指标选取时应按指标层级与影响程度进行相应的删选与替换。

（三）测量实操性原则

建立指标体系的最终目的是将其运用到现实检验中，通过一系列特定指标将治理能力进行量化，以对各参与主体的治理内容与水平，以及社区综合治理能力进行测评，通过找出目前存在的问题，并对社区治理提供优化建议。因此，在设置各级指标时，要满足存量实操性原则，要求指标含义明确、可量化，数据资料可收集，指标计算过程相对简单、可复制，且具有普适性，以便推广应用于评估我国不同城市社区的治理能力。对于定性指标，应通过现代科学分析方法予以量化，运用数据指标衡量被评价对象实现目标的程度，还要有助于运用计算机进行大数据分析。同时，评价指标应使用一致性标准予以衡量（如考察期长度、统计人口范围及计量单位等），以尽量消除人为可变因素的影响，使评价对象之间具有可比性。

二、一级指标的选取与构建

在管理体系中，主体问题一直是比较难以把握的。由于主体的职能、权力以及对社区治理的出发点不同，使得执政理念、风格与重视程度等方面均存在差异，从而对评估指标的方向、内容、组织与具体实践的确定，甚至对最终评估结果、置信程度均会产生影响。新时代背景下的社区治理强调主体的多元化，要充分发挥不同主体的优势与能力，共同参与到社区治理中，以实现对人力、物力的最优化配置。因此，在综合考察相关领域的研究成果的基础上，我们立足于推进社区多元治理的根源，以多元主体在社区治理中主要发挥的职能为依据，将主体归纳为三类：政府、社区居民与第三方机构（三者在社区治理过程中的互动关系见图 7–1），并由此作为一级指标分别对其进行社区治理能力评价。在此基础上，针对不同主体在社区治理过程中的治理内容与目标，进行二、三级指标的设定。

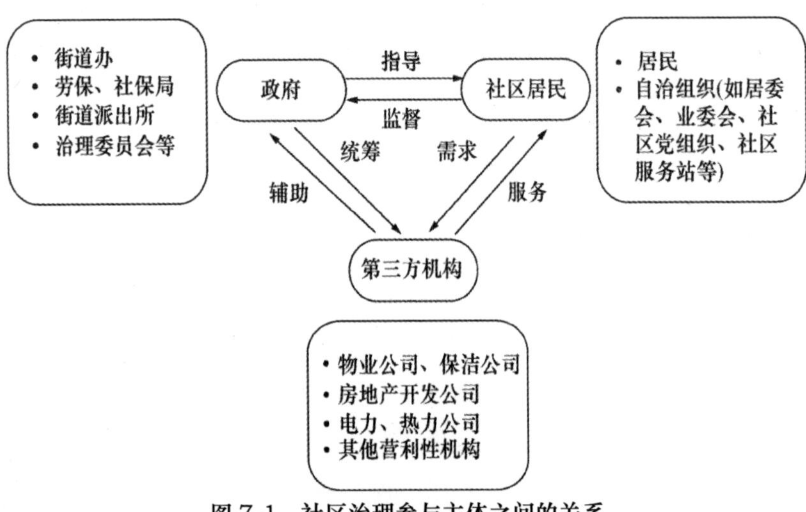

图 7-1　社区治理参与主体之间的关系

（一）政府

政府主要指对社区进行直接或间接管理，或向社区居民供给公共服务的城市基层政府、行政机关及事业单位，如街道、派出所、社保局与劳保局等。在社区治理中，政府发挥着主导作用，为社区发展提供指导思想与发展方向，提供公共产品与服务保障，同时对其他主体的治理进行组织、统筹、协调与监督。此外，有别于其他治理主体，政府还具有财政实力和强制性职能，在治理中可以发挥出对经济增长水平、社会治安稳定和供需调节的控制作用。这些是增加居民生活满意度、提高居民福祉所不可或缺的环节。因此，政府在社区治理中充当着统筹与协调的作用，把握着社区发展的整体方向，对其治理能力的有效评估是指标体系设计的重中之重。

政府治理能力评估的理论依据，可借鉴社会学中的社区行动理论。该理论兴起于20世纪50年代后期对社区行为的研究，美国社区理论专家桑德斯将社区行动定义为发生在社区，且与社会生活有直接联系的、具有广泛参与性的社会活动或互助行为，其目标是解决涉及社会成员的共同问题。与社区其他理论相比，社区行动理论侧重于从领导层、管理者和决策者角度分析决策过程、社区参与以及社会变迁问题，关注通过政策或治理手段解决实际问题。因此，在设定社区治理能力指标时，可结合政府在社区中的主要职能，从管理者行为角度出发，对其设定服务供给水平、供给数量，以及办事效率等方面的评价。同时，为了避免政府与居委会等自治组织职能间可能存在的交叠所导致的指标重复问题，我们在评价政府治理能力的一级指标框架下，还要从政府主要职能角度出发，重点对其在社区管理中发挥主导职能的能力进行评价，如公共服务供给、财政支持、对其他主体参与的统筹与组织等。

（二）社区居民

社区居民是社区内居民个体和社区居民自治组织（主要包括居委会、业委会、社区党组织、社区服务站等）的统称，主要反映社区内居民及其团体间的一种交互关系模式（pattern of interrelationships）。自治组织作为社区居民自我管理、自我教育、自我服务、自我监督的基层群众功能性组织，在社区管理中起到对政府管理的支持与补充作用、对居民的沟通与协调作用，是居民参与社区治理、表达意见并对政府工作进行监督的重要载体。伴随居民对社区治理参与意识的增强，社区内居民通过这种团体性的自组织、自管理形式，实现对自己权益的维护，并使日常生活与精神层面的基本需要得以满足。

从社区居民主体角度进行评估的思路，主要借鉴于社区组织理论。作为社区治理的主体之一，居民及其自治类组织的治理核心在于授权，即通过授权激发个人或群众自我管理意识与能力，强调识别、评估和解决人群健康问题的作用，动员区域内资源以共同实现目标。通过这种自管理，有助于从需求端快速切中问题要害，减少政府与居民之间的沟通与反馈成本，实现对现有社区设施与服务条件的改善，推动社区资源的有效利用，最终实现提高居民福祉的愿景。因此，考量这类社区组织治理能力的关键在于组织与办事效率，即是否充分发挥了居民与政府间沟通协调的作用，是否通过参与而实现了社区治理效率的提升等。

（三）第三方机构

第三方机构主要指除政府、社区居民及其自治组织以外的，对社区提供服务或管理的企业或其他营利性机构；代表性企业有物业公司、保洁公司与房地产开发公司等。这些机构在社区治理过程中主要从市场角度切入，关注对政府供给的辅助与补充，针对政府管理的失灵环节或对居民需求难以满足的部分提供服务或资金支持，以便在完善社区治理结构的同时，实现收益或自身影响力的提升。第三方机构参与社区治理的职能可归纳为两方面：其一是为社区居民提供服务；其二是为建设与改善社区基础设施提供资金或技术支持。企业参与社区治理是其承担社会责任的体现，其治理的思路与可实施性可由企业公民理论与利益相关者理论予以论证。企业公民理论引入“公民”理念来评价企业在社区治理中的作用，认为社会不必将所有问题都委托给政府去处理。利益相关者理论认为，社区是企业发展的重要次级利益相关者，二者相互影响、相互作用，以此指明企业参与社区治理的可能性和意义。企业由于享有规模化生产的成本优势，在某些领域能够提供更便捷、更贴近居民需求的公共产品与服务，能够对政府的社区治理起到辅助与支持作用。因此，企业参与社区治理的行为兼具理论依据与现实意义，通过与政府和社会组织的合作，提高社区治理效率，实现共赢。

此外，第三方机构的参与也丰富了社区治理的内容，优化了治理结构，其所具备的经济属性也进一步促进了治理的政经结合，为社区治理提供了市场化契机。由于第三方机构具有营利性特征，且在社区治理中也起到对社区服务的资金供给、调整资金结构的作用，因此以其为主体展开的治理能力评价，不仅应对这类机构的职能和参与社区治理的社会效益进行评价，还应从其自身发展角度出发，重点关注这类机构的资本效益和参与治理的可持续性。

三、二级指标的选取与构建

社区治理能力评价体系的二级指标设定，是在一级指标完成对主体分类的基础上，关注不同主体在社区中的治理内容，对指标进行有针对性的选取，并予以层层分析与细化，确保每层指标的选取与该层级治理主体所对应的治理职能基本相同。

（一）对政府治理能力的评价

对政府治理能力的评价，主要从其在社区治理中的基本职能入手，将政府及其职能部门的治理内容划分为满足居民需求、办事效率、政府财政收支以及保障多元治理实施等四个方面（见图 7–2），并针对各方面的关注重点，分别设置指标维度。四类指标均属于对政府治理能力的正向评价，指标评价数值越高，则表明政府的治理能力越强。

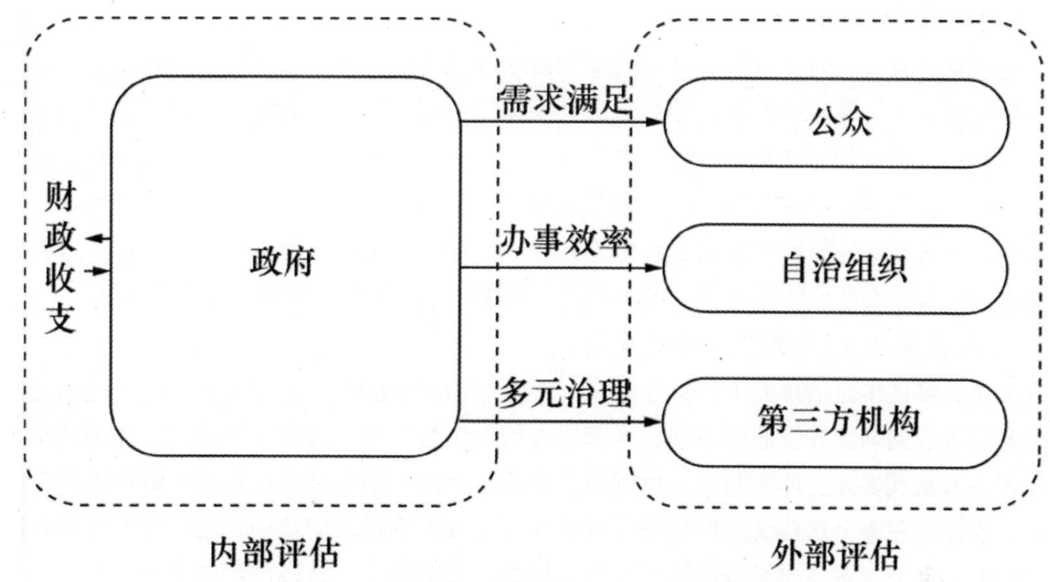

图 7-2　对政府治理能力评价的二级指标设计框架

1. 从满足居民需求的角度

从满足居民需求的角度评价政府治理能力，源自对居民满意度理念的解释。满意度主要指外在产品或服务供给为居民带来的主观感受；居民满意度则是指居民对所居住环境和社区宜居性的综合评价。早在 1936 年，David 等便提出了满意度对管理能力评价的重要性，并运用满意度来评估“内部行政运作急需改革的部分”。蔡立辉认为，根据公众需求进行公共产品与服务供给，并依据反馈的满意程度来评估管理绩效，有助于及时、有效地找出政府管理上的漏洞与不足，并进行有针对性的改进。吉思 · L. 西奥多里（Gene L.Theodori）将满意度评价引入对社区治理的评估中并建立了评估体系，以从居民需求满足角度来考察社区治理水平。刘志林等通过运用对社区居民满意度的调研结果，评估出社会资本对其具有正向促进作用。

从居民对社区治理满意度的角度，以居民对社区治理的主观感受来评价社区的治理能力，即以社区所提供的居住场所、医疗与健康服务供给、社区学校、文化活动、商业设施、休闲娱乐设施和环境面貌等方面的公众满意程度，来评价社区的治理能力。这一评价角度，有助于从需求端评估当前政府社区治理水平和公共服务供给质量，通过评价结果及时、准确地把握治理症结所在，从而进行有针对性的改进。

2. 从政府办事效率的角度

从政府治理效率角度对政府治理能力的评价，主要从对居民需求的反馈、对居民诉求的解决效率等方面进行指标量化。不同于从居民需求角度对社区公共服务进行供给能力的评价，从治理效率角度进行评价，是从政府在社区中的主要职能出发，评价政府在治理过程中的统筹、协调能力，以及处理事务的及时性、服务人员的办事效率等，是对政府在社区管理层面上办事能力的考量维度。

3. 从政府财政收支的角度

对政府财政收支的评价是从经济政策和财政收益角度，对政府社区治理能力的内部评价，是政府组织、部门或公务员针对自身某项业绩而开展的评价过程。美国很早便将这一评价指标引入对政府管理的评价中，通过出台《政府绩效与结果法案》，规定所有联邦机构均须将这种内部评价设定为年度规划与绩效考察的重要一环，且评价的结果将与来年的财政预算直接挂钩。将财政收支指标引入对社区治理能力的评价中，从经济角度评价政府治理水平，有助于推动社区政经结合治理理念发展，促进政府财政收支效率的提升。

4. 从保障多元治理实施的角度

推动和保证多元治理的可持续性是政府在社区治理中的另一主要职能。与上述治理内容中政府所起到的主导性职能不同，保障措施的制定与实施是政府作为社区治理的统筹与组织者，为实现多元主体参与而提供的政策和物质保障，如联合考评机制、政府的监督与保障、招标机制等，这些支持性机制是社区实现多元治理模式的基础，也是政府作为社区治理的主导性参与主体所具备的特有权利，因此，在综合评价社区治理能力时，对这一维度的评价必不可少，它既关系到多元治理的实施效果和可持续性，又有助于推动政府对新时代社区治理模式建设的辅助支持程度和质量提升。

（二）对社区居民治理能力的评价

对社区居民治理能力的评价，主要依据其所包含的居民个体与居民自治类组织两方面的治理职能进行二级指标选取。居民在社区治理过程中主要起到参与和监督作用，而居民自治类组织则在此基础上还肩负着为居民争取权利与利益，搭建居民与政府之间沟通与反馈平台的作用，同时也对社区服务供给起辅助功能。因此，在评价社区居民治理能力时，应综合居民个体与社区组织在社区治理中的治理内容与环节框架，分别从可参与、可反馈与可监督，以及自治能力等角度来设计二级指标（见图 7–3），这些条件满足程度越高的社区，居民参与社区治理的程度越高，话语权越强，治理能力也越强。

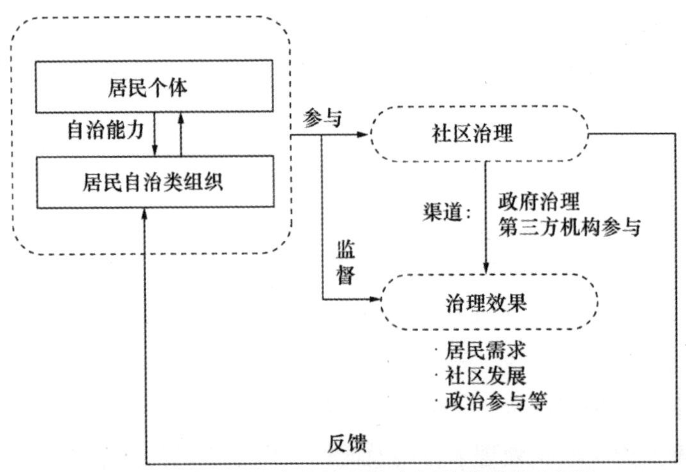

图 7-3　社区居民主体治理能力评价体系构建思路

1. 从居民可参与的角度

居民可参与性是保证居民参与社区治理的前提，也是居民基本政治权利的实现途径，更是对政府和第三方机构的治理工作进行评价、反馈与监督的基础。可参与性主要指居民参与社区治理的准入性和可行性，包括居民对社区的归属感、活动组织与社区会议的参与感等。这种参与权利，可以通过以居民个体的投票选举、活动参与，或向相关管理部门提出批评建议等形式实现，也可以居民自治组织为渠道，以群体模式向政府反映社区居民需求，或参与公共事务与公益事业建设等。

2. 从居民可监督与可反馈的角度

在可参与的基础上，对社区事务的可监督与可反馈是居民在社区治理中所发挥的主要职能，也是体现其治理能力的主要环节。根据我国《宪法》的规定，监督权主要指公民有监督国家机关及其工作人员公务活动的权力，是公民参政权中的一项不可缺少的内容，是国家权力监督体系中的一种最具活力的监督。在社区治理过程中，民主监督权的实现主要体现为对国家机关和国家工作人员工作的监督与建议，促进改进政策与措施的实施等，采用的监督方式或渠道主要包括听证会、信息征集平台、入户走访等。对社区治理可监督性的保证，能够从侧面促进政府执政的公正性与公开性，也有助于激发广大公民对社区治理的积极性与主人翁精神，因此选取居民可监督性作为社区治理能力的评价指标之一。同时，可反馈性体现了上级政府或组织机构对居民建议与意见的重视程度，也是对居民在社区治理中职能与重要性的间接展现，这一权利的保证，是居民进行社区治理的基础与保障。

3. 从居民自治能力的角度

居民自治能力主要指居民通过居委会、业委会、社区服务站、兴趣小组等自治类组织参与社区事务、进行社区治理的能力。随着多元治理的逐渐推进和政府权限的逐步下放，社区自治组织的权力与职能不断增加，居民通过自治组织搭建的平台来参与治理的意识也在不断加强。在这一背景下，加强自治组织职能建设、提升组织内部沟通与协调能力，对实现社区治理能力的整体提升显得尤为重要。自治类组织作为居民的代言人，其主要日常职能在于维护社区居民利益，提供公益服务和福利，在社区的多元治理中还起到对居民与政府、第三方机构等间的沟通与协调作用。因此，自治组织作为代表居民利益和职能的组织机构，从社区居民主体出发展开的治理能力评价，对这类组织的职能和治理水平发挥的综合评估不可或缺。居民自治类组织的治理能力的体现，主要从关系到社区居民利益和参与治理权利发挥的角度进行评价，如办事效率、工作人员态度和活动组织能力等。

（三）对第三方机构治理能力的评价

第三方机构主要指除政府、居民及其自治组织以外，参与社区治理的社会企业及其他营利性机构，在社区治理中主要起到对政府管理的辅助与支持作用，以弥补政府失灵所引发的公共服务供给不充足，供需不匹配等问题。第三方机构具有企业化运营机制和健全的项目体系，具有保障性的专业化供给能力，也具有规模化的成本效益运作机制，因此在某些公共服务供给，以及公共产品市场化运行中，较政府机构更具有经验和运营优势。由于这类机构大多具有营利性特征，因此在参与社区治理时不仅要实现其提升社区服务水平、增加社会效益等社区类目标，还要从其自身资本收益角度，保障其参与的可持续性。

1. 从第三方机构参与的可持续性角度

可持续性是保障第三方机构参与社区治理，实现参与规模长期保持稳定或增长的基础。对于营利性企业，这种可持续性主要体现在参与社区治理的项目能够具有稳定的正向现金流，具有正向的资本收益，并能保持所有者权益的稳定。在市场经济条件下，资本效益是社会资本进行社区建设投资、参与社区治理的动力。除对机构参与的资本效益保证外，从第三方机构自身经营与发展角度，技术革新和创新能力的保持与提升是决定企业行业竞争潜力的指标，是企业生存发展的根本，因而从长期运营角度，也决定了其参与社区治理的可持续性。因此，对第三方机构可营利性和创新性的保障，是使其可持续参与社区治理的关键。

2. 从第三方机构参与的社会效益角度

社会效益是企业在社区治理中职能的主要体现，其社区治理的参与角度包括对政府公共产品或服务供给提供补充与支持；为政府引导型社区类项目建设提供社会资金投资，以缓解财政压力；通过参与社区治理，运用自身影响力和商誉，对社会其他企业或机构产生积极的带动效应；通过参与社区慈善捐赠，将企业内部效益外部化，带动社会整体福利水平的提升；通过运用自有专利或技术创新参与社区建设，带动社区现代化、科技化发展，实现知识与科学技术的溢出效应等。第三方机构参与到社区治理中，是政府规制与市场经济相互协调、相互促进的过程，通过运用各自职能与优势，在社区建设与发展的各个环节中相互补充，实现共赢。

3. 从第三方机构治理被认可度的角度

认可度体现了其他参与主体对第三方机构的监督与制约，是企业能够长期参与到社区治理中的需求支柱。对于从事社区服务的企业或机构，其参与治理的意义在于对公共服务起到支持与补充作用，如物业公司、保洁公司等，为社区提供治安安全保障与生活环境的美化；对于参与社区建设或发展投资的企业或机构，通过资金或技术类支持，改善社区基础设施状况，进而增进社区治理的技术化与智慧化水平。第三方机构参与社区治理的主要服务对象是社区居民，公众认可度是其治理能力的间接展现，因而选取这一维度作为评价第三方机构治理能力的二级指标之一，公众认可度越高，则表明第三方机构在社区治理过程中的职能发挥水平越强。

四、三级指标的选取与构建

社区治理能力评价体系的三级指标设定，是在二级指标完成对治理主体的治理内容和主要职能指标化的基础上，对各考量维度分别进行细化和量化的过程。三级指标的设定应满足测量实操性原则，每个指标应满足可计算和可操作性，对个别难以量化的定性指标，

采用工具性指标予以替代，以保证指标的可叠加性，以及社区间指标的可比性。相关数据与资料可以通过问卷调查、参与式访谈、查阅台账记录与财务报表等方式收集。

（一）对政府治理能力的评价

构建对政府治理能力评价的三级指标，主要从政府社区治理的内容角度，分别以满足居民需求、政府办事效率、财政收支与保障多元治理开展等方面出发，选取能够准确反映各自规模与效率的指标，以量化手段对治理能力的各个维度进行综合、客观的评价。其中涉及的定性评价指标通过变量赋值予以量化

1. 从满足居民需求的角度

对于构建居民需求满足程度的评价指标，主要从居民社区生活的各个方面出发，对涉及政府职能管理的社区公共服务供给、环境营造与收费水平等方面，征询居民的满意程度，以对政府社区营造水平进行评价。在具体指标选取上，对公共服务满意度选取的公共服务供给规模与种类予以量化，并对较有代表性的社区停车位供给水平、生活环境设置专门的满意度指标，以反映居民对这类与自身利益切实相关的社区治理现状的评价；而对于社区收费情况的评价，选取居民对社区管理费用设置满意程度作为考核指标，涉及的费用包括物业管理费、停车费等。

在指标数据选取上，考虑到满意度是居民主观意愿的表现且具有个体异质性，因此采用对目标社区内居民的问卷调查和访谈等方式，以获取居民满意度评价的一手资料。应注意的是，由于问卷调查的目的是确保得到居民对政府社区治理水平的真实态度，因此在问卷具体题项的设计上，要注意既满足所有测量题项的心理测量性，又满足研究变量测量的信度与效度，还要注重问题类型与形式的多样化，以确保得到的调查结果真实可信。

2. 从政府办事效率的角度

对政府办事效率的评价，主要从能够体现政府办公时效性的角度进行指标选取。选取的三级指标为："上报信息反馈率""居民需求解决率""意见回复时效性"以及"出台的相应文件与法规数"等。"上报信息反馈率"与"居民需求解决率"主要指在指标评价期内，政府官方网站或对外信息征集信箱对社区治理相关问题的回复量占问题总量的比重，以回复数量来反映政府对待社区民生事务的态度与处理质量。上述两个指标均为正向值，即指标数值越高，表明政府办事效率越强。"意见回复时效性"主要从时间角度考量政府处理问题的及时性，通过使用相关信息的发送与回复时间差（以小时计）为量度，对在各平台随机抽取的50条信息的回复时间差求平均值，作为指标的数据值。该指标为负向指标，指标值越小，表明政府处理居民问题的时效性越高。"出台的相应文件与法规数"用于评价政府对社区治理的重视程度与标准化程度，涉及街道办及其上级政府专门为社区治理形成的政策机制，如天津《东海街社区居委会八项规范》、上海《曹家渡街道居民区工作经费使用管理办法（试行）》等。在具体文件与法规选取上，主要侧重于选取评价年度与社区管理和发展直接相关的各类文件，如发展规划、社区规范和经费使用办法等。一方面，这些文件的实施需要政府出面进行统筹与管理；另一方面，其所规范的内容与其他参与者息

息相关，或对参与者参与治理行为产生影响。

3. 从政府财政收支的角度

财政收支是政府进行自我绩效评价的重要环节之一，其本身也是一个庞大的指标评价体系。在社区治理能力评价过程中，对于政府财政收支的评价主要从社区服务支出、管理费用征收等细化指标类别的角度进行，以体现政府在社区治理领域的财政效率。选取的指标以政府财务报告出具的时间间隔为准，选取指标评价对应会计年度出具的政府财务报告中的财务数据，将指标分为收入、支出以及预算项三部分：收入项包括“社区办公经费”“其他经费”（如人员工资、社区网络建设、运营与维护费用等）；支出项包括“社区基础设施建设支出”“社区公益事业专项补助资金”；预算项包括“预算额度增长率”。其中，基础设施建设支出主要指纳入政府财政预算的社区基础设施建设投资，如办公和服务用房项目等；公益事业专项补助资金主要指帮扶、助老、助托、助残等项目补助资金拨付，以及公益事业活动所需场地、器械、宣传、劳务等费用支出。通过选取这些对社区发展较具引导性和代表性的指标来衡量财政收支能力，使指标评价结果更为客观，能有效反映政府对社区治理与发展的重视程度。此外，以“较上一会计年度预算额增长率”为评价指标来衡量政府对社区建设与发展的资金投入计划，以反映政府对社区未来发展的把控和重视程度。

4. 从保障多元治理实施的角度

保障多元治理的有效实施是政府在社区治理过程中的另一重要职能，即对其他主体参与治理的行为进行协调、监督与制度保障。由于这一职能的发挥涉及其他被保障的客体，因此对其评价的具体指标也需从多元主体角度进行选取。在该指标体系中，选取多元协商、多元沟通类指标作为评价依据，以反映政府对多元治理主体的协调、监督与保障能力。对于第三方机构参与的保障机制评价，选取指标“法规、补贴与减免型政策数量”“组织招标频次”和“是否有多元治理协商平台”；对于其他参与主体的保障能力，采用“是否有联合考评机制”“组织学习频次”和“多元协商会议召开频次”来考量。上述均为正向指标，评价结果越高，表明政府保障能力越强。该类指标的数据一方面来源于与相关负责人、居委会工作人员的访谈记录，另一方面通过对政府的工作报告、会议记录以及官方网站公布信息的获取进行验证，以保证所获数据的真实性和准确性。

（二）对社区居民治理能力的评价

由于居民及其自治组织在社区治理中主要起自我管理、协助与监督作用，因此从社区居民治理能力角度进行三级指标构建，主要以居委会等居民自治组织的治理能力评价为主导，从居民可参与、可监督与可反馈，以及自治能力等维度评价居民参与社区治理的积极性和自治程度，并从数量与质量两个层面进行量化指标构建。定量评价指标均选取正向指标，即指标数值越高，则社区居民治理参与度与治理能力越高。

1. 从居民可参与的角度

可参与性是居民参与社区治理的前提条件，是实现居民治理能力的基础。对其三级指标的选取，分别从居民个人参与治理的主观意愿，以及自治组织对居民参与的态度和保障

等客观条件两个维度展开。选取“社区每百人义工人数”与“选举投票率”两个定量指标测定居民参与社区治理的积极程度，其中“社区每百人义工人数”是指每一百个居民对应的社区义工人数，以此反映居民参与义工和志愿服务的概率，指标比例越高，表明居民参与的积极性越强；“选举投票率”指标的公式为：居民参与社区居委会主任选举的实际投票人数/应参与投票人数 ×100%，以此来反映居民行使自身权利的积极性和对社区治理的参与意识。

选取“居委会、党组织中社区居民任职人员占比”“各类协管员人数”和“社区人员入户率”三个指标，分别从居民自治组织角度测度对居民参与社区治理的条件保障与现状。其中，“居委会中社区居民任职人员占比”指社区居民在居委会任职人数所占比重，体现居民在社区组织中的话语权和参与决策的可能性；与此类似的“各类协管员人数”指标，主要指居民自愿从事社区各类事务的协助管理工作的人数，一方面显示了居民参与治理的积极性，另一方面也能够体现社区为居民提供的参与渠道与规模；“社区人员入户率”反映了居委会及业委会等居民自治类组织走访居民，听取居民意见的频率，用以间接体现居民参与社区治理机会与保障的指标。上述指标数据均通过对社区居委会的调研和访谈记录获取。

2. 从居民可监督与可反馈的角度

可监督与可反馈是居民在社区治理中的主要职能体现，对其评估同样从参与现状与可行性方面进行分析。选取三级指标可根据评价的主客体分为两类，一类是居民意见征集渠道及频次：“建议采纳率”“意见征集渠道数量”与“组织居民代表、自治组织负责人座谈或交流频次”，用于体现居民对政府及社区组织的工作进行评价与监督的渠道（如入户、信箱、网络平台等）、意见反馈的程度，以间接反映居民的监督力度；另一类是政务信息公布情况，包括“听证会召开频次”“信息公布平台数量”与“公开信息更新频率”，是对居民获取政务信息路径与时效性的考量。指标数据主要通过网络和社区台账记录获取，旨在统计当年新闻、公告发布以及听证会召开的平均时间间隔，对没有对应记录的社区采用问卷形式进行体验性估计，以反映居民对信息获取及时性的主观感受。

3. 从居民自治能力的角度

对居民自治能力的评价主要从居民自治组织（以社区居委会、业委会、社区服务站等与社区管理相关的社区组织为主）的就职人员的综合能力和组织管理能力方面，分别进行数量与质量上的量度。对组织的就职人员的评价采用“对组织使命的认知感”和“对组织其他工作模块的认知度”两个指标测量，对组织工作人员从事社区治理工作的态度和认知进行评价，指标和公式为：对组织使命的认知感（或对其他工作模块的认知度）总分/调查对象总数。问卷中的具体问题结合不同社区组织的工作职能，可分为公共服务、纠纷解决、活动组织与宣传等模块测定认知度；对认知感的评价从对工作的了解程度与满意度两方面进行质量评估。其中，对工作的了解程度可采用对专业领域知识与信息的考察，以及对自治类组织职能的评述；对工作满意度的评价，运用李克特量表（Likert scale）将满意度分

为五个档次，对收入、晋升机会、同事关系、工作压力等方面进行测评并打分。

“社区专职工作者占比”“组织规模”与“年社区活动人次”三个指标用于测度自治组织作为居民参与社区治理的媒介，其管理范围、规模以及活动组织能力。其中，“社区专职工作者占比”测定在编人数比例，通过台账和访谈记录获取；“组织规模”指每个从业人员管理的居民人数，指标公式为：社区居民人数 / 工作人员数（其中工作人员数以居委会的在编工作人员人数为准），以反映自治组织的规模和工作强度，进而也能够体现出自治组织的自治性质和服务效率；“年社区活动人次”用以测度每年居民参与社区组织的休闲活动的人次数，是对于自治组织推进社区人文与价值观融合度的测评指标，能够代表自治组织的组织力和号召力，同时也可反映居民对社区组织活动的认可度和参与度。

（三）对第三方机构治理能力的评价

第三方机构的治理能力主要体现在对政府功能的支持与补足程度，针对公共产品和服务供给的不足或政府失灵环节，通过运用企业自身技术与成本优势参与到社区治理中，形成政府、社会资本与市场合作共赢的治理模式，实现对居民生活需求的满足，或使社区环境、基础设施得到改善。因此，在选取这一主体的三级指标时，应兼顾其市场化特征，从参与的可持续性、社会效益与影响力以及被公众认可程度三个维度展开，对第三方机构的盈利能力、参与社区项目的积极性和对社区建设与发展贡献的社会效益等方面的能力进行综合考察。从这一视角出发选取的三级指标均为正向指标，指标数值越高，则社区居民的治理参与度与治理能力越高。

1. 从第三方机构参与的可持续性角度

对第三方机构而言，营利性是其参与社区治理的动力，因此对其可持续性的评估，主要用现在参与社区服务或社区项目的经济效益和未来持续参与的潜力两方面指标予以评估。对于已参与社区治理的第三方机构，通过其“企业社区类投资利润率”与“所有者权益”两个财务指标，反映其参与社区治理相关项目的经济效益，指标数据从其当年财务报表明细中获取。其中，“企业社区类投资利润率”指投资利润率（ROI）= 年利润或年均利润 / 投资总额 ×100%；“所有者权益”指第三方机构通过社区项目获得的权益增减值，财务报表中体现为所有者资本的增减。

对未来参与潜力的评估，主要采用“企业技术创新投资额”与“社区项目平均周期”两个指标予以考量。其中，创新投资能够反映企业对技术革新的重视程度，对于企业业绩与价值的提升具有明显的积极效应，因此用其年度数据作为评价企业的行业竞争力和未来发展潜力的指标；“社区项目平均周期”指标用来评估社区项目周期长度，侧重于量化企业资金、人力资源等生产要素的占用期限，以此反映其资金周转能力。

2. 从第三方机构参与的社会效益角度

第三方机构参与社区治理所产生的社会效益是其治理能力的主要体现，选用三级指标“企业或其他非政府机构投资占比”“慈善捐款额增长率”和“非国有企业或机构占比”来量度。其中，“企业或其他非政府机构投资占比”用以体现第三方机构资金占参与社区治

理总支出的比重，占比越高，表明第三方机构在社区治理中的资金贡献越大，治理能力越强；"慈善捐款额增长率"用以表示本年度第三方机构捐款额的增长率，增长率为正，表示其社会责任感和社会影响力增强，进而产生正向外部效应，对社会企业和公众会起到一定示范带动作用；"非国有企业或机构占比"用以量度非国有企业或机构参与社区治理的积极性，不同于国有企业具有政策导向且资金实力雄厚，非国有企业或机构更能够代表社会资本参与社区治理的意愿，其所承担的风险更大，对政府的信任感要求也更高，因而其参与比重越高，表明社区治理可参与能力越强，产生的社会影响也越大。

3. 从第三方机构治理被认可度的角度

第三方机构治理被认可度是对其社区治理能力评价的辅助性指标，通过"政府对第三方机构治理的评价""年获批项目数""居民对社区服务类企业的满意度"和"合作企业相互评价"四个指标量度。其中，"政府对第三方机构治理的评价"和"年获批项目数"是政府分别从主观与客观角度对第三方机构治理能力的间接评价指标，以政府相关负责人的访谈为数据获取渠道，前者采用李克特五级量表根据满意程度进行打分，维度可包括第三方机构资金投入水平、社区服务质量、社区项目完成能力等与企业治理能力相关的角度，综合评价得分越高，表明政府对第三方机构参与社区治理的现状越满意；后者可直接用以反映第三方机构社区项目的参与度，获批项目数量越多说明其治理能力的被认可程度越高。"居民对社区服务类企业的满意度"是从居民及其自治组织对第三方机构参与社区治理的评价。对居民而言，其更注重服务供给水平和对需求的被满足程度，因此该三级指标主要针对物业公司、房地产开发公司等社区服务类企业，采用向居民进行问卷调研的方式，来评估对这类企业的工作态度、服务水平等方面的满意度，评价越高，表明治理能力越强。"合作企业相互评价"主要是从企业间角度对第三方机构的社区治理能力进行评价，该指标中的合作企业主要指共同参与同一社区类项目投资或建设的企业、合作提供同一类社区服务的企业，或是公共产品供给的上下游关联企业等。采用对企业相关负责人、业务员的访谈和问卷调查中获得的对合作企业人员服务态度、工作效率和社会责任等方面的评价，在合作企业中口碑越高的企业，在社区治理中所发挥的能力和影响力也越强。

五、评价指标权重的确定

社区治理能力评价体系是一个全方位、多角度、多层次的复杂系统，既包含政府、社会力量的纵横交错，也涉及经济、政治、社会和文化等多学科维度的共同评估。主成分分析法可有效避免当前评估中可能存在的指标共线性和指标权重确定上的主观性问题，通过对指标的标准化处理和贡献率权重赋予，可以使评价结果更趋于客观合理。因此，为保证评价结果的科学性和客观性，我们将在所设定社区治理三级指标的基础上，在具体实践中运用主成分分析法，结合通过对目标社区参与治理主体的问卷调查、访谈、查阅台账记录和财务报告等获得的数据资料，对评价指标按层级分别对各级指标进行筛选和影响权重赋予。

第四节　总结与改进方向

社区是城市的基本单元，更是国家和民众互动的基础平台。随着中央关于推进国家治理能力现代化发展方针的提出，对治理能力的培养和提升成为新时代背景下国家现代化建设的主要目标之一，也为城市治理的微观单元——社区的多元治理能力增进提出了更高要求。构建社区治理能力的评价指标体系，是从多元参与主体角度出发对社区治理能力进行拆分，并根据其治理内容、目标对指标进行进一步细分和量化，形成一套具有全面性、科学性、纵向可分性和横向可比性的综合指标评价体系。根据指标评价结果，有助于客观分析当前社区多元治理能力的不足，从而进行有针对性的政策和措施改进，实现推进基层社区治理现代化建设的目的。

在此从理论层面构建社区治理能力评价指标体系，在实际应用过程中，还应尊重政府机构与相关领域专家的意见，结合不同地区特点、经济发展程度、居民生活习惯等，对指标进行相应的修正与改进，并先通过小范围的模拟评估进行可行性检验。在对社区的实际评价过程中，应在现有评估体系的基础上，通过收集各社区的主观和客观数据，建立指标数据库，根据指标特征值和方差对指标维度、数量、范围进行不断的调整。同时，为保证指标的准确性，在条件允许的情况下，在同一城市寻找相近社区作为对照组，与评价的目标社区一起进行治理能力评价，以减少生活环境、文化与社会等因素差异所导致的评估结果偏差。此外，在指标筛选环节，还可选取实际案例进行验证，以不断修正指标维度使其更具合理性与可行性，使评价结果能够客观、真实地反映社区当前的治理能力，并能够通过横纵向比较，发现社区治理能力的问题，有针对性地增强社区治理的潜在能力和核心能力。

参考文献

[1] 曹海军．党建引领下的社区治理和服务创新 [J]. 政治学研究，2018（1）:95–98.

[2] 曹锦清，刘炳辉．郡县国家：中国国家治理体系的传统及其当代挑战 [J]. 东南学术，2016（6）:1.

[3] 曹锦清．市场、社会与社会建设 [J]. 哈尔滨工业大学学报（社会科学版），2013（4）:1–3.

[4] 陈锋．分利秩序与基层治理内卷化——资源输入背景下的乡村治理逻辑 [J]. 社会，2015（3）:95–99.

[5] 陈鹏．城市社区治理：基本模式及其治理绩效——以四个商品房社区为例 [J]. 社会学研究，2016（3）:125–151.

[6] 陈伟东，李雪萍．社区行政化：不经济的社会重组机制 [J]. 中州学刊，2005（2）:78–82.

[7] 陈伟东，张继军．社区治理社会化：多元要素协同、共生 [J]. 社会科学家，2016（8）:38–42.

[8] 崔智友．中国村民自治的法学思考 [J]. 中国社会科学，2001（3）:129–140.

[9] 邓大才．利益相关：居民自治有效实现形式的动力基础 [J]. 东南学术，2014（5）:40–49.